B.O.B S.O.R.G.E

잊혀진 교리,
하나님의 징계

THE CHASTENING OF THE LORD

밥 소르기 지음, 천슬기 옮김

하나님은 우리를 태만하게 방치하시거나
지나치게 엄격한 규율로 다스리는 분이 아닌
완전하신 아버지이시다.
하나님의 징계는 반드시 끝이 있으며,
그 끝에는 사랑의 하나님이 주시는 치유와 변화가 기다리고 있다.

목차 CONTENTS

2부 바울의 가시와 질문들

감사의 글 DEDICATION

아내와 아이들과 손자들에게 이 책을 바칩니다. 성경 속 모든 구원의 이야기는 가족에 관한 것이었습니다.

마시에게 - 혹독한 시련 중에도 나와 함께 한결같이 인내했습니다. 우리는 함께 유업을 받을 것입니다.

조엘과 안나에게 - 징계 중에도 너희는 하나님을 바라보았단다.

벤과 케이티에게 - 우리 이야기 속에 너희의 유업이 있다.

마이클에게 - 내 행실을 살펴보고 내 믿음을 본받으렴(히 13:7).

오드리와 노아, 알렉산더, 맥스웰에게 - 너희는 세상을 변화시킬 거야.

엠마와 제임스에게 - 하나님이 너희를 거룩한 목적을 위해 구별하셨단다.

이 책은 주님의 징계를 학문적인 관점으로 연구한 것이라기보다는 주님의 징계의 손 아래 있는 한 사람인 나 자신의 개인적인 이야기 모음집에 가깝다. 그러므로 나는 이 책의 내용을 모든 사람에게 일괄적으로 적용하기 어렵다는 것을 잘 안다. 나는 이 책이 많은 사람이 읽는 인기 도서가 되기보다 나와 하나님의 개인적인 관계를 흔들리지 않고 견고하게 붙들어주기를 바라며 썼다.

내가 이 책의 부제목을 '잊혀진 교리'라고 붙인 이유는 히 12:5에서 성령님이 그렇게 말씀하셨기 때문이다. 나는 1장에서 부제목을 설정한 이유를 충분히 설명할 것이다. 현대는 날이 갈수록 점점 징계라는 단어를 좋아하지도 않고 사용하지도 않지만 나는 이 책에서 다음 몇 가지 이유로 훈육DISCIPLINE이라는 단어보다 징계라는 단어를 더 많이 사용할 것이다.

▶ 징계는 의미상 훈육보다 더 정확한 단어이다. 훈육은 다양한 언어적, 비언어적 요소를 포함하는 반면 징계는 물리적 수단으로 비언어적 요소를 교정하는 데 분명하게 초점을 맞춘다.

이 책의 주목적은 다음과 같다.

▶ 우리 놀라우신 하늘 아버지는 선하시고 친절하시며 사랑이 많으시고 지혜로운 분이심을 높이는 것이다. 하나님은 우리를 훈육하실 만큼 사랑하신다.

▶ 혹독한 징계를 받으며 큰 시련을 견디기 위해 애쓰는 사람들에게 주님의 징계에 담긴 깨달음과 위로와 소망을 주는 것이다.

내가 성경 대학을 다니던 시절에 멘토들은 나에게 주님의 징계를 대비해야 한다고 알려주지 않았다. 막상 주님의 징계가 내 삶에 닥쳤을 때, 나는 깊은 위기감에 빠졌으며 내게 무슨 일이 일어나는지 이해하기 위해 필사적으로 몸부림쳤다. 나는 여러 해 동안 시련의 과정을 깊이 생각하고 고민하면서 시간을 보냈다. 나는 이 책을 쓰면서 주님이 여러분의 삶을 선하게 교정하시는 징계의 날에 이 책이 도움이 되기를 소망한다.

나는 좋으신 하나님을 왜곡하거나 풍자하는 방식으로 묘사하는 것을 싫어하기 때문에 이 책에서 은혜로우신 하나님 아버지를 최대한 바르게 표현하려고 노력했다. 아이들을 교정할 때 우리 마음을 자녀에게 정확하게 표현하는 것이 아주 중요하다. 예를 들어 어떤 사람이 내 자녀 양육법을 보고 다른 사람에게 내가 냉담하고 무관심하고 심지어 잔인하며 공격적이라고 말한다면 나는 정말 불쾌할 것이다. 나를 부정적으로 설명하는 사람은 사실 나를 잘 모르는 사람이다. 그래서 나는 이 책이 하늘 아버지가 여러분에게 "그래, 이게 바로 나란다"라고 말씀하시는 책이기를 바란다.

우리 하늘 아버지는 우리에게 우주 전체를 주시기로 작정하셨다! 하지만 아버지는 훈련받지 않은 그릇에 주어진 축복이 풍요가 아니라 오히려 해를 끼친다는 사실을 아주 잘 아신다. 하나님은 우리를 정말 사랑하시기 때문에 우리에게 불필요하고 때로는 우리 성장을 방해하는 가지를 쳐내기 전에는 우리를 높이지 않으신다. 하나님은 사랑으로 우리를 징계하시어 자멸하지 않고 유업으로 주어진 산을 받도록 우리를 연단 하신다.

이 책은 불같은 시련을 겪는 사람들을 위한 책이기 때문에 모든 사람의 상황에 일괄적으로 적용하기 어려워 보일 수 있다. 성경의 잠 27:7은 "배부른 자는 꿀이라도 싫어하고 주린 자에게는 쓴 것이라도 다니라"라고 말한다. 때때로, 하나님은 우리 공급을 차단해서 우리가 만족스러운 상태에서 나와 하나님을 더 간절히 원하게 하신다. 누군가는 이 책의 진리가 더 쓰고 불편하게 느껴지겠지만, 하나님을 간절히 원하는 사람이라면 이 책의 진리가 놀랍도록 달콤하게 느껴질 것이다.

징계는 우리가 경험하는 불같은 시련의 의미를 이해하도록 도와주는 성경적 비유이다. 성경은 징계와 비슷한 단어로 체질, 가지치기, 금을 정제하는 것, 광야, 유배, 도자기를 만들 때 쓰는 물레 등을 말한다. 징계는 우리 삶의 시련을 해석하는 유일한 방법이 아니며, 우리가 겪는 모든 시련을 징계로 해석하기도 어렵지만, 징계에 담긴 하나님의 목적을 분명하게 이해하는 것은 삶의 여정에서 하나님의 뜻을 이해하는 데 아주 큰 도움을 준다.

여러분에게 한 가지 당부하고 싶다. 부디 이 책의 일부분만 읽고 전체 내용을 짐작하지 말라. 이 책의 내용을 제대로 파악하려면 처음부터 끝까지 전체를 다 빼놓지 말고 읽어야 한다. 징계의 의미가 첫 장부터 마지막 장까지 곳곳에 있으므로 책을 읽다 어느 지점에서 무언가 목에 걸린 것처럼 불편하다고 건너뛴다면 하나님이 여러분을 위해 준비하신 중요한 내용을 놓칠지도 모른다. 이 책은 깊이 읽을수록 더 많은 것을 얻는 책 중의 하나이다.

이 책은 2부로 나뉜다. 1부는 이 책의 주제인 하나님의 징계를 향한 나침반인 히 12:1~13의 해설이며 2부는 바울의 육체의 가시와 관련한 다양한 질문을 살펴본다.

만일 여러분이 하나님께 "하나님, 지금 제 삶에 무슨 일을 하시는 건가요?"라고 질문했다면 바로 지금, 이 순간 이 책이 여러분에게 정말 필요한 답을 줄 것이다.

| 일 러 두 기 |

원서는 주로 뉴 킹제임스 성경을 사용했으며, 이 책에서는 한글 성경 개역 개정판을
기준으로 필요에 따라 다양한 한글 성경 역본을 사용한 후 표기하였습니다.

또 여러분은, 하나님께서 여러분을
향하여 자녀에게 말하듯이 하신 이
권면을 잊었습니다. "내 아들아, 주
님의 징계를 가볍게 여기지 말고,
그에게 꾸지람을 들을 때에 낙심하
지 말아라."

(히 12:5, 새번역)

1부

히브리서 12장 해설

PART 1 An Exposition of Hebrews 12

01 잊혀진 교리

The Forgotten Doctrine

주님의 징계는 교회에서 잊혀진 교리이다. 오직 징계만이 우리가 잊어버린 유일한 교리라는 의미는 아니다. 나는 단지 성경 속 성령님의 증거를 나타내고 싶을 뿐이다.

5 또 아들들에게 권하는 것 같이 너희에게 권면하신 말씀도 잊었도다. 일렀으되 내 아들아 주의 징계하심을 경히 여기지 말며 그에게 꾸지람을 받을 때에 낙심하지 말라. 6 주께서 그 사랑하시는 자를 징계하시고 그가 받아들이시는 아들마다 채찍질하심이라 하였으니 (히 12:5~6)

주님의 징계는 무엇인가? 징계는 하나님이 사랑하는 자녀들의 발전과 성숙을 위해 불리한 상황을 구속적으로 사용하시어 교정하고 훈련하시는 방법이다. 하나님의 책망은 말이나 글을 통해 언어적으로 교정하는 것이고, 하나님의 징계는 비언어적인 방법으로 교정하는 것이다. "너희에게 권면하신 말씀을 잊었도다"라는 말씀은 우리가 하나님의 징계를 잊었다는 의미이다.

나는 처음 징계라는 단어를 보고 하나님께 반박하고 싶었다. "주님, 저는 말씀에 기록한 것처럼 우리가 주님의 징계를 문자 그대로 잊었다고 생각하지 않습니다. 사실 우리가 말씀을 충분히 실천하지 않았다고 강조하고 싶으신 거죠?" 그러나 성령님은 분명히 말씀하셨다. "아니다, 너희는 징계를 잊었다." 성령님은 나에게 우리가 단순히 주님의 징계에 소홀한 정도가 아니라 완전히 잊었다고 말씀하셨다.

생각해보라. 징계라는 주제를 다룬 책을 읽거나 교회에서 징계를 주제로 설교를 들은 것이 언제인가? TV 설교와 인터넷 라디오 같은 온라인 방송에서도 주님의 징계라는 주제를 찾아보기 힘들다. 솔직히 책을 쓰는 작가의 관점에서도 징계는 사람들이 좋아하지 않는, 그러니까 많이 팔리지 않는 피해야 할 주제이다. 주님의 징계는 결코 우리를 기분 좋게 만들고 필요를 채워주는 인기 있는 대중적인 주제가 아니다.

왜 우리는 징계를 잊었을까? 나는 교회가 신자들을 제자화 하면서 하나님의 징계를 잊어버린 8가지 이유를 제시한다.

1. 주님의 심판^{JUDGMENT}을 모른다

주님은 예레미야를 통해 "내 백성은 주의 심판(개역개정판은 심판을 규례로 번역한다-역주)을 알지 못하도다"(렘 8:7, 킹흠정)라고 말했다. 주님의 심판은 삼키기 어려운 알약과 같지만, 주님은 예레미야에게 듣기 좋게 말씀하지 않으셨다. 심판이라는 단어는 법률용어로서 하나님의 법적 결정과 그에 따른 행동을 말한다. 하나님은 자신의 결정을 따라 행동하신다.

고전 11:32에 따르면 징계는 주님의 심판을 표현하는 한 방법이다. 하나님이 자녀들을 징계하실 때, 자녀들에게 원하시는 결과를 얻기 위해 아주 구체적으로 역사하신다. 넓은 의미에서 그리스도의 몸인 우리는 주님이 징계로 심판하신다는 사실을 잘 받아들이지 못한다. 만일 여러분이 주변 신자들에게 주님이 징계하신다고 말하면 십자가를 지시겠다는 예수님께 베드로가 반박한 것과 비슷한 반응을 볼 가능성이 크다. "주여 그리 마옵소서. 이 일이 결코 주께 미치지 아니하리이다"(마 16:22). 아마도 베드로는 자신이 예수님께 어떤 재앙도 닥치지 않을 것이라고 선포할 때 스스로 긍정적인 믿음으로 충만하다고 생각했을 것이다. 그러나 예수님은 사탄의 음성을 분별하시고 베드로에게 이렇게 말씀하셨다. "사탄아 내 뒤로 물러가라"(마 16:23) 당시에 베드로는 아직 주님의 심판을 이해하지 못했다. 우리가 주님의 심판을 이해하지 못하면 징계를 무시하고 결국 잊어버린다.

2. 징계하시는 하나님을 원하지 않는다

육에 속한 사람은 징계하시는 하나님을 원하지 않기 때문에 주님의 징계를 잊어버렸다. 육에 속한 사람이 원하는 하나님은 "위로하시지만 침범하지 않으시는 하나님"이다. 사람은 자신이 만든, 즉 자기 형상을 닮은 하나님을 좋아하며 "만일 하나님이 부모가 있었다면 지금보다는 더 좋은 아버지였을 텐데"라고 생각한다.

육에 속한 사람은 자신이 하나님보다 더 자비롭다고 생각하며 모든 하나님의 징계가 사라지기를 바란다. 어렸을 때를 생각해보라. 누군가 여러분에게 "엉덩이를 때리는 부모와 안 때리는 부모

중에 누가 더 좋니?"라고 질문하면 어떤 선택을 할까? 나는 틀림없이 안 때리는 부모를 선택할 것이다. 하지만 나는 부모를 선택할 수 없었으며 아버지는 매를 드는 분이었다. 그리고 지금, 나는 하늘에 계신 아버지의 손안에서 선택권이 없다는 것을 다시 한번 깨닫는다. 하나님은 필요하시면 우리 엉덩이를 때리신다.

우리 안에 있는 육에 속한 것은 있는 모습 그대로의 하나님 아버지를 좋아하지 않는다. 육신은 징계하지 않으시는 하나님을 원한다. 이것이 우리가 징계를 잊어버린 또 하나의 이유이다.

3. 신학이 주님의 징계 교리에 여지를 주지 않는다

우리 신학에 주님의 징계가 들어올 여지가 없는 체계를 구축했기 때문에 우리는 주님의 징계를 잊어버렸다. 일부 신학적 입장은 주님의 징계 교리를 받아들이려고 시도하면 자칫 그 신학의 체계 전체가 무너질 위험이 있다. 예를 들면, 몇 년 전에 나는 "행복하기로 유명한 사역"에서 시작한 성경학교 광고를 보았다. "눈물 없이 목회자가 되고 싶은 모든 사람을 초대합니다"라는 문구를 보고 내 마음이 철렁 내려앉았다. 그 성경학교는 너무 행복해서 절대 눈물 흘리지 않는 목회자를 양성하는 비전이 있었다. 하나님이 우리를 징계하시면 그냥 훌쩍거리는 정도가 아니라 철철 눈물을 흘릴지도 모르기 때문에 사실상 그들의 신학은 주님의 징계를 위한 여지가 전혀 없는 것이나 마찬가지였다.

과연 눈물 없는 목회자는 옳은가? 민족과 세상을 위해 울지 않는, 영혼의 추수를 위해 울지 않는, 자기 마음속 완악함 때문에 울지 않는, 예수님과의 친밀한 교제를 나누며 울지 않는 목회자가

어디 있는가? 이것은 비극이다! 이 성경학교를 시작한 사역 단체
는 자신들의 신학적 입장인 충만한 믿음과 기쁨이 가장 중요하기
때문에 주님의 징계를 받아들일 수 없는 신학 체계의 한 예이다.

우리 신학이 주님의 징계를 수용할 수 없을 때, 우리는 징계를
무시하거나 징계 교리를 불신할 방법을 찾는다. 우리를 다루시는
하나님의 한 방법인 징계를 신학적으로 깎아내리는 작업을 마칠
때쯤이면 주님의 징계는 자연스럽게 신학에서 폐기된다. 의도적
으로 무시한 교리는 사람들의 기억에서 쉽게 잊혀진다.

4. 주님의 징계를 무의미하게 만들었다

신자 대부분이 방법적인 측면에서 징계하시는 하나님을 믿는
다. 그러나 어떤 사람들은 주님의 징계가 신자에게 제 역할을 할
수 없도록 징계의 정의를 아주 좁히는 방식으로 제거한다. 일부
신자들은 주님의 징계가 신자의 삶을 실제로 방해하지 않으며 크
게 드러나지 않는 형태의 귀찮고 가벼운 꾸지람 정도라고 생각한
다. 이 신자들은 "만일 하나님이 나를 징계하시면 그냥 회개하고
넘어가면 돼"라고 말한다. 이렇게 징계의 의미와 중요성을 무의
미하게 만들면 신자는 주님의 징계가 자신과 무관하다고 여기고
결과적으로 징계는 신자의 삶에서 점차 밀려나고 결국 잊혀진다.

5. 주님의 징계가 필요 없다고 생각한다

우리는 자신에게 징계가 필요 없다고 생각하기 때문에 징계를
잊었다. "왜 주님이 나를 징계하셔야 하지? 주님은 내가 순수하고
진실하며 경건하고 열정적이며 헌신적이고 기도도 많이 하고 사

랑스럽고 신실하다고 말씀하셨어. 하나님이 저기 다른 사람들은 징계하실지 몰라도, 나는 그들과 달라. 난 깨어 있고 하나님께 귀기울이기 때문에 굳이 하나님의 말씀을 이해하기 위해 징계받을 필요가 없어." 이런 사람들은 스스로 욥이나 요셉, 야곱, 여호수아, 예레미야, 요나, 요한 혹은 예수님보다 더 낫다고 생각하는 것일까? 만일 여러분이 자기보다 남을 더 낫게 여긴다면(빌 2:3), 성경에 나온 사람들도 필요했던 징계가 왜 여러분에게는 필요 없다고 생각하는가? 무슨 근거인가? 만일 여러분 스스로 징계가 필요 없다고 생각한다면, 주님의 징계를 잊어버린 것이다.

6. 더 이상 자녀를 체벌하지 않는다

우리가 주님의 훈계를 잊어버린 여섯 번째 이유는 이것이다. 일부 신자들이 자녀 교육에 관한 세속적 문화의 영향력에 굴복하여 성경에 나오는 매를 훈육 단계에서 적절히 사용하는 것을 포기한 결과, 하나님이 우리를 징계하실 때 매를 사용한다는 사실조차 잊어버렸다. 성경은 아래의 말씀처럼 자녀를 징계하고 훈육하라고 강력히 권고한다.

> 매를 아끼는 자는 그의 자식을 미워함이라. 자식을 사랑하는 자는 근실히 징계하느니라. (잠 13:24)

> 네가 네 아들에게 희망이 있은즉 그를 징계하되 죽일 마음은 두지 말지니라. (잠 19:18)

> 상하게 때리는 것이 악을 없이하나니 매는 사람 속에 깊이 들어가느니라. (잠 20:30)

마땅히 행할 길을 아이에게 가르치라. 그리하면 늙어도 그것을 떠나지 아니하리라. (잠 22:6)

아이의 마음에는 미련한 것이 얽혔으나 징계하는 채찍이 이를 멀리 쫓아내리라. (잠 22:15)

아이를 훈계하지 아니하려고 하지 말라. 채찍으로 그를 때릴지라도 그가 죽지 아니하리라. (잠 23:13)

채찍과 꾸지람이 지혜를 주거늘 임의로 행하게 버려둔 자식은 어미를 욕되게 하느니라. (잠 29:15)

최근 몇 년간 전 세계 신자가 자녀 체벌을 중단하도록 엄청난 문화적 압박을 받았다. 일부 국가는 아예 법으로 모든 형태의 체벌을 금지하고 부모가 이를 어기면 심각한 처벌을 내렸다. 일부 국가에서는 부모가 자녀의 엉덩이를 때렸다는 이유로 부모를 체포하고 심지어 양육권을 박탈하기도 한다. 이런 압력 아래 일부 부모들이 체벌을 중단했다. 여러분이 오해하지 않도록 내 견해를 분명히 밝힌다. 나는 부모가 자녀를 향한 좌절감을 과한 힘으로 표현하는 "학대"를 강력히 반대한다. 끔찍한 가정에서 학대받은 아이를 구출했다는 소식만큼 기쁘고 감사한 것이 있을까?

반항하는 자녀에게 반격하기 위해 체벌하는 부모들은 하나님과 자녀 앞에 회개해야 한다. 어떤 부모가 입양한 자녀를 때려 죽음에 이르게 하고 감옥에 갔다는 이야기는 불쾌하고 끔찍한 학대일 뿐이며 성경이 말하는 체벌이 아니다. 이런 사례와 성경의 체벌을 비교하는 것은 참으로 모욕적이다.

성경적 자녀 훈육은 부드럽고 사랑스러우며 아이의 잘못에 비례하고 자녀안에 하나님의 형상을 이룬다는 분명한 목표를 지혜롭게 실천한다. 성경적 자녀 훈육은 하나님의 마음을 명확하게 반영한다. 나는 성경적 체벌을 향한 세계적인 저항은 사실 주님의 방법을 억압적이고 야만적이며 학대하는 것으로 희화화하려는 사탄의 계획의 일부라고 생각한다. 왜 그런가? 자녀를 매로 훈육하는 것이 잔인하고 가혹하다고 믿는다면, 우리를 징계하시고 훈육하시는 하나님도 잔인하고 가혹한 분으로 생각할 것이기 때문이다. 사탄은 하나님 아버지의 선하심을 모욕하려고 애쓴다.

하나님이 우리를 징계하시는 목적은 우리가 하나님의 선하신 뜻에 합력하여 주님의 손에 다듬어진 화살이 되는 것이지만, 사탄은 우리를 변질시켜 타인을 더럽히는 쓴 뿌리를 가진 영적인 피해자로 만든다(히 12:15). 또, 한 세대가 바른 자녀 훈육의 적절한 실천에 감사하는 마음을 품을 수 없다면 인류 역사의 마지막 순간에 하나님이 이 땅을 심판하시는 최후의 심판도 몹시 불쾌하게 여길 것이다. 성경은 하나님의 마지막 때 심판이 충만한 공의와 넘치는 사랑 때문에 일어난다고 말하지만, 사탄은 사람들이 하나님의 심판을 난폭하고 고압적이며 공정하지 않게 여기길 바란다. 사탄은 자신이 가진 하나님을 향한 분노를 이 땅과 공유하려 애쓴다.

성경이 우리에게 자녀를 훈육하라고 명령하는 이유는 우리가 자녀를 훈육할 때 우리를 향한 하나님 아버지의 선하신 의도를 깨닫기 때문이다. 부모들이 자녀를 올바르게 훈육할 때 적절한 징계에 자연스럽게 따르는 고귀한 갈망과 경건한 행동을 향한 열정, 개인적 발전을 위한 애정 넘치는 보살핌과 미숙함과 연약함을 향한 연민, 고귀한 목적을 위해 고통을 주어야 하는 아픈 마음 같은 폭넓은 감정을 경험한다. 우리가 이 모든 감정을 깊이 느낄 때, 우리를 징계하시는 아바 아버지의 귀한 마음을 이해할 수 있다. 어떤 사람들은 자녀에게 훈육, 정확히 말하면 체벌을 거부하기 때문에 더 깊고 풍부한 하나님의 성품을 경험하지 못한다. 우리가 매를 아끼면, 우리는 얼마 지나지 않아 징계하시는 주님을 잊어버린다.

7. 징계의 사례를 인정하지 않는다

우리가 주님의 징계를 잊은 또 다른 이유는 이 시대의 명백한 징계 사례를 보면서도 "이건 하나님이 하신 일이 아니야"라고 결론 내렸기 때문이다. 어떤 사람들은 징계에 하나님의 손이 개입했다는 사실을 매우 불쾌하게 생각한다. 누군가의 삶에 하나님이 하시는 일을 보고 오판하여 하나님과 상관없다고 잘못 결론 내리는 것은 아주 쉬운 일이다. 우리는 대부분 이런 실수를 한 적이 있다. 예레미야는 이 문제를 정면으로 다루었다.

> 이 백성이 주님을 부인하며 말한다. "그는 아무것도 아니다. 어떤 재앙도 우리를 덮치지 않을 것이다. 우리는 전란이나 기근을 당하지 않을 것이다." (렘 5:12, 새번역)

이 구절에 앞서 예레미야는 바벨론이 예루살렘을 침략하여 이스라엘 민족을 포로로 끌고 갈 것이라고 예언했다. 즉, 하나님이 이스라엘을 징계하는 도구로 바벨론을 사용하신다는 말씀이다. 그러나 이스라엘 민족은 하나님이 바벨론처럼 악한 나라를 사용해서 제사장 나라인 이스라엘을 징계하신다는 사실을 믿지 못했다. 이스라엘이 가진 신학에 따르면 하나님은 그런 분이 아니었기 때문이다. 그래서 이스라엘은 이렇게 말한다. "그는 아무것도 아니다. 어떤 재앙도 우리를 덮치지 않을 것이다. 우리는 전란이나 기근을 당하지 않을 것이다."

우리도 그리스도의 십자가를 보고 이렇게 말한다. "이건 하나님이 아니야. 하나님은 이런 일을 하지 않아. 예수님이 하나님의 아들이라면 이런 일이 일어날 수 없어. 그러므로 십자가는 예수님이 메시아가 아니라는 명백한 증거야. 만일 예수님이 하나님의 아들이었다면 하나님은 결코 자기 아들을 십자가에 못 박히게 내버려 두지 않으실 거야." 그리고 예수님이 죽음에서 부활하셨을 때 우리는 이렇게 말한다. "이런, 하나님이 이런 일도 하시는구나."

욥의 친구들처럼 신자들도 수 세기 동안 하나님의 징계를 잘못 해석했다. 다윗은 원수를 향해 이렇게 말했다. "무릇 그들이 주께서 치신 자를 핍박하며 주께서 상하게 하신 자의 슬픔을 말하였사오니"(시 69:26). 신자들이 고난을 부정적으로 말하는 이유는, 사람들이 겪는 고난과 시련이 실제로 하나님이 하신 일이며 은총의 징표라는 것을 깨닫지 못했기 때문이다. 그래서 다윗은 "이것이 주의 손이 하신 일인 줄을 그들이 알게 하소서 주 여호와께서 이를 행하셨나이다"(시 109:27)라고 기도한 것이다.

우리는 다윗이나 욥의 경우 같은 하나님의 징계 사례를 보고도 "하나님은 자기가 기뻐하는 사람들은 징계하지 않으셔"라고 결론 내리고 싶은 유혹에 빠진다. 이 유혹의 다음 단계는 주님의 징계를 완전히 잊어버리는 것이다.

8. 주님의 징계와 주님의 선하심을 함께 받아들이기 힘들어한다

마지막으로 우리가 주님의 징계를 잊어버린 가장 큰 이유는 주님의 징계와 선하심을 어떻게 조화시켜야 할지 모르기 때문이다. 우리가 생각하는 징계는 고통, 괴로움, 문제, 손실, 제약, 위축이며 하나님의 선하심은 증가, 확장, 공급, 풍부함, 열린 문, 은총, 믿음의 상승, 풍성한 사랑이다. 이 두 가지는 서로 대립하며 완전히 반대이기 때문에 선하신 하나님이 우리 삶에 징계와 고난과 시련이라는 악한 상황을 허락하시는 것은 모순으로 보인다.

그러나, 그래도 하나님은 선하시다! 하나님의 목적과 하시는 일은 항상 선하시다. 어둠의 세력이 하나님의 명성을 더럽히려 할 때도 우리는 하나님의 선하심을 열렬히 전파해야 한다. 그 어떤 것도 우리가 붙드는 확신의 이유인 하나님의 선하심을 빼앗을 수 없다. 하나님은 항상 선하시다.

하지만 과연 선하신 하나님이 내 자녀의 생명을 앗아가실까? 선하신 하나님이 나에게 암을 허락하실까? 선하신 하나님이 내 경력을 앗아가실까? 선하신 하나님이 내가 파산하도록 허락하실까? 선하신 하나님이 나와 이혼하려는 배우자를 막지 않으실까? 선하신 하나님이 나를 사역에서 제외하실까?

선하신 하나님이 우리 삶에 비극적인 파멸을 허락하시거나 지휘하신다는 것은 모순이나 역설로 보인다. 사람들은 이 역설에서 오는 혼란 때문에 주님의 징계를 폐기하고 잊어버렸다. 하나님의 선하심과 징계하심을 조화하고 받아들이려면 우리는 하나님의 성품의 근본적인 특징을 인정해야 한다. 하나님은 자신의 한 성품을 나타내시기 위해 다른 성품을 감추시거나 멈추지 않으신다.

예를 들면, 심판하시려고 자비를 거두지 않으시며 은혜를 주시려고 진리를 타협하지 않으시며 분노하기 위해 사랑을 멈추지 않으신다. 하나님은 모든 상황에서 언제나 모든 성품의 충만함을 완벽하게 구현하신다. 달리 말하면, "하나님은 거룩하시다."

우리는 주님의 징계의 실제적인 사례를 보면서 어떻게 주님의 징계가 선한 것인지 이해하려고 애쓴다. 하나님이 요셉을 노예와 죄수로 만드신 것이 어떻게 선한가? 하나님이 욥의 자녀 열 명의 생명을 앗아가신 것이 어떻게 선한가? 하나님이 웃시야 왕을 나병으로 치신 것이 어떻게 선한가? 삼손의 눈이 먼 것과 다윗을 맹렬히 추격한 군대와 바울에게 육체의 가시를 주신 것과 하나님의 아들 예수님의 참혹한 십자가형이 어떻게 선한가?

이 모든 시련이 결코 좋아 보이지 않는다. 하지만 우리는 하나님의 징계가 선하시다는 말씀에 동의해야 한다. 하나님이 우리를 징계하시는 순간에 우리가 하나님을 볼 수 없을 때도 여전히 선하시다. 주님의 징계와 선하심은 서로 배타적이지 않으며 동시에 역사한다. 그러므로 하나님이 징계하실 때 하나님은 자신의 선하심을 위반하는 것이 아니라 구체적으로 나타내시는 것이다. 하나님은 정말 선하시므로 징계라는 방법을 외면하지 않으신다.

내가 주님의 징계라는 주제를 연구하면서 성경적 징계 교리와 조화시키려고 부단히 애쓴 구절이 하나 있다. 이 도전적인 구절은 잠 10:22로 "여호와께서 주시는 복은 사람을 부하게 하고 근심을 겸하여 주지 아니하시느니라"였다. 이 구절은 하나님이 우리를 축복하셔서 부유하게 하실 때 동시에 슬픔을 같이 주지 않으신다고 선포한다. 성경 속 거의 모든 징계 사례는 슬픔을 동반하기 때문에 나는 이 구절을 성경적 징계와 어떻게 조화시켜야 할지 고민했다. 만일 징계가 하나님에게서 온 축복으로 우리 삶에 영원한 열매를 맺게 한다면 왜 징계에 근심과 슬픔이 함께 오는가?

나는 수년간 이 질문을 깊이 생각한 결과 최고의 답을 발견했다. 주님의 징계는 그 자체로 축복이 아니다. 하나님이 우리를 축복하실 때는 진실로 축복하시며 하나님이 우리를 징계하실 때도 진실로 징계하신다. 징계와 축복은 다르다. 징계받는 순간에 징계는 축복이 아니라 시련 그 자체이지만 주님의 징계로 훈련받은 사람들은 결국 축복을 받는다(히 12:11). 십자가는 하나님 아버지께서 예수님에게 주신 축복이 아니라 엄청난 괴로움과 슬픔으로 가득 찬 고통스러운 시련이었다. 그러나 예수님은 십자가라는 시련을 인내하셨기에 앞에 있는 영원한 기쁨을 얻으셨다(히 12:2).

주님의 축복과 징계의 차이를 이해하기 위해 나를 예로 들어 보자. 내 아들이 나에게 축복을 구할 때 나는 아이를 혼내지 않는다. 아들이 나에게 구한 축복에 답하기 위해 용돈이나 선물을 주지 혼내지 않는다. 이것이 징계에 아무 유익도 없다는 의미인가? 아니다. 징계에는 많은 유익이 있다. 그러나 징계 자체는 축복이 아니라 시련이다. 하지만 하나님이 우리에게 주시는 시련도 우리를 향한 하나님의 선하심에서 나온다. 하나님의 선하심과 징계 사이에는 모순이 없다.

바벨론 포로 시기의 하나님의 선하심

사실 우리는 인생의 어느 지점에서 징계에 담긴 하나님의 선하심을 깨닫기 위해 몸부림칠 때가 있다. 포로 시대의 이스라엘 민족도 마찬가지였다. 하나님은 이스라엘을 70년간 바벨론에 포로로 보내어 징계하셨고 이 기간이 끝난 후 남은 사람들은 에루살렘으로 돌아왔다. 예루살렘 멸망은 이스라엘 역사상 전무후무한 가장 충격적인 사건이었다. 성전이 무너지고 예루살렘 도성이 불에 탔으며 많은 사람이 죽고 많은 사람이 바벨론 포로로 끌려갔다. 온 이스라엘이 이런 끔찍한 경험 속에서 하나님의 선하심을 깨닫기 위해 몸부림쳤다. 그러나 나는 이스라엘의 70년 포로 시기 역시 하나님의 선하심 안에 있다고 믿는다. 예레미야가 표현한 하나님의 선하심을 보자.

> 5 이스라엘의 하나님 여호와께서 이와 같이 말씀하시니라. 내가 이곳에서 옮겨 갈대아인의 땅에 이르게 한 유다 포로를 이좋은^{GOOD} 무화과 같이 잘^{GOOD} 돌볼 것이라. 6 내가 그들을 돌아보아 좋게 하여^{GOOD} 다시 이 땅으로 인도하여 세우고 헐지 아니하며 심고 뽑지 아니하겠고 7 내가 여호와인 줄 아는 마음을 그들에게 주어서 그들이 전심으로 내게 돌아오게 하리니 그들은 내 백성이 되겠고 나는 그들의 하나님이 되리라. (렘 24:5~7)

포로기 동안 이스라엘 민족에게 많은 슬픔이 찾아왔지만, 하나님은 위의 구절에서 선^{GOOD}이라는 단어를 세 번이나 사용하시면서 포로 된 이스라엘에 베푸신 하나님의 선하심을 묘사하신다. 이스라엘은 포로 시기를 통해 보존되었고 후에 예루살렘을 회복했다. 징계는 시련이었지만 결국 하나님의 선하심에 초점을 맞추는 통로가 되었다.

누가 하나님의 버림을 받은 것인가? 포로로 끌려간 사람들인가 아니면 남아있던 사람들인가? 실제로 하나님이 버리신 사람들은 포로 된 이스라엘이 아니라 포로 되지 않고 예루살렘에 남아있던 사람들이었다. 주님은 이들을 향하여 "9 세상 모든 나라 가운데 흩어서 그들에게 환난을 당하게 할 것이며 또 그들에게 내가 쫓아 보낼 모든 곳에서 부끄러움을 당하게 하며 말거리가 되게 하며 조롱과 저주를 받게 할 것이며 10 내가 칼과 기근과 전염병을 그들 가운데 보내 그들이 내가 그들과 그들의 조상들에게 준 땅에서 멸절하기까지 이르게 하리라 하시니라"(렘 24:9~10)라고 말씀하셨다.

징계를 향한 하나님의 관점은 우리 관점과 정반대이다. 우리 눈에는 바벨론에 포로로 끌려간 사람들이 하나님의 진노를 받았고 이스라엘에서 자유를 누리는 사람들이 은총을 받은 것처럼 보이지만 하나님은 우리와 정확히 반대로 보신다. 사실은 바벨론에 끌려간 포로들이 은총을 받은 사람들이었다.

예루살렘 멸망과 70년 포로기를 어떻게 선하다고 여길 수 있는가? 포로 시기에 몇 가지 선한 열매가 있었다. 이스라엘의 마음이 주님께 돌아왔고 수 세기간 이스라엘을 괴롭힌 우상숭배가 거의 완전히 사라졌다. 그리고 포로 된 이스라엘 민족이 예루살렘에 돌아오면서 궁극적으로 메시아의 오심을 준비하기 시작했다.

하나님의 계획은 예레미야를 통해 선포한 것처럼, 결코 이스라엘에게 해를 입히는 것이 아니었다. "여호와의 말씀이니라 너희를 향한 나의 생각을 내가 아나니 평안이요 재앙이 아니니라 너희에게 미래와 희망을 주는 것이니라"(렘 29:11). 주님은 스가랴 선지자를 통해서 바벨론 포로기에 비슷한 말씀을 하셨다:

14 나 만군의 주가 말한다. 너희 조상들이 나를 노하게 하였을 때에, 나는 너희에게 재앙을 내리기로 작정하고, 또 그 뜻을 돌이키지도 않았다. 나 만군의 주가 말한다. 15 그러나 이제는, 내가 다시 예루살렘과 유다 백성에게 복을 내려 주기로 작정하였으니, 너희는 두려워하지 말아라. (슥 8:14~15, 새번역)

스가랴 8장의 초점은 하나님의 주권적 결단에 있다. 하나님은 포로기라는 심판을 통해 이스라엘을 징계하고 정결케 하기로 작정하시면서 징계가 끝나면 예루살렘에 선을 행하시어 이스라엘 민족을 다시 데려오기로 하셨다.

하나님이 자기 자녀들을 거룩한 목적으로 인도하는 데 필요한 것은 무엇이든 하겠다고 결심하신 것을 깨달을 때 우리는 두려워 떨기 시작한다. 하나님은 우리를 선하신 축복으로 인도하기 위해 징계하시는 단호한 하나님이시다. 그러므로 "두려워하지 말지니라"(슥 8:15). 걱정하지 말라!

주님의 선하심을 두려워하다

호세아 선지자는 바벨론 포로기를 예언하면서 두 개의 낯선 관계인 여호와의 선하심(은총)과 여호와를 두려워하는 것을 같이 언급했다. 아래 구절을 보자.

그 후에 이스라엘 자손이 돌아와 주 자기들의 하나님과 자기들의 왕 다윗을 찾고 마지막 날들에 주와 그분의 선하심을 두려워할 것이기 때문이라. (호 3:5, 킹흠정)

주님의 선하심을 두려워한다니, 언뜻 보기에 이상하다. 이것은 무슨 의미인가? 호세아서의 문맥을 보면 하나님은 호세아를 통해 이스라엘을 우상 숭배에서 돌이키는 특별한 목적을 위해 바벨론 광야에서 하나님께로 데려오겠다고 말씀하신다. 이스라엘의 바벨론 포로 상태는 일종의 '자택 구금'과 같으며, 그 기간에 하나님은 이스라엘의 마음을 돌이키신다. 70년 포로기가 끝나고 이스라엘 자손은 예루살렘으로 돌아왔고 여호와 하나님과 다윗을 찾았다.

때로 우리는 하나님의 선하심을 이해하지 못하기 때문에 성경 이야기가 끝날 때까지 이야기 중간에 일어나는 일들이 도대체 무슨 의미인지 이해하지 못하고 어려워한다. 하지만 이야기가 끝날 때쯤이면 여러 개의 점이 선으로 연결되며, 하나님이 준비하신 것이 무엇인지 깨달을 때가 올 것이다. 왜 이스라엘은 포로 생활에서 예루살렘으로 돌아온 후에 주님의 선하심을 두려워했는가? 왜냐하면 하나님이 이스라엘의 마음을 되찾기 위해 기꺼이 하신 위대한 일들을 깨달았기 때문이다. 하나님은 이스라엘의 충성을 회복하기 위해 끔찍한 방법을 선택하셨다. 성전과 예루살렘을 파괴하시고 이스라엘을 70년간 포로 생활로 이끄셨다.

이스라엘은 자신이 겪은 끔찍한 시련을 돌아보면서 모든 것이 하나님의 선하심이었음을 깨닫고 동시에 하나님을 향한 두려움을 느꼈다. 하나님의 마음은 이렇게 맹렬한 열심으로 충만하시다! 하나님은 사랑하는 자녀들을 소유하실 때까지 완전히 단호하시고 사정을 봐주지 않으신다. 우리가 온 마음을 다해 하나님을 사랑하도록 하나님이 기꺼이 사용하시는 계획들은 솔직히 말하면, 정말 무서울 지경이다. 하나님의 선하심이 우리를 떨게 한다.

예레미야는 하나님이 이스라엘을 어떻게 바벨론에서 예루살렘으로 이끄시고 예루살렘을 어떻게 회복하시는지 설명하면서 두려움과 선하심을 같이 사용한다. "이 성읍이 세계 열방 앞에서 나의 기쁜 이름이 될 것이며 찬송과 영광이 될 것이요 그들은 내가 이 사람에게 베푼 모든 복을 들을 것이요 내가 이 성읍에 베푼 모든 복과 모든 평안으로 말미암아 두려워하며 떨리라"(렘 33:9).

하나님이 예루살렘을 회복하시면 열방이 떨게 될 것이다. 왜냐하면 예루살렘의 포로 됨을 지휘하신 분이 하나님이신 것을 깨닫기 때문이다. 이스라엘 귀환은 바벨론 포로기를 일으킨 분이 하나님이심을 확증한다. 열방이 두려워한 이유는 회복 때문이 아니라 회복을 얻기 위해 이스라엘이 견뎌야 하는 징계 때문이었다.

부활은 십자가형이 하나님의 계획임을 확증한다. 이스라엘의 귀환은 포로 됨이 하나님의 계획임을 입증한다. 치유는 징계가 하나님에게서 왔음을 확증한다. 이것이 시 40:2~3에 숨은 원칙이다. "나를 기가 막힐 웅덩이와 수렁에서 끌어올리시고…새 노래 곧 우리 하나님께 올릴 찬송을 내 입에 두셨으니 많은 사람이 보고 두려워하여 여호와를 의지하리로다." 왜 사람들은 새 노래를 보고 두려워할까? 하나님의 구원의 새 노래는 즐겁지 아니한가? 사람들은 새 노래를 통해 하나님이 처음부터 기가 막힌 웅덩이를 계획하셨다는 것을 깨닫고 두려워한다. 만일 하나님이 사랑하신 다윗에게 그렇게 하셨다면 다른 사람에게도 그러실 수 있으므로 두렵고 떨림으로 여호와를 의지하게 한다.

하나님의 선하심에는 경외심을 불러일으키는 두려운 것이 있다. 우리가 섬기는 거룩하신 하나님은 정말 선하셔서 우리 온 마음을 다한 사랑을 얻으시고, 또 우리를 하나님이 사용하시기에 유용한 그릇으로 빚으시는데 필요한 모든 일을 기꺼이 하신다.

나는 이 첫 장에서 하나님의 징계가 어떻게 하나님의 선하심의 표현인지 보여주고자 노력했다. 하지만 모든 사람이 이 내용을 이해하기는 어려울 것이다. 어떤 사람들은 하나님의 선하심을 옹호하기 위한 열의가 지나친 나머지 주님의 징계 교리를 제쳐놓고 이 귀한 교리를 잊어버렸다. 이제 히 12:5에 나오는 성령님의 말씀에 진심으로 동의하자.

"그렇습니다. 주님, 우리는 주님의 징계를 잊어버렸습니다. 우리가 다시 주님의 징계를 기억하고 우리를 징계하시는 하나님의 선하심을 이해하도록 도와주세요."

02 다시 기억해야 한다

It's Time to Remember

성령님이 우리가 뭔가를 잊어버렸다고 말씀하시는 이유는 우리가 그것을 다시 기억하기를 원하시기 때문이다. 히 12:5을 보자.

또 아들들에게 권하는 것 같이 너희에게 권면하신 말씀도 잊었도다. 일렀으되 내 아들아 주의 징계하심을 경히 여기지 말며 그에게 꾸지람을 받을 때에 낙심하지 말라.

지금은 교회가 징계에 담긴 하나님의 뜻을 깨닫고 깨어나야 할 바로 그때이다. 우리는 건망증에서 빠져나와야 한다! 나는 그 어느 때보다 지금 우리가 징계 교리를 회복해야 할 세 가지 이유를 제시한다. 첫 번째 이유는 하나님이 말세에 교회를 더욱더 강하게 징계하시기 때문이다.

하나님의 징계가 더욱 증가한다

호세아는 "마지막 날에는 여호와를 경외하므로 여호와와 그의 은총으로 나아가리라"(호 3:5)라는 말로 마지막 때 현실을 지적했다. 호세아 앞에 바벨론 포로기가 있었지만, 호세아는 바벨론 포로기 사건 너머 비슷한 역학 관계인 마지막 때에 하나님의 징계가 더욱 증가하는 것을 보았다. 비록 징계가 하나님의 선하심의 표현이지만 더욱 극심해질 것이다. 시련의 가혹한 본성은 신자에게 사랑하는 자녀의 진심 어린 헌신을 얻기 위해 무엇이든 하시는 하나님의 선하심을 향한 경외감을 불러일으킬 것이다.

나는 이 책에서 주님의 징계를 이해하는 데 바벨론 포로기가 매우 큰 도움을 주기 때문에 반복해서 살펴볼 것이다. 우리가 주님의 징계를 받을 때, 바벨론 포로기는 놀라울 정도로 큰 의미가 있다. 말세에 점점 더 많은 신자가 주님의 징계의 의미를 필사적으로 추구하고 이해한 결과 더욱 간절히 원하게 될 것이며, 신자들이 주님의 징계를 경험하고 생긴 더 깊은 이해와 깨달음을 다른 사람에게 전파할 것이다.

예수님께 징계받은 사람보다 누가 더 징계를 잘 이해하겠는가? 이것이 예레미야가 효과적인 주님의 대변인이 된 이유이다. 예레미야는 직접 징계를 체험했으며 그 체험이 장차 다가올 심판을 미리 말할 수 있는 권위를 주었다. 예레미야가 먼저 마신 잔이 강렬했기 때문에 이스라엘 민족은 궁극적으로 예레미야의 메시지를 받아들일 수 있었다.

깨어지지 않은 선지자^{UNBROKEN PROPHET}가 선언하는 심판은 인정하기 어렵지만 깨어져 눈물 흘리는 선지자가 선언하는 심판은 귀에 들어온다. 말세에 다가올 심판을 선언하는 선두 주자들은 그리스도의 몸이 말씀을 받을 수 있도록 먼저 쓴잔을 마셔야 한다.

예레미야도 호세아처럼 바벨론 포로에 관해 기록했다. 예레미야는 포로시기가 궁극적으로 먼 훗날의 무언가를 가리킨다고 예견했다. 그것은 바로 "마지막 날에 하나님의 사람들에게 주님의 징계가 더욱 증가한다"라는 것이다. 예레미야는 이것을 두 번이나 기록했다.

너희가 끝날에 그것을 완전히 깨달으리라. (렘 23:20)

너희가 끝날에 그것을 깨달으리라. (렘 30:24)

다니엘은 말세에 하나님의 자녀들의 삶에 고난이 증가하는 것을 본 또 한 사람이다.

33 백성 중에 지혜로운 자들이 많은 사람을 가르칠 것이나 그들이 칼날과 불꽃과 사로잡힘과 약탈을 당하여 여러 날 동안 몰락하리라. 35 또 그들 중 지혜로운 자 몇 사람이 몰락하여 무리 중에서 연단을 받아 정결하게 되며 희게 되어 마지막 때까지 이르게 하리니 이는 아직 정한 기한이 남았음이라. (단 11:33, 35)

다니엘은 하나님이 마지막 때에 성도들을 연단 하여 정결해지도록 불같은 시련을 사용하신다고 확언한다. 호세아, 예레미야, 다니엘뿐만 아니라 예수님도 마지막 때에 징계가 더 증가한다고 말씀하셨다. 계 3장에 라오디게아 교회를 향한 예수님의 말씀을 보자. 많은 성경 해석가가 일곱 교회에 보내는 일곱 편지의 마지막 장인 라오디게아 교인들에게 보내는 편지(계 3:14~22)가 그리스도의 재림을 맞이할 교회와 특별한 관련이 있다는 데 동의한다. 만일 해석가들이 옳다면, 마지막 때 교회를 향한 그리스도의 메시지는 "무릇 내가 사랑하는 자를 책망하여 징계하노니 그러므로 네가 열심을 내라 회개하라"(계 3:19)이다. 이 말씀의 의미는 이것이다.

"마지막 때 내 사랑하는 성도들을 향한 특별한 말씀이 있다. 나는 너희를 책망하고 징계할 만큼 사랑한다. 너희가 마지막 때 역사하는 세력을 이기려면 내 징계의 손길을 경험할 필요가 있다."

그러므로 우리는 주님의 주권을 따라 징계가 말세에 주님의 교회를 성숙하게 하시는 필수적인 방법이라는 것을 깨달아야 한다. 약간의 위로의 말을 덧붙이자면, 마지막 때에는 부흥도 더욱 증가한다! 징계는 교회를 새롭게 하시는 주님의 유일한 방법이 아니다. 준비하라, 주님은 부흥을 사용하신다. 하나님은 그 어느 때보다 마지막 때에 주님의 영을 쏟아부으실 것이다. 마지막 때가 될수록 환난이 증가하겠지만 동시에 하나님은 전례 없는 영광으로 주님의 영을 모든 육체에 부으실 것이다.

28 그 후에 내가 내 영을 만민에게 부어 주리니 너희 자녀들이 장래 일을 말할 것이며 너희 늙은이는 꿈을 꾸며 너희 젊은이는 이상을 볼 것이며 29 그 때에 내가 또 내 영을 남종과 여종에게 부어 줄 것이며 (욜 2:28~29)

부흥과 징계가 증가하는 마지막 때는 살아있다는 것을 믿을 수 없을 정도로 강렬하고 흥미진진한 때이다. 마지막 때 우리 앞에 펼쳐질 풍경은 우리로 주님의 징계를 기억하게 할 것이다.

하나님은 교회부터 시작하신다

우리가 하나님의 징계를 기억해야 할 두 번째 이유는 하나님이 교회부터 심판하시기 때문이다. 주님은 교회부터 징계하신 후 세상을 심판하신다. 우리가 그리스도의 제자라면 이 심판은 우리와 아주 밀접한 관련이 있다. 반드시 기억하라!

> 17 하나님의 집에서 심판을 시작할 때가 되었나니 만일 우리에게 먼저 하면 하나님의 복음을 순종하지 아니하는 자들의 그 마지막은 어떠하며 18 또 의인이 겨우 구원을 받으면 경건하지 아니한 자와 죄인은 어디에 서리요. 19 그러므로 하나님의 뜻대로 고난을 받는 자들은 또한 선을 행하는 가운데에 그 영혼을 미쁘신 창조주께 의탁할지어다. (벧전 4:17~19)

베드로는 17절에 하나님의 집에서 시작할 주님의 심판과 함께 18~19절에 징계를 언급한다. 고전 11:29~32은 징계를 심판의 한 형태로 규정한다. 모든 심판이 징계는 아니지만 모든 징계는 심판이다. 징계는 하나님의 자녀의 삶에 선한 목적을 이루기 위해 계획된 하나님의 사랑의 심판이기 때문이다. 하나님의 심판은 아주 철저하고 믿을 수 없을 정도로 강렬하므로 어떤 사람들은 하나님의 심판이 지나치다고 느끼며 도저히 이해하지 못한다.

베드로는 강렬한 징계를 경험하는 의인을 두고 19절에 "겨우 구원을 받으면"이라고 표현했다. 즉, 주님의 징계를 받는 사람들은 겨우 목숨만 건진 것처럼 보인다. 의인이 심판 날에 겨우 목숨만 건진다면, 경건하지 않은 사람들은 어떨까? 내주하시는 성령님의 도움 없이 주님의 심판에 직면하는 것은 상상할 수 없는 일이다! 계 16장은 복음에 순종하지 않는 사람들에게 이런 심판의 날이 다가온다고 선포한다.

렘 25:29은 하나님이 자기 자녀들에게 재앙을 내리실 때, 곧이어 세상을 심판하신다는 의미라고 분명히 기록한다. 하나님은 자녀들에게 엄격하시지만, 악인에게는 훨씬 더 가혹하시다. 그러나 그때에도 하나님의 심판은 회개의 부르심을 담고 있으므로 전적으로 자비롭다.

만일 예수님이 자기 신부를 징계하지 않으시면, 그 신부는 마지막 때 주님의 목적을 이루는 데 동역하기에는 너무 미숙하고 얕은 체험에 머무를 것이다. 그러므로 신부의 징계는 곧 신부의 훈련장이다. 신부는 징계를 통해 하나님의 마지막 때 심판의 자비로움과 정당성과 필요성을 깨닫고 감사하게 될 것이다.

다윗과 모세를 보자. 오직 징계받은 다윗[1]만이 악인에 맞서 저주의 시편[2]을 쓸 수 있었다. 오직 징계받은 모세[3]만이 온유함으로 바로 왕에 맞서 하나님의 심판을 풀어낼 수 있었다. 징계는 다윗

---

1. 나는 다윗의 징계가 목숨을 지키기 위해 사울로부터 도망친 십 년을 가리킨다고 생각하지만 그렇다고 꼭 그 십 년만 주님의 징계라는 의미는 아니다.
2. 저주의 시편들은 하나님이 악인을 심판해 달라는 다윗의 요구가 담겨 있다. 시 2, 7, 35, 55, 58, 59, 69, 79, 109, 137, 139편을 참조하라.
3. 나는 모세가 미디안 광야에 살면서 장인의 양을 돌보던 사십 년이 하나님의 징계였을 것이라고 생각한다.

과 모세를 악인을 심판하는 좋은 동역자로 만들었다. 마찬가지로 징계받은 신부는 실제로 그리스도와 함께 세상의 마지막 심판에 참여할 것이다.

예수님은 징계하신다. 징계는 교회를 향한 예수님의 우선적인 과제이다. 예수님은 교회부터 징계하신다. 그러므로 우리는 망각을 버리고 징계의 교리를 마음 깊이 새겨야 한다.

준비된 사람이 적다

세 번째, 성경이 말세에 큰 배교가 있다고 예언하기 때문에 우리는 반드시 징계의 교리를 회복해야 한다. 역사가 시작한 이후 많은 신자가 믿음에서 타락했지만, 아직 바울이 배교[4]라고 부를 만큼 광범위한 성도들이 믿음에서 돌아서는 일은 없었다.

누가 어떻게 하여도 너희가 미혹되지 말라. 먼저 배교하는 일이 있고 저 불법의 사람 곧 멸망의 아들이 나타나기 전에는 그 날이 이르지 아니하리니 (살후 2:3)

예수님은 왜 배교가 일어나는지 통찰을 주신다.

10 그 때에 많은 사람이 실족하게 되어 서로 잡아 주고 서로 미워하겠으며 11 거짓 선지자가 많이 일어나 많은 사람을 미혹하겠으며 12 불법이 성하므로 많은 사람의 사랑이 식어지리라. (마 24:10~12)

---

4. 또한 딤전 4:1~2, 딤후 4:3~5, 벧후 2:1~3 참조.

예수님이 말씀하신 배교의 첫 번째 이유는 많은 사람이 실족한다는 것이다. 무엇이 말세의 신자를 실족하게 하는가? 바로 예수님의 징계이다. 예수님의 징계를 이해하는 바른 신학적 기준이 없는 신자들은 믿음을 잃을 수 있다. 말세에 하나님을 향한 우리 사랑을 뜨겁고 순결하게 유지하려면 우리는 심판자 예수님을 친밀하게 알아야 한다. 그러므로 우리는 다음과 같은 이유로 주님의 징계 교리를 반드시 기억해야 한다.

- 말세에 주님의 심판이 극적으로 증가한다.

- 하나님의 집에서부터 심판이 시작된다.

- 많은 사람이 실족하고 배교할 것이다.

우리는 하나님의 은혜를 힘입어 주님의 징계를 잊지 말고 기억해야 한다. 우리는 기억해야 한다!

03 십자가와 징계

THE CROSS AND CHASTENING

우리는 주님의 징계를 잊어버렸다. 이제 주님의 징계라는 주제에서 가장 중요한 핵심 구절인 히 12:5의 배경과 문맥을 살펴보자. 히 12장은 이렇게 시작한다.

1 이러므로 우리에게 구름 같이 둘러싼 허다한 증인들이 있으니 모든 무거운 것과 얽매이기 쉬운 죄를 벗어 버리고 인내로써 우리 앞에 당한 경주를 하며 2 믿음의 주요 또 온전하게 하시는 이인 예수를 바라보자. 그는 그 앞에 있는 기쁨을 위하여 십자가를 참으사 부끄러움을 개의치 아니하시더니 하나님 보좌 우편에 앉으셨느니라. (히 12:1~2)

히 11장은 믿음의 영웅들을 이야기하면서 그들을 "구름 같이 둘러싼 허다한 증인"이라고 부른다. 믿음의 영웅들은 이 땅에서 시련과 환난과 원수와 맞서 싸우며 힘든 경주를 마치고 하나님의 신실하심을 증거하는 증인이 되었다. 하나님이 믿음의 영웅들의 이야기를 완성하신다.

이 구절은 기독교인의 삶을 일종의 경주로 묘사한다. 모든 신자는 구름같이 허다한 증인들 사이에 자리를 얻기 위해 경주한다. 그러므로 히 12:1은 우리를 걸려 넘어트리거나 달리지 못하게 하는 모든 무거운 죄를 벗어버리라고 권면한다. 우리는 하나님의 구원과 능력을 전하는 증인이 되기 위해 경주한다.

우리에게 가장 큰 영감을 주는 영웅은 바로 예수님이다(2절). 예수님은 이 땅의 경주를 마치시고 지금은 허다한 증인 중에 선두 주자가 되셨다. 십자가를 참으신 예수님은 하나님 우편에 앉으셨으며 자신을 죽음에서 일으킨 하나님의 선하심과 신실하심을 증거하신다(히 10:12~13). 예수님은 우리에게 말씀하신다. "달려라! 아버지가 너를 도우실 것이다. 아버지가 너로하여금 모든 시련을 헤치고 나아가며 모든 장애물을 극복하고 너를 위하시는 아버지의 온전한 증언을 얻게 하실 것이다."

나는 히브리서 저자가 그리스도의 십자가와 주님의 징계의 분명한 연관성을 어떻게 끌어냈는지 보여줌으로써 히 12장을 향한 우리 이야기를 시작하고 싶다. 히 12:2에 십자가가 분명히 나오며 이어지는 구절에서 통일된 주제로 계속 남아있다. 히브리서 저자는 우리가 조심하지 않으면 경주를 방해할 수 있는 세 가지를 언급한다. 죄인들의 거역(3절), 죄(4절), 주님의 징계(5절)이다. 이중 첫 번째로 3절을 보자:

너희가 피곤하여 낙심하지 않기 위하여 죄인들이 이같이 자기에게 거역한 일을 참으신 이를 생각하라. (히 12:3)

예수님은 우리가 믿음의 경주를 할 때, 예수님이 이 땅에 계셨을 때처럼 죄인들에게서 오는 어떤 공격도 견디길 원하신다. 우리가 조심하지 않으면 우리를 대적하는 사람들 때문에 지치고 낙심하여 믿음의 경주를 그만두고 싶은 유혹에 빠질 수 있다. 예수님은 십자가에 못 박히 실 때 가장 큰 거절감을 경험하셨다. 그러므로 히브리서 저자는 3절에 십자가를 염두에 둔 것이 명백하다. 이제 4절로 넘어가자.

너희가 죄와 싸우되 아직 피 흘리기까지는 대항하지 아니하고 (히 12:4)

구름같이 허다한 증인들을 향한 경주에서 우리는 우리를 넘어트릴 수 있는 죄와 맞서 싸우도록 권면 받는다. 히브리서 저자는 예수님이 십자가에서 피 흘리신 것을 두고 "피 흘리기까지"라는 단어를 사용한다. 예수님은 피 흘리기까지 원수에 저항하셨지만 우리는 아직 그렇지 않다. 그러므로 히브리서 저자는 4절에서 여전히 십자가를 언급한다. 히브리서 저자가 계속해서 십자가라는 주제에 초점을 맞추는 것에 주목하라.

5 또 아들들에게 권하는 것 같이 너희에게 권면하신 말씀도 잊었도다. 일렀으되 내 아들아 주의 징계하심을 경히 여기지 말며 그에게 꾸지람을 받을 때에 낙심하지 말라. 6 주께서 그 사랑하시는 자를 징계하시고 그가 받아들이시는 아들마다 채찍질하심이라 하였으니 (히 12:5~6, 개정)

히브리서 저자는 구름같이 허다한 증인들을 향한 경주 중인 우리에게 주님의 징계를 기억하게 한다. 우리는 징계 중에도 주님이 여전히 선하시다는 관점을 잃으면 길을 잃을 수 있다.

우리 경주의 장애물인 죄인으로부터의 거절과 세 번째 잠재적인 장애물인 주님의 징계가 히브리서 저자에게 너무 컸기 때문에 이것을 설명하는 데 총 아홉 구절을 할애한다. 히브리서 저자를 사로잡은 이 말씀이 우리도 사로잡기를 바란다.

히브리서 저자는 5절을 접속사 또^{AND}라는 단어로 시작하면서 자신이 십자가라는 주제에서 벗어나지 않았음을 알려준다. 십자가라는 주제는 5절에서 자연스럽게 주님의 징계로 이어진다. 히브리서 저자는 우리가 주님의 징계를 받을 때 그리스도가 지신 십자가를 경험하는 것임을 깨닫기를 원한다.

십자가와 징계의 연관성은 6절에서 채찍질^{SCOURGES}이라는 단어를 사용하면서 더 확실해진다. 6절의 채찍질에 사용한 단어와 예수님이 심판받으실 때 나오는 채찍질이라는 단어는 같은 단어이다. 그뿐 아니라 많은 번역본이 히 12장의 첫 여섯 구절을 나누지 않고 한 문단으로 본다.

히 12장의 첫 여섯 구절을 하나의 문단으로 보면 문단 전체에 십자가라는 주제가 일관되게 흐르는 것을 발견할 수 있다. 내 요점은 이렇다. 히 12장의 저자는 십자가와 주님의 징계를 한 범주에 넣었으며 십자가는 자연스럽게 징계의 문제로 연결된다.

십자가의 양면성

이미 말한 것처럼 우리가 받는 징계는 그리스도의 십자가를 경험하는 것이다. 이것을 이해하려면 십자가의 양면성을 알아야 한다. 일부 신학 진영은 십자가의 한 면만 강조하는 경향이 있으며 다른 편을 지지하는 사람들을 적대적으로 대한다. 현명한 사람이라면 십자가의 한 면만 강조하지 않고 십자가의 양면을 전부 인정할 것이다. 십자가의 양면성은 무엇인가? 십자가의 대속적 속성과 동일시 속성을 의미한다.

십자가의 대속적 속성

먼저 십자가는 그리스도의 대속 사역이다. 바울이 "우리의 유월절 양 곧 그리스도께서 희생되셨느니라"(고전 5:7)라고 말한 것처럼 예수님이 우리를 대신하여 희생의 어린양이 되셔서 십자가에서 고통받으셨기 때문에 우리는 물리적인 십자가를 지지 않아도 된다. 베드로는 "그리스도께서도 단번에 죄를 위하여 죽으사 의인으로서 불의한 자를 대신하셨으니 이는 우리를 하나님 앞으로 인도하려 하심이라"(벧전 3:18)라고 덧붙였다. 성경의 두 저자는 그리스도가 우리를 위해 고난받으셨다고 말하면서 십자가의 대속 사역을 가리킨다. 그리스도는 우리를 위해 어떤 고난을 받으셨는가? 아래 예수님의 대속적 희생의 측면을 생각해보자.

● 예수님이 징계받으셨기 때문에 우리가 용서받았다. "그가 징계를 받으므로 우리는 평화를 누리고"(사 53:5).

● 예수님이 상처받으셨기 때문에 우리가 치유 받았다. "16 저물

매 사람들이 귀신 들린 자를 많이 데리고 예수께 오거늘 예수께서 말씀으로 귀신들을 쫓아내시고 병든 자들을 다 고치시니 17 이는 선지자 이사야를 통하여 하신 말씀에 우리의 연약한 것을 친히 담당하시고 병을 짊어지셨도다 함을 이루려 하심이 더라"(마 8:16~17)

● 예수님이 죄가 되셨기 때문에 우리가 믿음으로 하나님의 의가 되었다. "하나님이 죄를 알지도 못하신 이를 우리를 대신하여 죄로 삼으신 것은 우리로 하여금 그 안에서 하나님의 의가 되게 하려 하심이라"(고후 5:21)

● 예수님이 우리를 위해 죽으셨기 때문에 우리가 하나님의 생명을 받았다. "오직 우리가 천사들보다 잠시 동안 못하게 하심을 입은 자 곧 죽음의 고난 받으심으로 말미암아 영광과 존귀로 관을 쓰신 예수를 보니 이를 행하심은 하나님의 은혜로 말미암아 모든 사람을 위하여 죽음을 맛보려 하심이라"(히 2:9)

● 예수님이 가난해지셨기 때문에 우리가 하나님의 부요를 상속받았다. "우리 주 예수 그리스도의 은혜를 너희가 알거니와 부요하신 이로서 너희를 위하여 가난하게 되심은 그의 가난함으로 말미암아 너희를 부요하게 하려 하심이라"(고후 8:9)

● 예수님이 고난받으셨기 때문에 우리는 하나님의 영광을 공유한다. "그러므로 만물이 그를 위하고 또한 그로 말미암은 이가 많은 아들들을 이끌어 영광에 들어가게 하시는 일에 그들의 구원의 창시자를 고난을 통하여 온전하게 하심이 합당하도다"(히 2:10)

● 예수님이 하나님으로부터 버림받으심을 인내하셨기 때문에 우리가 아버지께 받아들여졌다. "나의 하나님, 나의 하나님, 어찌하여 나를 버리셨나이까"(마 27:46). "이는 그가 사랑하시는 자 안에서 우리에게 거저 주시는바 그의 은혜의 영광을 찬송하게 하려는 것이라" (엡 1:6)

● 예수님이 저주 받으셨기 때문에 우리가 모세의 율법의 저주에서 해방되었다. "13 그리스도께서 우리를 위하여 저주를 받은 바 되사 율법의 저주에서 우리를 속량하셨으니 기록된바 나무에 달린 자마다 저주 아래에 있는 자라 하였음이라 14 이는 그리스도 예수 안에서 아브라함의 복이 이방인에게 미치게 하고 또 우리로 하여금 믿음으로 말미암아 성령의 약속을 받게 하려 함이라" (갈 3:13~14)

● 예수님이 죄를 향한 하나님의 진노를 참으셨기 때문에 우리가 진노에서 구원받았다. "8 우리가 아직 죄인 되었을 때에 그리스도께서 우리를 위하여 죽으심으로 하나님께서 우리에 대한 자기의 사랑을 확증하셨느니라 9 그러면 이제 우리가 그의 피로 말미암아 의롭다 하심을 받았으니 더욱 그로 말미암아 진노하심에서 구원을 받을 것이니 10 곧 우리가 원수 되었을 때에 그의 아들의 죽으심으로 말미암아 하나님과 화목하게 되었은즉 화목하게 된 자로서는 더욱 그의 살아나심으로 말미암아 구원을 받을 것이니라" (롬 5:8~10)

우리는 전적으로 예수님의 십자가 사역으로 구원받았다. 우리는 예수님의 십자가 사역의 1%도 감당할 수 없으며 오직 그리스도만이 우리에게 구원을 주신다. 이것이 영광스러운 십자가의 대속적 속성이라는 진리이다.[5] 십자가의 대속 사역은 우리 마음에 전율을 일으키고 참된 기쁨을 주는 영광스러운 메시지이다. 십자가의 영광과 경이로움을 아무리 강조해도 과하지 않다. 하지만 대속적 속성이 십자가의 완전한 메시지는 아니다. 십자가를 완전하게 선포하려면 십자가의 두 번째 측면인 동일시 속성을 알아야 한다.

십자가의 동일시 속성

예수님이 십자가에서 고난받으신 두 번째 이유는 우리에게 십자가의 동일시 속성을 보여주기 위함이다. 우리는 아버지에게서 온 고난의 잔을 마심으로써 예수님의 고난에 동참한다. 십자가의 대속적 측면은 우리에게 큰 안도감을 주지만 십자가의 동일시 속성은 우리 정신을 번쩍 차리게 한다. "나를 따라오려거든 자기를 부인하고 날마다 제 십자가를 지고 나를 따를 것이니라"(눅 9:23).

베드로는 십자가의 양면을 정교하게 나누어 설명한다. 대속과 동일시가 어떻게 합쳐지는지 베드로전서의 핵심 구절을 보면 된다. "이를 위하여 너희가 부르심을 받았으니 그리스도도 너희를 위하여 고난을 받으사 너희에게 본을 끼쳐 그 자취를 따라오게 하려 하셨느니라"(벧전 2:21). 베드로는 그리스도가 우리를 위해 대속해서 고난받으셨다고 말한다.

그리스도의 대속이 우리를 그리스도와 동일시하므로 우리도 그리스도의 고난을 따라야 한다. 베드로는 여기서 끝이 아니라고

---

5. 추가 연구를 위해 데릭 프린스의 "The Divine Exchange" 시리즈를 추천한다. www.derekprince.org에서 만날 수 있다. 또한 로드 파슬리의 책 The Cross도 추천한다. 연구할 최고의 성경 구절은 사 53장이다.

하면서 이 말씀을 두 번 강조한다: "그리스도께서 이미 육체의 고난을 받으셨으니 너희도 같은 마음으로 갑옷을 삼으라 이는 육체의 고난을 받은 자는 죄를 그쳤음이니"(벧전 4:1).

베드로는 그리스도가 우리를 위해 고난받으셨으니 우리도 같은 마음을 품고 육체의 고난을 각오해야 한다고 강조하면서 "오히려 너희가 그리스도의 고난에 참여하는 것으로 즐거워하라 이는 그의 영광을 나타내실 때에 너희로 즐거워하고 기뻐하게 하려 함이라"라고 말한다(벧전 4:13). 그리스도와 함께 고난받는 특권이 우리의 기쁨이다.

십자가의 고난이 대속적이면서 동일시적임을 인정할 때 우리는 매우 중요한 질문에 직면한다. 과연 어떤 종류의 고난이 우리가 겪을 필요 없는 예수님의 고난이며 어떤 종류의 고난이 예수님이 고난 당하신 것처럼 우리도 견뎌야 하는 것인가? 즉, 만일 내가 고난받고 있다면 예수님처럼 견뎌야 하는 것인지, 아니면 고난에서 벗어나도록 기도해야 하는 것인지 질문하게 된다.

이 질문이 이 책 전체에서 탐구할 중요한 질문이다. 우선은 베드로의 말을 인용하여 간단하게 정답을 알려주겠다. "그러므로 하나님의 뜻대로 고난을 받는 자들은 또한 선을 행하는 가운데에 그 영혼을 미쁘신 창조주께 의탁할지어다"(벧전 4:19).

원칙을 이렇게 표현할 수 있다. 우리가 하나님의 뜻을 따라 고난받는다면, 우리는 어느 정도 그리스도의 고난에 동참하는 것이다. 예수님도 하나님의 뜻을 따라 십자가에서 고난받으셨기 때문이다. 그러나 만일 우리가 받는 고난이 하나님의 뜻이 아니라면, 우리는 하나님의 구원의 약속을 주장하고 예수님이 갈보리 십자가를 통해 우리에게 주신 대속의 유익을 위해 싸워야 한다. 더 자세한 답을 위해 끝까지 이 책을 놓지 말고 함께 하길 바란다.

이 책에서 내 초점은 여러분이 십자가의 동일시 속성을 이해하도록 돕는 것이다. 내가 이 책에서 십자가의 대속적 측면을 깊이 다루지 않는다고 해서 덜 중요하게 생각한다고 추측하지 않았으면 좋겠다. 그리스도가 우리를 위해 받으신 영광스러운 고난보다 내 영혼에 더 귀중한 것은 없다. 그러나 남은 과제를 위해 이 책에서 우리는 주님과 함께 받는 고난이 어떤 것인지에 초점을 맞출 것이다.

다시 한번 말하면, 우리가 징계받을 때 우리는 주님과 함께 고난받는 것이다. 하나님 아버지는 모든 자녀를 똑같이 대하신다. 이제 이 사실이 명확하므로 히 12:5로 넘어가자.

04 징계를 경히 여기지 말라

DO NOT DESPISE CHASTENING

5 또 아들들에게 권하는 것 같이 너희에게 권면하신 말씀도 잊었도다. 일렀으되 내 아들아 주의 징계하심을 경히 여기지 말며 그에게 꾸지람을 받을 때에 낙심하지 말라. 6 주께서 그 사랑하시는 자를 징계하시고 그가 받아들이시는 아들마다 채찍질하심이라 하였으니 (히 12:5~6)

예수님은 우리를 징계와 꾸짖음으로 바로잡으신다. 이것은 요한계시록에서 예수님이 직접 하신 말씀을 통해 확인할 수 있다. "무릇 내가 사랑하는 자를 책망하여 징계하노니"(계 3:19). 예수님의 꾸짖음은 예수님의 자비와 보호의 표현이다.

시편 기자는 이렇게 묘사한다. "의인이 나를 칠지라도 은혜로 여기며 책망할지라도 머리의 기름 같이 여겨서 내 머리가 이를 거절하지 아니할지라"(시 141:5). 예수님이 우리를 꾸짖으실 때 우리가 올바르게 반응하면, 그 꾸짖음은 진실로 우리 머리에 거룩한 기름이 될 것이다.

꾸짖음과 징계의 차이는 무엇인가? 꾸짖음은 언어적 교정이고 징계는 비언어적 교정이다. 예수님은 이것을 둘 다 사용하신다. 언어적 교정은 성경 말씀 혹은 다른 사람 또는 성령님의 내적 음성으로 우리를 꾸짖으시는 것이다. 종종 예수님은 우리를 징계하시기 전에 먼저 꾸짖으신다. 우리가 주님의 언어적 교정인 꾸짖음을 듣고 바르게 반응하면 비언어적 징계를 피할 수 있다. 그러나 우리가 꾸짖음을 소홀히 여기면 예수님은 우리가 주님께 집중하도록 비언어적 교정 방법을 사용하신다.

하지만 종종 예수님은 꾸짖지 않으시고 먼저 징계하실 때도 있다. 한 저명한 기독교 지도자가 소셜 네트워크 서비스에 이런 글을 남겼다. "하나님의 심판은 하나님의 선하심을 무시한 후에 찾아온다." 이 말은 때로는 진실이지만 항상 그렇지는 않다. 주님이 꾸짖음을 건너뛰고 바로 징계하신다고 해서 삶에 주님이 원치 않는 타협이 있었다고 단정할 수 없다. 오히려, 꾸짖음을 건너뛴 징계는 죄와 상관없이 주님이 아주 깊은 방식으로 우리를 다듬으시는 것일 수도 있다. 예를 들어 욥이나 요셉은 주님의 꾸짖음을 거절했기 때문에 징계를 받은 것이 아니다. 두 사람은 이미 하나님의 말씀에 순종하는 삶을 살았다. 사실 이 두 사람은 거룩한 구별됨과 순종 때문에 징계받았다. 그들의 순종은 하나님 나라 안에서 승격을 위한 자격을 갖추게 했다. 15장에서 이 부분을 더 자세히 설명하겠다.

징계의 정의

먼저 징계라는 단어의 의미를 살펴보자. 히 12:5에 나오는 징계의 헬라어는 파이데이아^{PAIDEIA(스트롱코드 3809)}이다. 대부분의 영어 성경이 징계^(KJV) 혹은 훈육^(NASB)으로 번역하며 흔하지 않게 형벌^(BBE)과 훈련^(MNT)이라는 번역도 있다. 성경 대부분이 파이데이아를 징계 또는 훈육으로 번역한다.

파이데이아의 개념은 훈육적 교정이다. 파이데이아는 아이^{CHILD}에 해당하는 헬라어 파이스^{PAIS}에서 파생했는데, 어린이를 지도하고 교육하며 훈련한다는 뜻이다. 아동의 효과적인 훈육에 징계와 교정이 꼭 필요했기 때문에 징계라는 의미로 발전했다.

이 책의 목적을 위해 나는 스피로스 조디에이츠[6]의 관점을 선호한다. 조디에이츠는 훈계를 의미하는 누데시아^{NOUTHESIA}가 주로 언어적 수단을 통한 교정과 가르침을 의미하고, 징계를 의미하는 파이데이아는 비언어적 수단의 교정을 의미한다고 본다.

바울은 엡 6:4에서 두 헬라어를 모두 사용한다. "또 아비들아 너희 자녀를 노엽게 하지 말고 오직 주의 교훈^[파이데이아]과 훈계^[누데시아]로 양육하라." 바울은 우리가 주 안에서 아이들을 바르게 양육하려면 언어적, 비언어적 방법이 모두 필요하다는 것을 확언한다. 하나님은 자녀들을 같은 방법으로 다루신다.

빈센트 신약 용어집은 파이데이아를 번역할 때 징계보다는 훈육이라는 의미를 선호한다. 우리가 어떤 단어를 좋아하든 같은 현실을 가리킨다. 주로 체벌과 신체적 훈육 같은 비언어적 교정 수단으로 아이들을 훈련하는 것이다. 이 책은 내가 선택한 번역본인 뉴킹제임스 성경이 사용한 단어인 징계^{CHASTENING}를 사용한다.

---

6. The Complete Word Study New Testament, Chattanooga, TN:AMG Publishers, 1992, pp.924, 926~927에서 스트롱 코드 3559와 3809를 참조하라.

성경은 많은 비유로 하나님의 자녀가 성장하는 과정을 설명한다. 징계는 이 비유 중 하나일 뿐이며 또 다른 좋은 비유에는 가지치기, 금이나 은을 제련하는 것, 화살을 날카롭게 하는 것, 토기장이가 그릇을 깨거나 만드는 것, 감옥에 갇히는 것, 아기가 젖을 떼는 것, 포로가 되는 것, 광야를 지나는 것, 겨울을 견디는 것, 포도주를 만들려고 포도를 으깨는 것, 진주가 만들어지는 과정, 십자가형 등이 있다. 이 모든 비유가 어느 정도 서로 겹치는 부분이 있으며 사람을 다루시는 하나님의 독특한 방식을 보여준다.

자녀를 성숙하게 하시는 하나님의 모든 방법을 하나의 비유만으로 완전히 나타낼 수 없지만, 징계의 비유는 여러 유익한 비유 중 하나이다. 이 책의 목적을 위해 1장에 나왔던 징계의 정의를 되새겨보자.

징계는 자녀의 발전과 성숙을 위해 교정하고 훈련하기 위한
목적으로 고난을 사용하는 방법이다.

징계를 향한 두 가지 극단적 반응

히 12:5~6은 솔로몬의 잠언을 인용한다. "내 아들아 주의 징계하심을 경히 여기지 말며 그에게 꾸지람을 받을 때에 낙심하지 말라"(잠 3:11~12). 주님의 징계에 바람직하지 않은 두 가지 극단적 반응은 징계를 무시하거나 징계 때문에 낙심하는 것이다. 이 두 가지 바람직하지 않은 극단적 반응을 자세히 살펴보자.

징계를 무시하다

첫 번째 바람직하지 않은 극단적 반응은 주님의 징계를 무시하는 것이다. 히 12:5에서 "경히 여기지 말며"에서 사용한 헬라어는 무시하거나 대수롭지 않게 여긴다는 의미이다. 하나님이 보내는 신호인 징계를 마땅히 인정하지 않거나 집중하지 않고 중요하게 받아들이지 않는 것이다.

우리는 주님의 징계를 받을 때 어깨를 으쓱하며 거절하고 싶은 유혹에 빠진다. "글쎄요, 저는 하나님이 제 관심을 끌기 위해 징계를 주신다고 생각하지 않아요. 그저 우연일 뿐이에요. 이 상황은 전부 이상한 우연의 일치이기 때문에 더 이상 신경 쓸 필요가 없을 거 같아요." 하지만 하나님은 우리가 주님의 교정CORRECTION을 무시하기를 원치 않으신다. 예레미야는 하나님의 교정을 무시한 이스라엘을 이렇게 묘사한다.

3 여호와여 주의 눈이 진리를 찾지 아니하시나이까. 주께서
그들을 치셨을지라도 그들이 아픈 줄을 알지 못하며 그들을
멸하셨을지라도 그들이 징계를 받지 아니하고 그들의 얼굴을
바위보다 굳게 하여 돌아오기를 싫어하므로 4 내가 말하기를
이 무리는 비천하고 어리석은 것뿐이라. 여호와의 길, 자기
하나님의 법을 알지 못하니 (렘 5:3~4)

예레미야 시대에 이스라엘 민족이 하나님의 교정에 제대로 귀기울이지 않은 결과, 하나님의 심판을 이해하지 못해서 결국 바벨론에 침략당했다. 이것은 이스라엘이 하나님의 말씀에 진지하게

반응하면 피할 수 있는 징계였다. 하나님은 이스라엘이 하나님의 말씀에 온전히 주의를 기울이기를 원하셨지만, 이스라엘은 하나님의 말씀에 떨기는커녕(사 66:2) 하나님의 입에서 나오는 꾸짖음을 대수롭지 않게 무시했다. 이사야는 이스라엘이 하나님의 교정을 무시한 사건을 이렇게 묘사한다.

> 12 그 날에 주 만군의 여호와께서 명령하사 통곡하며 애곡하며 머리털을 뜯으며 굵은 베를 따라 하셨거늘 13 너희가 기뻐하며 즐거워하여 소를 죽이고 양을 잡아 고기를 먹고 포도주를 마시면서 내일 죽으리니 먹고 마시자 하는도다. 14 만군의 여호와께서 친히 내 귀에 들려 이르시되 진실로 이 죄악은 너희가 죽기까지 용서하지 못하리라 하셨느니라. 주 만군의 여호와의 말씀이니라. (사 22:12~14)

하나님은 이스라엘이 주님의 교정 앞에 회개로 응답하기를 원하셨지만, 이스라엘은 오히려 방종SELF-INDULGENCE에 빠져버렸다. 하나님은 이스라엘이 주님의 교정을 무시한 방법이 정말 불쾌하셨기 때문에 불가피하게 심판하실 수밖에 없었으며, 심판의 결과 실제로 사람들이 죽었다. 예레미야 시대에 거짓 예언자들이 잘못된 메시지로 이스라엘이 하나님의 교정을 무시하도록 부추긴 심판의 결과로 하나님은 거짓 예언자들의 목숨을 앗아가셨다. 하나냐가 그 대표적인 예이다(렘 28:16~17). 주님은 미가 6:9에서 "매가 예비되었다"라고 외치시며 교정의 매를 통해 주님의 메시지를 주의 깊게 들으라고 당부하셨다.

하나님은 말씀으로 교정하신다. 하나님의 교정은 모호하지 않으며 명확하고 구체적이다. 하나님은 우리가 주님의 메시지를 받기를 원하신다. 우리는 주님의 징계를 절대 무시하지 말고 주님의 메시지에 주의 깊게 귀 기울여야 한다. 징계 앞에 "주님, 저에게 무슨 말씀을 하시든지 듣겠습니다"라고 겸손히 고백하는 것이 현명한 반응이다.

징계 때문에 낙심하다

두 번째 극단적 반응은 주님의 징계를 받을 때 낙심과 절망에 휩싸여 아무것도 하지 못하고 슬픔에 잠기는 것이다. 히브리서는 이렇게 표현한다. "그에게 꾸지람을 받을 때에 낙심하지 말라".

헬라어로 낙심은 문자 그대로 '기절하다'라는 뜻으로 예수님이 3일간 함께한 무리를 굶주린 채로 보내고 싶지 않다고 말씀하셨을 때 사용한 단어와 같다. "길에서 기진할까 하여"(마 15:32). 예수님의 징계는 우리가 기절하거나 쓰러져 길을 잃게 하시려는 것이 아니다. 우리는 징계에 압도당하여 낙심하고 스스로 걷기에도 힘들고 보잘것없어 보일지라도 주님을 붙들고 전진해야 한다.

전능하신 하나님이 우리를 징계하실 때 우리는 말 그대로 완전히 풍비박산이 난 느낌에 빠진다. 어쩌면 크고 강하신 하나님이 우리를 징계하실 때 좌절감에 빠지는 것은 당연한 일이다. 주님이 우리 연약함을 이해하지 못하셔서 우리에게 주님의 징계 때문에 낙심하지 말라고 말씀하시는 것이 아니다. 주님은 성경에서 언제나 우리 고통과 고난을 이해하시고 긍휼히 여기셨다.

예를 들어 출 6:9에서 이스라엘이 애굽의 노예로 지내는 고통을 어떻게 묘사하는지 보라. "모세가 이와 같이 이스라엘 자손에게 전하나 그들이 마음의 상함과 가혹한 노역으로 말미암아 모세의 말을 듣지 아니하였더라." 하나님은 이스라엘의 노역이 가혹하여 마음이 상한 것을 아셨다. 하나님은 이스라엘의 고통을 이해하셨고 고난을 겪는 이스라엘의 연약함을 측은히 여기셨다.

하나님이 "낙심하지 말아라"라고 말씀하실 때, 이 말은 "고통에 사로잡히지 말라"라는 뜻이 아니라 고통 때문에 우리의 거룩한 부르심에서 탈선하지 말고 포기하지 않고 경주를 계속하라는 의미이다. 하나님의 징계가 가장 강할 때 낙심하게 하는 유혹도 가장 강하다. 내가 이런 말을 하는 이유는 징계의 강도가 다양하기 때문이다. 아버지로서 내 경험을 나눠보겠다. 나는 아이들을 훈육하면서 손바닥으로 가볍게 살짝 치는 것에서부터 "사건"이라고 부를 만한 것까지 다양한 훈육의 경험이 있다.

가볍게 치는 것은 기저귀 위를 찰싹 때리는 정도였다. 기저귀의 비닐 때문에 소리는 제법 컸지만, 기저귀가 두꺼워 아이는 거의 아무것도 느끼지 못했다. 하지만 큰 소리 때문에 아이는 마치 치명상을 입은 것처럼 울었다. 아이는 아프지 않았지만, 자신이 얼마나 아픈지 내가 알아주기를 바랐다.

징계의 한쪽 끝에는 이렇게 아주 가벼운 징계의 순간이 있다. 징계의 다른 쪽 끝에는 "사건"이 있다. 이 사건은 내 자녀들이 잊지 못할 엉덩이 맞기와 같다. 가장 강렬한 훈육의 순간에 내 바람은 아이들을 죽음에서 구원하는 것이다(잠 23:14). 마찬가지로 하나님이 우리를 징계하실 때 찰싹 때리는 것에서 사건에 이르기까지 다양한 방식으로 다루신다. 하나님이 잊을 수 없는 사건, 특히 강한 징계를 허락하실 때 그 징계는 우리 모든 것을 영원히 바꾸는 사건일지도 모른다.

하나님은 징계로 우리에게 변화를 주길 원하신다. 징계는 지금 순간과 다가올 삶의 유업에 영향을 끼친다. 우리는 성경에 나오는 시험, 시련, 징계를 통해 큰 사건을 본다. 이것은 때때로 하나님이 자녀 한 사람을 위해 우리가 이전에 보지 못했고 앞으로도 보지 못할 독특한 시험을 계획하신다는 의미이다.

이스라엘의 역사를 볼 때, 하나님의 자녀들을 위해 준비된 큰 사건은 바벨론 포로기였다. 바벨론 포로기는 성경에서 유례를 찾을 수 없는 이스라엘을 향한 가장 혹독한 징계였다. 바벨론 포로기는 이 책의 주제인 하나님의 징계라는 주제에 매우 큰 의미가 있으므로 앞으로도 자주 언급할 것이다.

하나님은 바벨론 포로기 때 이스라엘에 이렇게 말씀하셨다. "이는 내게 노아의 홍수와 같도다. 내가 다시는 노아의 홍수로 땅 위에 범람하지 못하게 하리라 맹세한 것 같이 내가 네게 노하지 아니하며 너를 책망하지 아니하기로 맹세하였노니"(사 54:9). 홍수가 다시 일어날 수 없는 특별한 사건(창 8:21)인 것처럼, 주님은 결코 다시 예루살렘을 멸망시켜 하나님의 사람들을 70년간 포로로 만들지 않으실 것이다. 바벨론 포로기는 유일무이한 징계였다.

하나님이 우리를 징계 "사건"으로 이끄시면 우리는 살면서 겪지 못한 독특한 경험을 한다. 이 징계의 강도는 유례없이 강하겠지만 우리가 징계 때문에 낙심하거나 포기하지 않는다면 이전에 경험하지 못한 매우 강력하고 거룩한 변화를 경험할 것이다.

이사야 선지자는 이스라엘이 바벨론에서 돌아온 후 다른 나라가 이스라엘을 공격하면 어떤 일이 일어날지 선포했다.

15 보라 그들이 분쟁을 일으킬지라도 나로 말미암지 아니한 것이니 누구든지 너와 분쟁을 일으키는 자는 너로 말미암아 패망하리라. 17 너를 치려고 제조된 모든 연장이 쓸모가 없을 것이라. 일어나 너를 대적하여 송사하는 모든 혀는 네게 정죄를 당하리니 이는 여호와의 종들의 기업이요 이는 그들이 내게서 얻은 공의니라 여호와의 말씀이니라. (사 54:15, 17)

이사야는 이렇게 말한다. "내가 너를 이 땅으로 이끌어 회복한 후에 또 주변 나라에 침략당한다면, 그것은 내 징계의 손이 아니며 악한 원수의 공격이다. 나는 너를 위해 싸울 것이며 원수가 네 앞에 쓰러질 것이다. 원수의 계획은 번성하지 못하고 너는 크게 승리할 것이다." 주님은 이스라엘이 또다시 다른 민족의 포로가 되지 않을 것이라고 확언하셨다. 바벨론 포로기는 유일무이한 징계이므로 두 번 다시 일어나지 않을 것이다.

나는 이 하나님의 원칙이 하나님의 큰 징계를 경험한 사람들에게 주시는 격려라고 생각한다. 극심한 실망 때문에 주님의 길과 부르심을 포기하고 그만두지 말라. 만일 여러분이 인내한다면 크게 변화할 것이며 또다시 하나님의 손에서 오는 같은 종류의 시련을 겪지 않을 것이다. 원수가 여러분을 다시 공격하려 할 때, 주님의 징계를 통과하면서 여러분에게 주어진 새로운 영적 권위 때문에 원수는 실패하고 고꾸라질 것을 믿어라.

예수님은 공생애 3년간 많은 시련을 겪으셨는데, 그중에 가장 큰 사건은 십자가였다. 십자가는 결코 두 번 다시 일어나지 않는다. 이사야는 십자가에 관해 이렇게 예언했다. "그는 쇠하지 아니하며 낙담하지 아니하고"(사 42:4). 십자가에서 예수님은 모든 것을 포기하고 싶어질 정도로 낙심하게 하는 강력한 유혹에 끝까지 굴복하지 않으시고 구원을 위한 사명을 성공적으로 이루셨다.

우리가 인생에서 가장 큰 시련을 겪을 때 낙심의 무차별적인 공격을 받는다. 그럴 때 우리는 다리가 풀리고 팔의 힘이 빠지며 모든 것을 그만두고 싶은 충동에 사로잡힌다. 그래서 히브리서 기자는 이렇게 말한다, "그에게 꾸지람을 받을 때에 낙심하지 말라." 우리가 피하고 싶은 징계를 만날 때 우리는 2가지 극단적 반응을 보인다. 먼저 시련이 가벼울 때는 가볍게 무시하고 날려버리고 싶어 하며, 징계가 너무 혹독하면 낙심한 나머지 믿음의 여정을 포기하고 싶어지지만 절대 그래선 안 된다.

하나님은 멸시하거나 싫어하지 않으신다

우리가 하나님의 징계를 너무 가볍거나 무겁게 보지 말아야 할 결정적 이유는 하나님이 징계를 어느 한쪽으로만 보지 않으시기 때문이다. 다윗은 이렇게 단언한다. "그는 곤고한 자의 곤고를 멸시하거나 싫어하지 아니하시며"(시 22:24). 하나님은 우리 고통을 멸시하거나(너무 가볍게 보거나) 싫어하지(너무 무겁게 보거나) 않으신다. 왜 우리는 하나님이 우리 고통을 멸시하지 않으시는데 정작 우리 스스로 고통을 멸시하는가? 하나님은 우리 시련을 보고 코웃음 치시며 이렇게 말씀하지 않으신다.

"이건 아무것도 아니야. 내가 훨씬 더 심각하고 나쁘게 만들 수도 있었어. 넌 좀 강해져야 해"

장담컨대, 하나님은 우리 고통을 하찮게 여기지 않으신다. 하나님은 우리가 겪는 시련과 고통이 우리에게 얼마나 큰 영향을 미치고 우리 영혼이 얼마나 심각하게 상처받는지 아시는, 돌보시는 하나님이시다. 하나님이 우리 고난과 고통을 싫어하지 않으시는데 왜 우리는 자신의 고통을 싫어하는가? 하나님은 우리 고통을 보시고 그 끔찍한 상태를 역겨워하며 고개 돌리지 않으신다.

그렇다, 하나님은 우리가 고난과 고통 중에 있을 때도 위대한 사랑과 연민이 담긴 눈으로 우리를 다정하게 바라보신다. 우리가 고난 중에 있을 때 하나님은 그 어느 때보다 우리와 가까이 계신다(시 92:15). 기뻐하라, 주님이 우리를 위하신다! 하나님이 우리 고통을 아주 가볍게 혹은 너무 무겁게 생각하지 않으시는데, 왜 우리가 그래야 하는가?

징계에 어떻게 반응해야 하는가?

우리가 시련을 멸시하거나 낙심하지 않으려면 어떻게 반응해야 하는가? 이후에 답을 더 살펴보겠지만 그리스도가 우리에게 가장 간결한 답을 주셨다. "무릇 내가 사랑하는 자를 책망하여 징계하노니 그러므로 네가 열심을 내라 회개하라(계 3:19)". 주님의 조언은 간단명료하다: 열심을 내고 회개하라. 징계를 멸시하지 말고 회개하라. 낙심하는 대신 열심을 내라.

첫째, 열심을 내라. 원수는 낙심으로 우리 여정 전체가 무효가 되기를 원하지만, 예수님은 우리가 부르심의 여정에서 열렬히 하나님의 목적을 추구하기를 원하신다. 고난과 고통 때문에 우리 마음이 쓰러질 지경이지만 주님의 기쁨을 위해 열심을 내야 한다.

하나님은 우리 영혼의 열심을 시련으로 깨우기를 원하신다. 아삽은 이렇게 고백했다. "내 영이 부지런히 살펴 이르기를 My spirit makes diligent search"(시 77:6 킹흠정, 개역개정판은 "내 심령으로, 내가 내 마음으로 간구하기-역주).

아삽은 어려움에 부닥치자 비로소 하나님께 주목했으며 아삽의 영혼이 깨어 하나님의 영을 구하고 하나님의 생각을 깨달으려고 부지런히 말씀을 찾았다. 아삽은 자신이 경험하는 어려움에 숨겨진 하나님의 메시지가 무엇인지 알고 싶었다. 아삽은 시련에 담긴 하나님의 목적을 깨닫기 위해 하나님이 무엇을 보여주시든 회개하기를 간절히 원했다.

열심히 말씀에 담긴 하나님의 마음을 찾아라. 시편 기자는 이렇게 말했다. "주의 법이 나의 즐거움이 되지 아니하였더면 내가 내 고난 중에 멸망하였으리이다(시 119:92)". 나는 이 구절을 실제로 경험했다. 말씀 안에 계신 하나님을 열심히 추구했기 때문에 오늘날의 내가 있다. 급박한 생존 상황에서 하나님의 말씀에 매달리지 않았다면 폭풍이 나를 삼켜버렸을 것이다.

때로는 우리 삶의 힘든 일들이 우리가 진정으로 하나님을 향해 열렬히 사랑하게 만든다. 예를 들어 에스더 시대에 모든 유대인이 몰살당할 위기에 처하자 함께 모여 3일간 음식과 물을 마시지 않고 금식했다. 생명의 위협을 당하자 유대인들은 즉시 하나님만 바라보며 간절히 기도했다. 이것은 시 78:34의 증언과 일치한다. "하나님이 그들을 죽이실 때에 그들이 그에게 구하며 돌이켜 하나님을 간절히 찾았고". 또 이런 청교도 속담도 있다. "그리스도의 사랑이 당신을 주님의 품으로 이끌거나, 하나님의 진노가 당신을 주님의 품으로 몰아갈 것이다."

우리가 주님을 향해 열심을 품을 때 예수님이 우리를 사랑하신다. 예수님은 주일 아침 주님의 얼굴을 향해 하품하는 신부를 얻으려고 십자가에서 죽으신 것이 아니다. 예수님은 신부를 향한 자신의 눈빛처럼, 불타는 눈빛으로 주님을 바라보는 신부를 위해 죽으셨다. 주님은 우리가 열정적으로 주님의 얼굴을 구하길 원하신다. 낙심이 우리 마음의 불꽃을 꺼트리려고 할 때, 주님은 우리 마음이 주님을 향해 불타오르도록 시련을 계획하신다.

예수님이 징계하실 때 회개하라. 우리가 하나님의 징계를 멸시할 때, 즉 하나님이 우리에게 관심이 없다고 생각할 때 우리는 아무것도 바꾸지 않는다. 하지만 하나님은 우리가 주님의 말씀을 듣고 그 말씀을 우리 삶의 모든 측면에 적용하여 회개하고 변화하길 원하신다.

예수님은 빠른 회개를 기뻐하신다. 하나님은 우리가 강압적으로 회개하는 것을 원치 않으신다. 다시 말하면 하나님이 우리를 일방적으로 압도하셔서 우리가 마지못해 "알았어요, 회개할게요"라고 방어적인 태도로 반응하는 것을 싫어하신다. 하나님은 우리가 간절한 마음으로 신속하게 회개하기를 원하신다. 예수님이 우리를 꾸짖고 징계하실 때 최대한 빠르게 철저히 회개하라. 기억나는 모든 죄를 고백하고 인정하고 돌이켜서 완전히 벗어나라.

바꿀 수 있는 것은 모두 바꾸어라. 이것이 예수님의 마음을 움직이는 회개이다.

시간이 흐르면 우리가 예상한 것보다 더 많은 영역에서 주님이 우리를 심판하실 것이다. 우리는 단순하게도 주님이 우리 삶의 몇 가지 문제만 다루실 것으로 생각하지만 주님의 생각은 우리와 다르다. 주님의 생각은 이렇다.

"이 기회를 이용해서 뜨거운 불 속에서 하나에서 열까지 너의 모든 것을 다뤄보자."

우리는 그리스도의 형상이 되어 시련에서 나올 것이다!

05 주님은 사랑하는 사람을 징계하신다

HE DISCIPLINES THE ONES HE LOVES

히 12:6은 "주께서 그 사랑하시는 자를 징계하시고 그가 받아들이시는 아들마다 채찍질하심이라 하였으니"라고 말한다. 이것은 계시록에 나오는 예수님의 말씀과 일치한다. "무릇 내가 사랑하는 자를 책망하여 징계하노니"(계 3:19). 하나님의 교정은 거절이 아니라 반대로 하나님 아버지의 사랑 표현이다. 징계는 하나님이 사랑하시고 용납하시는 사람들에게만 임한다. 어떻게 사랑과 채찍질이 한 문장 안에 같이 존재할 수 있을까? 과연 사랑의 하나님이 사랑하는 사람을 채찍질하실 수 있을까? 자, 한번 살펴보자.

로마인들이 예수님을 채찍질한 것과 유대인들이 교정의 한 형태로 사람을 채찍질(마 10:17)할 때 사용한 단어는 같다. 그들은 체벌이 교훈을 주는 효과적인 방법이라고 보았다. "받아들이신 아들마다 채찍질하신다"라는 말씀은 받아들이다^{RECEIVE}라는 의미의 표준 헬라어 람바노^{LAMBANO}를 사용하지 않고 인정 혹은 기쁨으로 받아들이는 것을 의미하는 더 특별한 단어인 파라데코마이^{PARADECHOMAI}를 사용한다. 히 12:6은 자녀들을 향한 아버지의 사랑과 인정과 기쁨을 강조한다.

주님이 우리를 사랑하시면 징계하신다. 주님이 우리를 진짜 사랑하시면 주님은 우리를 제대로 징계하신다. 사랑과 징계는 먼 것이 아니다. 자신이 주님의 특별한 사랑을 받는다고 느끼는가? 징계에는 항상 주님이 계획하신 고통이 어느 정도 따르지만, 고통 중에도 주님의 사랑은 멈추지 않는다.

예를 들어 주님이 바벨론 포로로 보내신 이스라엘 민족을 얼마나 그리워하셨는지 보라: "내가 내 집을 버리며 내 소유를 내던져 내 마음으로 사랑하는 것을 그 원수의 손에 넘겼나니"(렘 12:7). 하나님은 이스라엘을 원수의 손에 넘기셨지만, 여전히 이스라엘을 "내 마음으로 사랑하는 것"이라고 부르셨다. 하나님은 이스라엘을 사랑하기 때문에 징계하셨다.

렘 31:20은 하나님이 포로로 보내신 이스라엘을 그리워하는 마음을 보여주는 또 다른 구절이다: "에브라임은 나의 사랑하는 아들 기뻐하는 자식이 아니냐 내가 그를 책망하여 말할 때마다 깊이 생각하노라. 그러므로 그를 위하여 내 창자가 들끓으니 내가 반드시 그를 불쌍히 여기리라. 여호와의 말씀이니라." 하나님이 우리를 얼마나 사랑하시는지! 하나님은 언제나 우리를 그리워하며 기억하신다.

욥의 가장 친한 친구인 엘리바스는 시련받는 욥에게 이렇게 질문했다. "하나님이 너를 책망하시며 너를 심문하심이 너의 경건함 때문이냐"(욥 22:4). 엘리바스는 욥이 무언가 잘못했기 때문에 징계받는다고 생각했지만 놀랍게도 욥은 하나님을 향한 경건한 경외심과 열렬한 사랑 때문에 징계받고 있었다. 엘리바스에게는 사랑 때문에 징계받는다는 것이 터무니없었지만 욥에게 그 터무니 없는 일이 실제로 일어났다.

징계는 모두 사랑에 관한 것이다.

고난 속에 다른 어느 곳에서도 찾을 수 없는 깊은 하나님의 사랑이 있다. "주의 폭포 소리에 깊은 바다가 서로 부르며 주의 모든 파도와 물결이 나를 휩쓸었나이다"(시 42:7). 우리는 고통 한가운데서 어느 때보다 깊이 하나님의 사랑을 경험한다. 하나님의 마음 깊은 곳에서 나오는 친밀함이 징계받는 자녀의 마음 깊은 곳을 만진다. 인생이 수월하고 평화로울 때는 결코 경험할 수 없는 하나님을 고통 중에 경험하고 우리는 나중에서야 고통이 하나님의 마음 더 깊은 곳으로 가는 문턱이었음을 깨닫는다.

간혹 주님은 우리를 더 깊은 친밀함으로 이끌기 위해 징계하신다. 또 어떤 때는 주님과 우리가 친밀하므로 우리를 징계하신다. 때로 징계는 "나는 너의 사랑과 헌신이 너무나 기뻐서 너를 더 높은 단계로 올리기로 했단다"라는 하나님의 말씀이기도 하다.

어떤 사람들은 사랑의 하나님이 우리를 징계하시거나 회개하지 않는 죄인을 지옥에 보내시는 것은 모순이라고 생각한다. 그러나 이렇게 생각해보자. 하나님은 우리를 정말 헌신적으로 사랑하시기 때문에 하나님과 우리의 사랑을 방해하는 것은 무엇이든 기꺼이 제거하기를 원하신다. 이것은 계 16장과 또 다른 구절에 기록한 마지막 때 심판의 목적이다. 주님의 심판은 주님의 사랑에서 시작하며 하나님의 거룩한 사랑을 방해하는 모든 것을 이 땅에서 몰아내신다. 주님의 사랑은 정말 뜨겁게 태워버리는 불과 같아서 어떤 방해와 장애물도 결국 심판하고 제거하신다. 이것이 주님이 자기 자녀들을 징계하시는 이유이다. 우리를 완전한 사랑으로 이끄시려는 주님의 결단은 절대 흔들리지 않는다.

야곱과 에서

주님은 야곱과 에서를 통해 이스라엘 민족을 향한 신실한 사랑을 보여주셨다.

> 2 여호와께서 이르시되 내가 너희를 사랑하였노라 하나 너희는 이르기를 주께서 어떻게 우리를 사랑하셨나이까 하는도다. 나 여호와가 말하노라, 에서는 야곱의 형이 아니냐 그러나 내가 야곱을 사랑하였고 3 에서는 미워하였으며 그의 산들을 황폐하게 하였고 그의 산업을 광야의 이리들에게 넘겼느니라. 4 에돔은 말하기를 우리가 무너뜨림을 당하였으나 황폐된 곳을 다시 쌓으리라 하거니와 나 만군의 여호와는 이르노라 그들은 쌓을지라도 나는 헐리라 사람들이 그들을 일컬어 악한 지역이라 할 것이요 여호와의 영원한 진노를 받은 백성이라 할 것이며 (말 1:2~4)

주님이 이스라엘에게 "내가 너희를 사랑하였노라"라고 말씀하실 때 그들은 깨닫지 못했다. 이것은 주님의 징계를 받은 사람들에게 나타나는 전형적인 모습이다. 이스라엘은 종종 고통 중에 주님의 사랑을 느끼려고 몸부림친다. 이스라엘 민족은 자신의 고난이 정말 고통스러웠기 때문에 주님께 이렇게 질문한다. "주께서 어떻게 우리를 사랑하셨나이까?" 사실 이 질문에는 은연중에 주님을 향한 비난이 깔려 있다. "주님은 우리를 사랑하시지 않아요. 이 상황을 보세요! 주님이 우리를 사랑하신다면 모든 것이 달라졌을 거에요. 어떻게 우리를 사랑하신다고 말씀하실 수 있어요?"

주님은 이스라엘의 질문에 야곱과 에서를 예로 주님의 사랑을 설명하셨다. 하나님은 이스라엘이 에서의 후손인 에돔 민족을 보고 스스로 점검하기를 원하셨다. 에돔은 살던 지역에서 제거되었고 땅은 버려져 황폐해졌다. 한편 이스라엘은 70년의 바벨론 포로기 후에 자기 땅으로 돌아왔다. 이스라엘이 자기 땅으로 돌아온 것은 초자연적인 개입인 기적이었다! 왜? 하나님의 사랑이 여전히 이스라엘 민족에게 있었기 때문이다.

에돔 민족이 하나님의 분노를 받은 이유는 조상 에서까지 올라간다. 하나님이 에서를 향한 분노를 나타내신 방법은 에서를 홀로 내버려 두시는 것이었다. 에서의 삶을 보면 기독교인으로서 평범한 삶을 사는 듯했다. 결혼도 했고 자녀와 친구가 있었으며 안전과 번영, 재산과 은총, 기쁨과 안정과 평안함이 있었다. 에서의 삶은 흠 잡을 데 없이 완벽하고 축복받은 모습이었다.

반면에 야곱은 에서와 정반대였다. 야곱의 삶은 방랑 생활과 거듭되는 오해와 거절, 노동과 착취, 속임과 분투, 고통과 기근으로 이루어진 불행 그 자체로 보인다. 겉으로 보면 에서는 특별했고 야곱은 버림받은 것 같다. 하지만 하나님은 에서를 미워하고 야곱을 사랑하신다고 말씀하셨다.

에서는 어떤 면에서 하나님의 미움을 받았는가? 하나님은 에서를 홀로 두셨다. 에서는 하나님의 간섭 없이 조용하고 안전한 삶을 살았다. 그러나 그 후손들의 결과는 너무나 악하여 전 민족이 하나님의 심판을 받았다.

야곱은 하나님의 사랑을 어떻게 받았는가? 하나님은 야곱을 불타는 눈으로 지켜보시면서 야곱이 선택한 길로 가도록 내버려 두지 않으셨다. 하나님은 야곱의 삶에 개입하셨고 혹독하게 징계하셨다. 하지만 이로 말미암아 하나님의 은혜와 구원하시는 권능으로 한 나라가 일어날 수 있었다. 야곱의 고통은 하나님의 사랑의 징표였으며 에서의 안락함은 하나님의 미움의 징표였다.

우리가 하나님께 원하는 것은 하나님이 우리를 간섭하지 않으시는 것이지만, 하나님이 우리를 사랑하시면 징계의 매로 삶에 개입하신다. 왜냐하면 사람은 결국 잘못된 길을 선택하기 때문이다. 우리는 하나님 나라 안에서 더 높은 곳으로 올라가기 위해 종종 도움이 필요하다. 징계는 예수님이 우리를 하나님 나라로 이끄시는 하나의 도구이다. 시 94:12은 이렇게 말한다. "여호와여 주로부터 징벌을 받으며 주의 법으로 교훈하심을 받는 자가 복이 있나니."

내가 유난히 심한 징계를 겪을 때 누군가가 나에게 이렇게 말했다. "이건 너를 향한 주님의 사랑이야." 나는 정말 고통스러워서 이 괴로움이 주님의 사랑이라는 것을 상상조차 할 수 없었기 때문에 약간의 진심을 담아 주님께 고백했다. "이 고통스러운 징계가 주님이 사랑하시는 방법이라면, 차라리 다른 사람을 사랑해 주세요." 고통 중에 내뱉은 말이지만 사실 내 진심은 정말 주님의 사랑을 원했다. 나는 그저 고통을 원하지 않았을 뿐이다.

고통스러운 징계가 사실은 나를 향한 주님의 사랑이라는 것을 깨닫는 데 오랜 시간이 걸렸다. 나는 계속해서 말씀과 금식과 기도로 주님을 찾았고, 말씀으로 인내하며 차츰 내 삶에 주님의 사랑과 자비가 더 뚜렷해졌다. 주님은 내 마음대로 선택한 길을 막으실 만큼 나를 사랑하셨으며 나라면 절대 선택하지 않을 길로 인도하셨지만, 사실은 그 길이 내가 정말 원한 길이었다.

이제 나는 진실로 예수님의 말씀을 깨달았다. "무릇 내가 사랑하는 자를 책망하여 징계하노니." 나는 진실로 내 삶에 임한 주님의 징계가 우리를 사랑하시는 주님 사랑의 명백한 징표라고 믿는다. 내 간증을 하나 하고 싶다. 주님은 나에게 상처를 주셨지만 나는 주님과 더 깊은 사랑에 빠졌다. 나는 이전보다 더 주님을 사랑한다. 주님은 나를 사랑하시기 때문에 상처를 주셨다. 성경은 "지혜 있는 자를 책망하라 그가 너를 사랑하리라"(잠 9:8)라고 말했다.

우리가 주님의 징계를 받을 때 가장 불확실한 것은 과연 우리가 주님을 계속 사랑할 수 있을까이다. 바울은 고린도 교인들에게 이렇게 썼다. "너희를 더욱 사랑할수록 나는 사랑을 덜 받겠느냐"(고후 12:15). 나는 종종 주님이 징계하시는 자녀들에게 이렇게 느끼실지 궁금하다. 주님이 우리에게 가까이 오셔서 연단하는 불로 특별한 사랑을 보이실 때, 우리는 징계 때문에 주님을 덜 사랑한다. 징계에 숨겨진 놀라운 비밀은 징계 중에도 여전히 주님을 사랑해야 한다는 것이다. 우리가 할 수 있는 가장 강력한 일은 한 치 앞도 보이지 않는 어둠 속에서도 여전히 주님을 사랑하는 것이다. 이 어둠 속에서 우리는 시 91:14에 "그가 나를 사랑한즉 내가 그를 건지리라"의 축복을 발견한다. 바울은 "우리가 알거니와 하나님을 사랑하는 자…모든 것이 합력하여 선을 이루느니라"라고 기록한다(롬 8:28).

하나님은 우리에게 화를 내시는가?

이제 우리는 "주께서 그 사랑하시는 자를 징계하시고"(히 12:6)라는 말씀처럼 징계 중에도 하나님의 사랑이 우리와 함께하시는 것을 안다. 하지만 우리가 폭풍의 중심에 있을 때는 마치 주님이 우리에게 화가 나신 것처럼 느껴진다. 그래서 나는 주님께 이렇게 질문한 적이 있다. "하나님, 저한테 화나셨어요?" 나는 직접 성경을 연구하면서 이 질문의 답을 찾았다. 정답은 "그렇다"이다. 하나님은 여전히 우리를 깊이 사랑하시지만, 징계에는 하나님의 분노가 명백하게 드러난다. 나는 특별히 스가랴서에서 이 답을 발견했다. 주님은 스가랴에게 바벨론 포로기를 언급하시면서 주님의 관점을 계시하신다.

> 2 여호와가 너희의 조상들에게 심히 진노하였느니라. 15 안일한 여러 나라들 때문에 심히 진노하나니 나는 조금 노하였거늘 그들은 힘을 내어 고난을 더하였음이라. (슥 1:2,15)

주님은 이스라엘의 조상들이 저지른 우상 숭배와 죄에 "심히 진노"하셨기 때문에 이스라엘을 바벨론의 포로로 만드셨다. 하나님이 이스라엘을 심판하기 위해 사용하신 매에는 바벨론뿐만 아니라 다른 나라도 있었다. 바벨론과 다른 나라들은 결과적으로 하나님의 허락하심 안에서 하나님의 뜻을 행한 것이 맞지만, 그 과정에서 악의를 품고 하나님이 의도하신 것보다 더 가혹하게 이스라엘을 심판했기 때문에 하나님이 "심히 진노"하셨으며 결국 바벨론과 이방 나라는 하나님의 심판을 받았다.

스가랴 1장에서 하나님은 이스라엘에 "심히 진노"했다고 말씀하지만 이스라엘을 향한 진노와 이스라엘의 원수를 향한 극심한 진노를 비교하면 사실상 이스라엘에는 아주 조금 분노하신 것이다. 하나님은 이스라엘에게 아주 조금 화가 나셨다.

이사야는 다음과 같이 기록하면서 이것을 확인한다. "내가 넘치는 진노로 내 얼굴을 네게서 잠시 가렸으나 영원한 자비로 너를 긍휼히 여기리라"(사 54:8). 하나님은 이스라엘에게 아주 조금, 그리고 "잠시" 화가 나셨다. 하나님은 징계의 끝에서 이스라엘에 영원한 자비와 긍휼을 나타내신다. 놀라운 구원이다!

하나님이 우리를 징계하시는 것은 우리에게 화를 내시는 것일까? 아마도 그럴 것이다. 하지만 아주 조금이다. 하나님은 우리 주제넘음과 교만, 탐욕과 시기, 조급함과 이기적인 야망, 불신에 아주 조금 화를 내신다. 그러나 하나님을 훨씬 더 크게 움직이는 것은 분노보다 사랑이다. 하나님은 우리를 정말 많이 사랑하신다! 언젠가 우리는, 우리를 내버려 두지 않고 떠나지 않으시는 하나님의 위대한 사랑과 자비를 영원히 찬양할 것이다.

바벨론이 악의를 품고 이스라엘을 공격한 것처럼 사탄도 우리를 공격한다. 하나님은 사탄이 우리를 괴롭히도록 제한적으로 허락하시지만, 사탄은 바벨론이 이스라엘을 괴롭힌 것처럼 하나님이 의도하지 않은 악랄한 복수로 우리를 공격할 것이다. 바벨론이 이스라엘에 한 것처럼 사탄은 언제나 자기 능력을 과시한다. 사탄은 아주 조금 성도들을 건드릴 수 있게 하나님이 허락하시면 항상 가장 심하게 성도들을 괴롭히려고 한다.

이제 다윗의 말을 빌려 여러분을 안심시키려 한다. "주의 지팡이와 막대기가 나를 안위하시나이다"(시 23:4). 다윗은 목자의 지팡이와 막대기를 위로의 도구로 묘사한다. 주님이 징계의 막대기로 어떻게 상처 입히시는지 생각해보면 한 가지 의문점이 생긴다. "지금은 오직 고통뿐인데 주님 징계의 막대기에서 내가 어떻게 위로를 느끼지?" 그러나 진실은 목자의 막대기의 주요 기능이 양을 징계하는 것이 아니라 늑대를 물리치는 도구라는 점이다. 막대기를 징계 도구로 사용하는 것은 부가적인 기능일 뿐이다. 늑대나 사자가 양무리를 공격하면 목자의 막대기가 맹렬하게 복수한다!

목자의 막대기가 주는 고통을 안다면 이것을 기억하라. 주님은 우리 원수를 향해 가장 강력한 한 방을 아껴두신다. 주님은 처음에는 우리에게 아주 조금 화가 나셨지만, 원수에게 심히 진노하신다(슥 1:15). 주님이 조금 진노하시는 것이 어떤 것인지 안다면, 우리 원수를 위해 남겨 두신 결정적 한 방은 얼마나 강력할까? 우리는 마지막 날에 원수의 오만함을 벌하시려고 격렬한 분노로 매를 들고 일어나시는 주님을 보게 될 것이다. 그렇다, 주님의 막대기가 우리를 안위하신다! 주님이 우리를 사랑하신다!

바벨론 포로기의 전략적 중요성

70년간의 바벨론 포로기는 주님의 심한 징계였지만 이 또한 자녀들을 향한 주님의 큰 사랑이었다. 기원전 586년, 바벨론 군대가 예루살렘을 침공하여 도시와 성전을 완전히 불태우고 많은 유대인을 죽인 후 남은 사람들을 바벨론 포로로 끌고 갔다. 현대 교회는 바벨론 포로기를 많이 다루지 않지만, 이 사건은 성경에서 가장 중요한 사건 중 하나로 하나님의 관점에서 함축적인 의미가 매우 크다. 하나님의 레이더에 바벨론 포로기가 잡히자 예언서들이 폭발적으로 터져 나왔다. 구약성경의 거의 삼분의 일이 포로기를 가리키거나, 포로기에 쓰였거나, 포로기 이후에 기록되었다. 포로기는 구약시대 유대 민족을 향한 주님의 가장 혹독한 징계였다(사 26:16, 렘 2:30). 바벨론 포로기의 중요성을 아무리 강조해도 지나치지 않은 이유는 이 사건이 선지자들을 통해 이스라엘을 향한 하나님의 마음이 매우 많이 드러났기 때문이다.

예레미야 애가는 포로기에 쓰인 대표적인 성경이다. 예루살렘이 무너진 기원전 586년이 얼마 지나지 않아 예레미야는 애가서를 기록했다. 애가서 자체가 애도의 의미였으므로 애가라는 이름이 붙었다. 예레미야는 애가에서 성전이 무너지고 예루살렘이 몰락했을 때 예루살렘에 살던 사람으로서 자신이 직접 체험한 고난과 고통을 애도한다. 그러나 애가의 내용은 예레미야 개인의 고통에서 그치지 않고 이스라엘 민족이 겪은 고통을 대신 고백한다. 예레미야는 모든 하나님의 자녀들이 징계를 경험하면서 상처받는 것처럼 똑같이 상처받았다(애 3:1).

예레미야 애가를 주의 깊게 보지 않으면, 어떤 사람은 애가를 다소 음침하고 우울하다고 느낀다. 하지만 우리가 주님의 징계를 받을 때 예레미야 애가는 놀랍도록 큰 위로를 주며 삶에 강력한 영향을 끼친다. 예레미야 애가의 내용을 다루려면 여러 페이지를 할애해야 하지만, 나는 여러분과 이 책의 중심 메시지인 징계에 관한 부분을 중점적으로 나누고 싶다. 내가 예레미야 애가의 중심 메시지를 확인한 방법들은 적어도 나에게는 무척 시적이며 매력적이었다. 이제 예레미야 애가를 더 깊이 알아보자.

예레미야 애가의 메시지

지금 바로 성경의 예레미야 애가를 펼쳐보길 바란다. 예레미야 애가는 총 5장이다. 1장을 보자. 1장은 몇 절 인가? 장마다 절이 몇 개인지 세어보라. 각 장의 절을 세는 데 몇 초밖에 걸리지 않는다.

1장 22절

2장 22절

3장 66절

4장 22절

5장 22절

예레미야 애가의 1, 2, 4, 5장의 각 절 수는 22절이다. 왜 4장이 각각 22절로 구성되었을까? 답은 아주 간단하다. 히브리어 알파벳은 총 22글자이며 예레미야 애가 각 장이 히브리어로 된 답관체(acrostic: 각 행의 첫 글자와 끝 글자를 연결하면 특정한 어구가 되는 시나 글-역주)이기 때문이다. 각 장의 첫 절은 히브리어의 첫 글자로 시작하고 두 번째 절은 두 번째 글자, 세 번째 절은 세 번째 글자로 시작하여 히브리 문자 22개를 모두 사용한다. 5장은 유일하게 답관 체 형식이 아니지만 역시 22절이다. 애가서의 시적 대칭은 분명히 의도적이다. 하지만 3장은 다른 장과 다르다. 다른 장은 모두 22절이지만 3장만 66절인데, 다른 장보다 구절이 3배가 많다. 이유가 무엇일까? 예레미야가 3장을 셋잇단음표 음률로 기록했기 때문이다. 3장의 답관체 형식은 첫 세 절을 히브리 문자의 첫 글자로 시작하고, 그다음 세 절을 히브리어 문자의 두 번째 글자로 시작하는 형식이다. 그러므로 22글자에 각 3절을 곱하면 된다. 22글자 × 각 3절 = 66절. 다음 그림은 전체 절 수로 본 예레미야 애가이다.

예레미야애가의 총 절 수

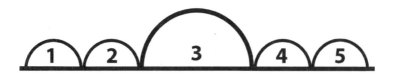

여러분은 위 그림을 보면서 예레미야 애가에서 몇 장이 가장 중요하다고 생각하는가? 만일 3장을 선택했다면, 내 생각도 같다. 예레미야 애가는 교차 대구법^{CHIASM}으로 기록되었다. 교차대구법은 문학 구절의 중심이나 가장 중요한 요점이 한 가운데에 있음을 보여주는, 성경 저자들이 꽤 자주 사용한 문학 기법이다. 중심사상을 둘러싼 개념들은 종종 어느 부분에서 서로를 반영하여, 독자들이 저자가 가장 중요하게 여기는 중심사상에 잘 도달하도록 돕는다. 교차대구법은 아래처럼 표현할 수 있다.

A - B - C - B - A

여기서 각 A의 주제가 서로를 반영하고 각 B의 주제도 서로를 반영하면서 C가 중심 주제가 된다. 교차대구법이라는 문학 장치는 C의 메시지에 특별한 강조점이 있다는 사실을 강화한다. 예레미야 애가는 이 교차 대구 방식으로 가장 중요한 장인 3장에 특별한 관심을 끌도록 배열되었다. 예레미야 애가는 분명히 교차 대구적이다. 여기에서 한 단계 더 나아가 보자. 3장은 그 자체로 교차대구법으로 의도되었고, 3장에서 가장 중요한 절, 그러므로 애가서에서 가장 중요한 절은 3장의 중심에 있다. 그렇다면 3장이

66절이니, 33절이 애가서의 중심이면서 가장 중요한 구절이다. 예레미야 애가 3:33의 내용은 무엇인가? "주께서 인생으로 고생하게 하시며 근심하게 하심은 본심이 아니시로다"(애 3:33).

하나님은 징계를 통과하는 자녀들이 고통스러워하고 슬퍼할 때, 자녀들의 고통을 좋아하고 즐기지 않으신다. 하나님은 절대 우리 고통을 기뻐하시지 않는다. 우리 하나님은 하나님의 자녀들이 겪는 고난이 끝날 때 얻을 선한 열매를 기뻐하신다. 이것이 예레미야 애가의 중심사상이다. 하나님은 우리가 징계 속에서 주님의 의도를 알기 원하신다. 우리는 우리가 고통 중에 있을 때 하나님이 얼마나 마음 아파하시는지 깨달아야 한다. 사탄은 우리 고통을 즐기지만, 하나님은 우리 고통을 슬퍼하신다.

예루살렘이 무너졌을 때 하나님은 이렇게 말씀하신다. "이 방법은 내 첫 번째 선택이 아니다. 굳이 이렇게까지 심하게 하지 않았으면 좋았을 텐데, 나는 전혀 즐겁지 않다. 내가 이렇게 고통스러운 방법으로 너를 바로 잡는 것이 정말 마음 아프다."

고통스러운 징계는 우리 삶을 위한 하나님의 첫 번째 방법이 아니다. 하나님은 우리가 더 평화롭고 행복한 방법으로 성숙하고 발전하기를 바라시지만, 하나님은 우리가 그리스도를 닮기 위해 나아가는 제일 나은 방법이 징계임을 아시기 때문에 우리에게 징계를 주신다. 사실 우리는 스스로 쉽게 잘한 적이 없었으며 그리스도와 동행하는 과정에서 발전하기 위해 항상 훈육이 필요했다.

예레미야 애가의 중심 메시지는 심한 징계 중에도 우리를 향한 하나님의 섬세하고 부드러운 마음이다. 오, 주님이 우리를 얼마나 사랑하시는가! 렘 48:31~32에서 하나님은 이스라엘을 대적한 모압을 위해 "울고", "부르짖으며", "신음"하신다고 말씀하신다. 하나님이 주님의 사람과 대적하는 이방 민족을 향해 이렇게 느끼신다면, 주님의 자녀를 위해서는 얼마나 더 많은 애달픈 감정이 있으시겠는가?

호세아는 하나님이 이스라엘을 향해 이런 애달픈 감정이 있으시다고 표현했다. "에브라임이여 내가 어찌 너를 놓겠느냐 이스라엘이여 내가 어찌 너를 버리겠느냐 내가 어찌 너를 아드마 같이 놓겠느냐 어찌 너를 스보임 같이 두겠느냐 내 마음이 내 속에서 돌이키어 나의 긍휼이 온전히 불붙듯 하도다"(호 11:8).

만일 하나님이 징계하지 않았다면 이스라엘은 타락했을 것이다. 반대로 하나님이 이스라엘을 징계하신다면, 이스라엘이 겪을 고통 때문에 하나님의 마음이 타들어 갔을 것이다. 어느 쪽이든 하나님은 자녀들 때문에 고통받으신다. 마치 하나님이 중간에 끼어 계신 것처럼 말이다.

만일 지금 여러분이 하나님의 징계 안에 있다면, 예레미야 애가의 말씀에서 위로를 얻기 바란다. 하나님은 우리의 슬픔을 기뻐하지 않으신다. 오히려 우리 때문에 하나님의 긍휼함이 불붙듯 하시며 하나님의 마음이 타들어 간다. 우리가 주님의 징계를 받는 이유는 하나님이 우리를 사랑하시기 때문이다!

06 하나님은 자녀만 징계하신다

GOD CHASTENS ONLY HIS SONS

지난 장에서 우리는 히 12:6의 "주께서 그 사랑하시는 자를 징계하시고"를 살펴보았다. 이제 다음 구절로 넘어가자.

7 너희가 참음은 징계를 받기 위함이라 하나님이 아들과 같이 너희를 대우하시나니 어찌 아버지가 징계하지 않는 아들이 있으리요 8 징계는 다 받는 것이거늘 너희에게 없으면 사생자요 친아들이 아니니라 (히 12:7~8)

아들을 징계하지 않는 아버지의 모습은 상상할 수 없다. 왜? 아들에게는 징계가 필요하기 때문이다. 징계는 아들이 아버지에게 사랑받는다는 증거이자 아버지가 아들에게 관심 어린 보살핌을 베푼다는 의미로 자녀 됨의 표시이다. 아버지가 아들을 징계하지 않는 유일한 이유는 아들이 아버지의 지혜를 싫어하고 거부하기 때문이다. 자녀를 징계하지 않는 부모는 종종 고함이나 욕설 같은 언어적 채찍질로 징계를 대체한다. 하지만 혀는 매보다 아이에게 훨씬 더 해롭다.

솔로몬은 이렇게 말한다. "죽고 사는 것이 혀의 힘에 달렸나니"(잠 18:21). 솔로몬이 매에 한 말과 비교해 보라. "아이를 훈계하지 아니하려고 하지 말라 채찍으로 그를 때릴지라도 그가 죽지 아니하리라"(잠 23:13). 채찍은 아이를 죽이지 못하지만, 혀는 아이를 죽일 수 있다고 한다. 혀는 아이에게 평생 영향을 주는 큰 상처를 남긴다. 현명한 아버지는 말로 아이의 마음에 상처를 주기보다, 매를 사용해서 부드럽게 교정한다.

위의 구절에서 "징계는 다 받는 것이거늘"의 의미는 하나님은 모든 자녀를 징계하신다는 뜻이다. 하나님의 자녀 중에 징계를 면제받는 사람은 없다. 여러분이 하나님의 자녀라면 주님이 광야에서 이스라엘 민족에게 말씀하신 것처럼 여러분의 삶 어디에선가 하나님의 징계를 찾을 수 있다. "너는 사람이 그 아들을 징계함 같이 네 하나님 여호와께서 너를 징계하시는 줄 마음에 생각하고"(신 8:5).

훈육을 참다

히 12:7은 "징계를 참는다"라고 한다. 징계는 아들이 끝내는 것이 아니라 아버지가 끝내는 것이며 아들이 할 수 있는 것은 징계가 끝날 때까지 안전띠를 단단히 매고 참는 것이다. 기독교인들은 흔히 삶 속의 하나님의 다루심을 "끌어안다"EMBRACE라고 표현한다. 우리는 종종 "십자가를 끌어안다" 혹은 "충격적인 일을 끌어안다", "고난을 끌어안다", "징계를 끌어안다"라고 표현한다.

주님의 훈계를 끌어안으라는 격려를 받았을 때 나는 어떻게 해야 할지 몰랐다. 치유를 받고 싶은 사람이 어떻게 징계를 끌어안을 수 있는가? 십자가에 못 박힌 희생자가 어떻게 십자가를 끌어안을 수 있는가? 이 문제의 답을 찾기 위해 수년간 몸부림치던 나에게 주님은 히 11:13의 말씀으로 응답하셨다. "이 사람들은 다 믿음을 따라 죽었으며 약속을 받지 못하였으되 그것들을 멀리서 보고 환영하며^{EMBRACE} 또 땅에서는 외국인과 나그네임을 증언하였으니."

이 구절은 성도들이 약속을 환영했다고 말한다. 성도들은 주님의 훈육이 아니라 주님의 약속을 끌어안았다. 반대로 히 12:7은 우리가 징계를 참아야 한다고 말한다. 그렇다. 훈육은 참고 약속은 끌어안는다. 나는 뭘 해야 할지 알았고 내 문제는 즉시 해결되었다. 불굴의 의지로 주님의 징계를 참고 온 힘 다해 주님의 약속 안에 담긴 치유와 구원, 더 높은 하나님 나라의 목적을 끌어안아라.

하나님 아버지 패러다임

히브리서 저자는 하나님을 아주 담대한 문체로 자녀를 징계하시는 사랑의 아버지로 묘사한다. 하지만 오늘날 어떤 사람들은 좋은 아버지이신 하나님의 명성을 지키려는 거룩한 열정으로 하나님을 "징계하시는 분"으로 묘사하는 것에 반대한다. 그러나 주님의 선하심과 징계는 서로 배타적이지 않다. 사실 주님의 지극히 선하심은 주님의 징계에서 온전히 드러난다.

선한 마음으로 징계하시는 하나님 아버지의 모습은 우리에게 꽤 많은 질문을 던진다. 아버지가 항상 선하시다면, 어떻게 참혹한 십자가가 예수님을 향한 하나님의 선하심일 수 있는가? 어떻게 좋으신 아버지가 사랑하는 아들 예수님을 십자가에 매달 수 있는가? 이것은 우리를 문제의 중심으로 이끄는 중요한 질문이다. 하나님이 사랑하는 모든 사람에게 어떻게 은총을 베푸시는지 발견하라.

성경의 인물 중에 하나님과 가장 가까운 사람들이었던 선지자들은 가장 극심한 고난을 겪었다. 하나님이 가장 사랑하는 사람들이 가장 쓴 잔을 받았다. 그중에서도 예수님은 제일 쓴 잔인 십자가를 받았다. 도대체 좋으신 아버지, 선하신 하나님이 어떻게 이러실 수 있는가? 아버지는 아들의 십자가형을 계획하시면서 이렇게 말씀하셨다. "나는 그에게 아버지가 되고 그는 내게 아들이 되리라"(히 1:5). 도대체 어떤 아버지가 아들을 십자가에 못 박는가?

이사야는 어떻게 이렇게 말할 수 있을까? "여호와께서 그에게 상함을 받게 하시기를 원하사"(사 53:10). 어떻게 아버지가 아들의 고난을 보고 즐거워할 수 있는가? 이런 아버지의 모습을 보며 우리는 뭐라고 말해야 하는가? 어디를 봐서 자비로운 아버지인가? 그러나 어린 양이신 예수님은 아버지의 선하심을 향해 깊은 열정이 있었다(마 7:11, 요 10:32). 예수님이 선하신 아빠 하나님을 의심하지 않으셨다면 우리는 인자하신 아버지가 아들에게 주신 쓰디쓴 고난의 잔을 어떻게 이해해야 할까.

우리가 이 질문을 떠올리자마자 사탄이 얼른 뛰어들어 하나님 아버지를 마구 비방하며 하나님 아버지는 폭군이며 엄격하고 억압적인 규율 주의자라는 생각을 주입하려 한다. 심지어 사탄은 예수님도 설득하려고 했다. 그리스도가 광야에서 40일간 시험받으실 때 사탄은 예수님에게 이 세상을 주겠다고 제안했는데, 내가 볼 때 이 제안은 이런 암시로 보인다. "내가 네 아버지보다 더 좋은 아버지가 되어 주겠다. 하나님은 네가 십자가를 져야만 세상을 주겠지만, 나는 네가 십자가를 지지 않아도 세상을 너에게 줄 거야. 그저 나를 숭배하기만 하면 내가 너에게 모든 것을 줄게."

예수님은 사탄의 제안을 살피시고 이렇게 결론 내리셨다. "나는 아빠와 함께 할 것이다." 예수님은 자기 삶을 향한 아버지의 인도하심이 완전하다는 것을 아셨다(마 5:48). 예수님은 십자가가 완벽한 아버지의 방법인 것을 아셨다. 언젠가 한 목사가 나에게 하나님이 예수님을 죽이셨다는 관점을 두고 이것은 십자가에서 하나님이 하나님과 겨루셨다는 의미이기 때문에 아주 불쾌하다고 말했다. 어쩌면 누군가에게는 공격적으로 들리겠지만 나는 하나님 아버지가 예수님을 십자가에 못 박으셨다고 선포한다. 사실 십자가는 불쾌한 것이다.

십자가의 함축적 의미는 분명하다. 하나님이 예수님에게 십자가를 주셨다면 우리가 원하든 원하지 않든, 우리에게도 십자가를 주실 것이다. 혹시나 예수님을 십자가에 못 박은 것이 하나님이 아니라고 말할 방법을 찾는다면, 우리는 우리가 져야 할 십자가의 짐을 다소 덜어내고 자기만의 십자가를 견디어냈다는 통과 증서를 얻을 수 있을지도 모르겠다. 그러나 히브리서는 우리에게 징계가 없으면 우리가 하나님의 아들이 아니라고 이야기한다.

자기 자녀들을 십자가에 못 박으시는 하나님의 선하심은 자녀들이 십자가에 못 박힌 그 순간이 아니라 십자가의 죽음 이후 부활에서 찾을 수 있다. 아들이 부활하면 아버지는 모든 상황에서 여전히 선하셨다는 것이 명백해진다. 하나님 아버지는 십자가를 통해 아들에게 고난이 없었을 때보다 훨씬 더 많은 것을 주신다. 그래서 십자가는 면류관의 상징이자 예고편이다. 예수님은 말씀하셨다. "아버지께서 나를 아시고 내가 아버지를 아는 것 같으니 나는 양을 위하여 목숨을 버리노라"(요 10:15).

예수님은 아버지의 은혜를 잘 아셨기 때문에 자기 목숨을 버릴 용기를 얻으셨으며 또한 십자가의 잔이 쓰지만, 최후의 결과는 영광스러울 것을 아셨다. 예수님이 갈보리로 향하셨을 때, 아빠의 선하심에 조금도 불안하지 않으셨다. 예수님의 아버지이신 하나님이 우리 아버지시라면 우리에게 이렇게 역사하실 것이다. 우리를 보내시고, 십자가에 못 박으시며, 묻으시고, 부활시키셔서 영광스럽게 하시며, 하나님 오른편에 앉히실 것이다. 하나님은 정말 멋진 아버지시다!

사생아

히 12:8을 보자, "모든 사람들이 참여하는 징계를 너희가 받지 않는다면 너희는 사생아요, 친아들이 아니니라(한글킹제임스, 개역개정판에는 "사생자요"라고 나온다-역주)" 사생아는 혼인 관계를 맺지 않은 남녀 사이의 출생자를 말한다. 뉴킹제임스 성경은 불법을 의미하는 형용사 ILLEGITIMATE(사생아로 태어난, 불법의)를 사용하지만, 헬라어 원문의 단어 노도스NOTHOS는 명사이다. 그러므로 가장 정확하게 표현하려면 노도스를 형용사가 아닌 명사로 번역해야 한다. 킹제임스성경은 사생아를 서자BASTARDS라고 표현한다. 충격적이지만 사실이다. 그리고 이것이 내가 생각하는 최고의 번역이며 히브리서 기자가 사용한 명사에 실제로 가장 가까운 번역이다.

서자

서자는 누구인가? 서자는 부모가 합법적으로 결혼하지 않은 상태에서 태어난 아이를 의미한다. 독신 어머니에게서 태어난 서

자는 법률상 생물학적 아버지의 유산을 상속할 수 없다. 아버지가 어머니를 사랑하여 아이가 생겼지만, 슬프게도 결혼이라는 과정을 통해 아이의 아버지로 있어 줄만큼은 아니었다. 서자는 집에 아버지가 없기 때문에 징계를 받지 못한다. 또 마을의 다른 남자들도 신경 쓰지 않기 때문에 더욱 징계를 경험하지 못한다. 당연하다. 남자들은 자기 자식을 돌보는 것만으로도 바쁘기 때문에 다른 사람의 자녀까지 신경 쓸 겨를이 없다. 그건 그 아이의 아버지가 해야 할 일이다. 마찬가지로 하나님은 다른 누군가의 자녀를 징계하지 않으시며 오직 자기 자녀들만 돌보신다.

서자의 또 다른 정의를 보자. 올바른 어머니와 나쁜 아버지이다. 여기 올바른 어머니가 있다. 어머니는 아이를 낳고 젖을 먹이며 보살피고 양육할 정도로 충분히 아이를 사랑했다. 그러나 아버지는 나쁜 사람이었다. 아이의 어머니와 결혼했지만, 안정적인 양육을 제공할 만큼 아이를 충분히 사랑하지 않았으며 오히려 어머니 혼자 아이를 키우게 했다. 이것을 예수 그리스도의 교회에 적용할 수 있다. 교회 안에 서자들이 있다. 그들에게 올바른 어머니(예수 그리스도의 교회)가 있지만 나쁜 아버지(마귀)가 있다. 교회가 마귀와 잠자리를 가질 때마다 교회는 서자들을 출산한다.

자, 이 충격적인 문장의 의미를 설명하겠다.

교회는 시간이 흐를수록 제도화하는 경향이 있다. 이 과정에서 교회에는 제도에 충성하지만, 성령으로 거듭나지 못 한 사람들이 모인다. 비록 이 사람들은 정확한 성경 구절을 입에 달고 살지만, 성령의 거듭남이 없으므로(요 3:5) 여전히 마귀의 자식들이다. 하지만 이 사람들은 자신의 어머니인 교회에 헌신한다. 교회를 다니지만, 성령으로 거듭나지 않은 신자들은 교회 복도에서 마귀의 이익을 대신 변호하기 때문에 마귀는 이 사람들이 교회에 충성하도록 격려한다. 교회가 악한 사람들의 거짓말을 거절하고 제때 제거하지 못하면 마귀의 목적에 타협하게 되며, 이렇게 타협을 허용한 교회는 자연스럽게 마귀와 동침하여 서자들을 낳는다.

예수님 시대의 종교 지도자들이 바로 서자들이었다. 종교 지도자들에겐 올바른 어머니인 이스라엘과 나쁜 아버지가 있었다. 종교 지도자들은 하나님을 아버지라고 주장했지만(요 8:41) 사실 마귀의 아들이었다. 예수님은 종교 지도자들을 향해 이렇게 말씀하셨다.

> 너희는 너희 아비 마귀에게서 났으니 너희 아비의 욕심대로 너희도 행하고자 하느니라. 그는 처음부터 살인한 자요. 진리가 그 속에 없으므로 진리에 서지 못하고 거짓을 말할 때마다 제 것으로 말하나니 이는 그가 거짓말쟁이요 거짓의 아비가 되었음이라. (요 8:44)

종교 지도자들은 자기 아버지가 하나님이라고 주장했지만 결국 그들의 행동이 마귀의 살인적인 유전자를 공유한다는 사실을 증명했다. DNA는 거짓말을 하지 않는다. 사탄은 교회에 헌신한 자녀들의 아버지가 되고 싶어 한다. 실제로 사탄은 성령으로 거듭나지 않은 신자들이 교회에서 인정받는 것을 즐거워한다. 교회의 사명을 방해하는 데 교회의 지도적인 자리에 성령으로 거듭나지 않은 신자들을 두는 것보다 더 좋은 방법이 어디 있겠는가?

서자의 특징

서자를 친아들과 구별하는 것은 무엇인가? 첫째로 서자는 징계를 받지 않는다. 하나님은 서자를 내버려 두신다. 왜? 하나님은 사탄의 자녀를 징계하지 않으시기 때문이다. 하나님은 오직 자기 자녀만 훈계하신다. 그리스도의 십자가를 묘사하는 영화에서 황량한 골고다 언덕이 나오는 장면을 자세히 보라. 십자가를 둘러서서 정교한 예복을 입고 높고 안정적인 지위를 자랑하며 끔찍하지만, 마침내 자신을 위해 꼭 필요한 일을 해낸 것에 만족하는 서자들이 예수님을 쳐다보는 모습을 볼 수 있다. 서자의 삶에 있는 안락함과 품위는 마치 하나님이 주신 승인의 징표처럼 보인다. 반면에, 서자들이 바라보는 십자가에 못 박혀 가쁜 숨을 몰아쉬는 예수님은 저주받고 학대당하며 고문받고 발가벗겨져서 버림받고 경멸당하며 고통스러운 경련으로 몸을 비튼다.

이 외로운 골고다 언덕에서 누가 하나님의 은총을 받은 사람인가? 겉으로는 징계에서 면제받은 서자들이 은총을 받은 것처럼 보이지만 전혀 그렇지 않다. 면제를 승인으로 오해하지 말라. 일반적으로 우리는 이웃의 아이들을 징계하지 않지만 때로는 꾸짖을 때가 있다. 흥미롭게도 우리는 하나님이 가끔 마귀의 자녀들을 꾸짖으시는 것을 본다. 예를 들어 예수님은 당시의 서자들인 종교 지도자들을 꾸짖으셨다. 왜 그러셨는가? 꾸짖음은 예수님이 서자들에게 베푸시는 자비이다. 서자들은 결코 심판 날에 예수님이 경고하지 않으셨다고 말할 수 없다. 예수님의 꾸짖음은 마 23장에서 정점에 이른다, "화 있을진저 외식하는 서기관들과 바리새인들이여"(13절). 예수님의 자비를 발견하지 못하면 우리는 마 23

장의 내용을 바리새인을 향한 예수님의 분노에 찬 맹렬한 비난으로 오해할 수 있다. 하지만 사실 예수님의 꾸짖음은 종교 지도자들이 어떻게든 깨닫고 회개하기를 바라는 소망이 담긴 자비로운 경고였다. 마 23장에서 예수님은 서자들을 꾸짖으시지만 징계하지는 않으신다.

징계를 구해야 하는가?

나는 몇 년간 주님께 징계를 구하는 것이 옳은지 고민했다. 예수님이 가르쳐 주신 "우리를 시험에 들게 하지 마시옵고 다만 악에서 구하시옵소서"(마 6:13)는 징계를 구하는 기도처럼 보이지 않는다.

구약에서 예레미야는 이렇게 기도했다. "여호와여 나를 **징계하옵시되** 너그러이 하시고 진노로 하지 마옵소서 주께서 내가 없어지게 하실까 두려워하나이다"(렘 10:24). 이 구절을 더 자세히 보면 예레미야가 구하는 징계는 미래에 임할 교정이 아니라 현재 경험 중인 교정인 것을 알 수 있다. 예레미야는 예루살렘 도성에 임한 하나님의 날카로운 교정에 마음 아파하며 아예 멈춰 달라고 구한 것이 아니라 분노가 아닌 부드러운 손길로 교정해 달라고 구한 것이다. 마치 하박국의 호소인 "진노 중에라도 긍휼을 잊지 마옵소서"(합 3:2)처럼 하나님의 관대하심을 구하는 호소였다.

다윗은 이렇게 기도했다. "하나님이여 나를 살피사 내 마음을 아시며 나를 **시험하사** 내 뜻을 아옵소서"(시 139:23; 또한 시 26:2 참조). 다윗은 하나님이 자신을 살피시고 시험하도록 초청했지만, 이 기도가 주님께 징계를 구했다는 의미는 아니다. 사실, 다윗이 주님께 자신을 징계하지 말아 달라고 기도한 것이 두 번 나온다.

여호와여 주의 분노로 나를 책망하지 마시오며 주의 진노로
나를 징계하지 마옵소서 (시 6:1; 또한 시 38:1 참조)

우리가 하나님께 우리를 살피시고 시험해 달라고 기도하는 이
유는 우리 마음의 충성스러운 열매를 주님이 보시고, 우리가 얼마
나 주님의 기쁨이 되기를 원하는지 주님이 아시기를 원하기 때문
이지 실제로 징계해 달라는 의미는 아니다. 나는 자기 엉덩이를
때려달라고 부탁하는 아이를 본 적이 없다. 하지만 우리가 기도
하다 보면 알게 모르게 주님께 징계를 구할 때가 있다. 나는 이것
을 직접 경험했다.

1992년 어느 날 나는 뜨겁게 기도했다. "주님, 주님 안에서 나
를 더 높은 차원으로 이끄소서." 그리고 나중에야 이 기도에 주님
이 징계로 응답하신 것을 깨달았다. 주님이 나를 육신의 고통으로
징계하신 결과 나는 필사적으로 주님께 나아갔으며 주님은 강렬한
시련과 고난을 통해 나를 더 높은 차원으로 이끄셨다. 나는 주님께
징계를 구하지 않았지만, 주님은 내 기도에 징계로 응답하셨다.

나는 욥에게 비슷한 것을 본다. 욥은 시련의 중심에서 이렇게
말한다. "하나님께 불러 아뢰어 들으심을 입은 내가 이웃에게 웃음
거리가 되었으니"(욥 12:4). 욥의 말은 이런 의미이다. "나는 하나님
께 기도했고 하나님이 응답하셨는데, 이제 내 친구들이 나를 조롱
하네요." 욥은 무엇을 구했는가? 사실 우리는 욥이 무엇을 구했는
지 정확히 알 수 없다. 욥이 구한 것이 무엇이든, 욥은 자신이 받
는 시련이 기도의 응답인 것을 깨달았다. 욥은 하나님께 무언가
를 구했고 하나님은 욥이 징계를 통과하는 것으로 응답하셨다.

자, 이제 다시 처음의 질문으로 돌아가자. 우리는 하나님께 징계를 구하는 기도를 해야 하는가? 내가 생각하는 최선의 답은 주님께 징계를 구하는 기도의 성경적으로 근거가 없으므로 굳이 주님께 징계해 달라고 구할 필요가 없다는 것이다. 하지만 주님을 이전보다 더욱 구하는 것은 매우 성경적이다. 만일 주님을 더 알고 경험하기를 원하는 기도를 성취하는 과정에 징계가 필요하다면, 하나님이 그것을 결정하시게 하라.

때때로 하나님은 우리가 주님을 더 알기 원하여 "위험한 기도"를 할 때까지 의에 주리고 목마르게 하신다. 어떤 것이 위험한 기도인가? "어떤 대가를 치러도 주님을 더 알기 원합니다!"라는 기도이다. 나는 전적으로 주님께 내어 맡기는 위험한 기도에 동의한다. 주님을 더 많이 구하라! 하나님 나라에는 우리가 직접 구하기 전에는 얻을 수 없는 특별한 것이 많다. 위험한 기도를 하라. 주님이 최고의 응답으로 역사하실 것이다.

비교

우리가 하나님께 징계받을 때 첫 반응은 다른 사람을 보며 왜 나처럼 고통으로 몸부림치지 않는지 의아해하는 것이다. 대부분 내가 겪는 시련은 다른 사람에 비하면 뭔가 공정하지 않아 보인다. 내가 겪는 시련과 다른 사람을 다루시는 하나님의 방법을 비교하려는 유혹에 빠지지 않도록 조심하라. 하나님은 우리 모두를 각자 다르고 독특하게 지으셨으며 모든 자녀를 같은 때에 같은 방식으로 징계하지 않는다. 이 원칙을 사 28장에서 볼 수 있다.

24 파종하려고 가는 자가 어찌 쉬지 않고 갈기만 하겠느냐 자기 땅을 개간하며 고르게만 하겠느냐 25 지면을 이미 평평히 하였으면 소회향을 뿌리며 대회향을 뿌리며 소맥을 줄줄이 심으며 대맥을 정한 곳에 심으며 귀리를 그 가에 심지 아니하겠느냐 26 이는 그의 하나님이 그에게 적당한 방법을 보이사 가르치셨음이며 27 소회향은 도리깨로 떨지 아니하며 대회향에는 수레바퀴를 굴리지 아니하고 소회향은 작대기로 떨고 대회향은 막대기로 떨며 28 곡식은 부수는가, 아니라 늘 떨기만 하지 아니하고 그것에 수레바퀴를 굴리고 그것을 말굽으로 밟게 할지라도 부수지는 아니하나니 (사 28:24~28)

이 말씀의 요점은 하나님이 가장 위대한 추수를 위해 각 곡식을 독특하게 다루신다는 것이다. 하나님은 각자의 삶에서 가능한 가장 큰 영적 추수를 위해 독특한 방법을 사용하시므로 서로 비교하면 안 된다. 어쩌면 하나님이 우리를 낮추시는 동안 이웃을 높이실지 모른다. 주변 사람이나 이웃의 성공은 우리를 시험하는 하나님의 함정일 수 있다. 기억하라, 비교는 우리 마음을 무기력하게 한다. 이웃의 승진과 행복에 신경 쓰지 말고 여러분의 삶에 일하시는 하나님께 초점을 맞춰라. 예수님이 여러분의 형제자매에게 역사하시는 방법은 우리가 신경 쓸 일이 아니다(요 21:22).

나오미의 징계를 향한 룻의 놀라운 반응

어떤 사람들은 내 의견에 동의하지 않겠지만, 나는 나오미의 고통이 주님의 징계였다고 생각한다. 나오미는 흔하지 않은 고난을 경험했다. 나오미는 기근 때문에 베들레헴에 재산을 두고 가족과 함께 모압으로 떠났지만, 모압에서 남편이 죽고 모압 여인과 결혼한 두 아들도 죽고 말았다. 나오미는 고향, 집, 남편, 아들, 식량, 그리고 모든 안정감을 잃었다. 하나님이 자신을 괴롭힌다며 슬퍼한 나오미의 탄식은 결코 과장이 아니었다. "여호와의 손이 나를 치셨으므로"(룻 1:13).

> 20 나오미가 그들에게 이르되 나를 나오미라 부르지 말고 나를 마라라 부르라. 이는 전능자가 나를 심히 괴롭게 하셨음이니라. 21 내가 풍족하게 나갔더니 여호와께서 내게 비어 돌아오게 하셨느니라. 여호와께서 나를 징벌하셨고 전능자가 나를 괴롭게 하셨거늘 너희가 어찌 나를 나오미라 부르느냐 하니라. (룻 1:20~21)

누군가는 나오미의 괴로움의 원인이 하나님이 아니라고 항변하고 싶겠지만, 나는 주님의 손이 자신을 괴롭혔다는 나오미의 고백에 동의한다. 나오미 곁을 충실하게 지킨 며느리 룻도 나오미와 함께 고생했다. 룻은 나오미의 아들과 결혼한 후 나오미의 신앙을 가까이 지켜보면서 이스라엘의 하나님을 알았고 그 마음에 믿음이 생겼으며 이스라엘 사람과 결혼한 결과 자신이 이스라엘의 소망에 참여했다는 것을 깨달았다. 나오미의 삶에는 하나님의 지독한 징계에서 나오는 고통과 상실과 슬픔이 가득했지만, 룻의 마음에 믿음이 일어났다. 나오미는 고향으로 돌아가려고 룻에게 모압으로 돌아가라고 설득했을 때 룻은 놀라운 반응을 보여준다.

룻이 이르되 내게 어머니를 떠나며 어머니를 따르지 말고 돌아가라 강권하지 마옵소서. 어머니께서 가시는 곳에 나도 가고 어머니께서 머무시는 곳에서 나도 머물겠나이다. 어머니의 사람이 나의 사람이 되고 어머니의 하나님이 나의 하나님이 되시리니 (룻 1:16)

참으로 놀라운 신앙 고백이다! 룻은 이렇게 말한다. "어머니에게 이런 일을 행하신 하나님, 즉 어머니의 고향과 남편과 자식들을 빼앗은 하나님이 제 하나님이 되길 원합니다." 룻은 주님의 가혹한 징계를 지켜보았음에도 여전히 주님을 선택했다!

룻의 놀라운 믿음은 참된 보상을 받는다. 룻은 다윗 왕의 할아버지인 오벳을 출산한다. 룻의 믿음이 룻을 그리스도의 혈통으로 만든 것이다(마 1:5). 룻기는 하나님이 모압 과부의 믿음을 어떻게 높이시는지 보여주는 놀랍고 멋진 이야기이다.

더 정확히 말하면 룻기는 나오미의 구원 이야기이다. 만일 하나님이 나오미를 홀로 내버려 두셨다면, 우리는 나오미가 누구인지 몰랐을 것이다. 하지만 하나님의 개입과 은혜로운 징계로 말미암아 나오미는 구속사에서 이스라엘의 가장 위대한 어머니 중 한 명으로 기록되었다.

16 나오미가 아기를 받아 품에 품고 그의 양육자가 되니 17 그의 이웃 여인들이 그에게 이름을 지어 주되 나오미에게 아들이 태어났다 하여 그의 이름을 오벳이라 하였는데 그는 다윗의 아버지인 이새의 아버지였더라. (룻 4:16~17)

룻기는 나오미의 영광스러운 구원으로 끝이 난다. 룻은 하나님이 나오미를 징계하시는 것을 주의 깊게 지켜보고 멸시하지 않은 결과 참으로 아름다운 위대한 믿음의 유산을 얻었다.

하나님은 자녀들을 다시 살리신다

여러분이 하나님의 자녀라는 이유로 징계받는 중이라면 이 진리로 여러분을 격려하고 싶다. 여러분은 하나님의 자녀이며 부활의 자녀다. 예수님은 하나님의 자녀들을 "부활의 자녀"(눅 20:36)라고 부르셨다. 부활의 자녀가 된다는 것은 무슨 의미인가? 바로 우리 부르심에 부활이 새겨져 있다는 의미이다.

하나님은 자기 자녀를 어떻게 대하시는가? 하나님은 자녀를 징계하시지만, 반드시 부활시키신다. 여러분이 징계받는 자녀라면, 또한 부활의 자녀로서 부활할 것이므로 용기와 힘을 얻기를 바란다. 하나님은 직접 부활시키신 자녀들의 아버지가 되신다. 만일 여러분이 주님께 징계받는 중이라면 선하신 하나님의 손안에 있다는 의미이다.

07 징계의 유익

BENEFITS OF CHASTENING

9 또 우리 육신의 아버지가 우리를 징계하여도 공경하였거든
하물며 모든 영의 아버지께 더욱 복종하며 살려 하지 않겠느
냐 10 그들은 잠시 자기의 뜻대로 우리를 징계하였거니와 오
직 하나님은 우리의 유익을 위하여 그의 거룩하심에 참여하
게 하시느니라 (히 12:9~10)

이 구절을 통해 우리 초점은 징계의 두 가지 유익에 맞춰진다.
첫째는 참된 영적인 삶에 들어가는 것이며 둘째는 주님의 거룩하
심에 참여하는 것이다. 이 두 가지를 살펴본 후, 범위를 넓혀 성경
의 다른 곳에서 언급하는 징계의 유익도 알아보자.

징계는 생명을 낳는다

히 12:9은 이렇게 질문한다. "모든 영의 아버지께 더욱 복종하며
살려 하지 않겠느냐?" 나는 살려[LIVE]라는 단어에 초점을 맞추고 싶다.
하나님은 우리가 징계를 통해 참된 영적인 생명력이 넘치는 삶으

로 들어가도록 계획하셨다. 징계는 우리를 죽음에서 구원할 뿐 아니라(잠 23:14) 영원한 생명의 길로 인도한다. 우리는 주님의 징계와 변화를 통해 생명을 선택하는 법을 배운다.

히 12:9에 따르면 우리는 용기 있게 우리를 바로 잡아 준 육신의 아버지를 공경한다. 우리가 아버지를 공경하는 이유는 아버지가 오해받을 위험을 감수하면서 우리를 바로 잡아 준 결과 우리는 더 나은 사람이 될 수 있었기 때문이다. 아버지는 종종 엄했을지라도 우리가 이 땅에서 능숙하게 살 수 있는 지혜를 가르쳐 주었다. 아버지의 징계가 없었다면 우리는 살면서 정말 곤란한 상황에 부닥쳤을 때 어떻게 할지 알지 못했을 것이다.

우리가 이 땅에서 더 좋은 삶을 살도록 매를 들어서라도 도와준 육신의 아버지를 공경한다면, 징계라는 훨씬 더 강한 매를 들어서 우리가 영원한 생명의 풍요함을 누리게 하시는 하늘 아버지를 오해할 것이 아니라 육신의 아버지보다 더 공경해야 하지 않을까?

징계는 우리를 그리스도 안에서 충만한 삶, 참된 생명으로 인도한다. 삶, 혹은 생명^{LIVE}이라는 단어에는 생기가 넘친다! 이 단어는 지금 있는 세대와 앞으로 올 세대가 경험할 하나님의 생명을 가리킨다. 징계는 우리 삶의 모든 치명적인 것을 골라 없애며, 우리를 참되고 실제적인 체험으로 가득한 영적인 삶으로 인도한다. 이것이 히 12:9에 나오는 징계의 첫 유익이다.

징계는 우리 예상과 완전히 다르다. 우리가 하나님의 징계를 받을 때, 하나님이 우리 안의 많은 것을 제거하시기 때문에 마치 금방이라도 죽을 것처럼 느껴진다. 하지만 하나님이 우리를 의도하신 목적에 이르도록 인도하시기 때문에 징계의 여정에서 멈추지 말고 계속 전진해야 한다. 하나님의 징계가 시작될 때, 처음에는 우리 내면이 다 죽어가는 것처럼 느껴지겠지만, 어느 날 우리는 죽음의 반대편으로 나와 하나님의 은혜가 우리를 그리스도 안에 있는 풍성하고 충만한 생명으로 인도하신 것을 깨달을 것이다.

징계는 거룩함을 낳는다

징계의 두 번째 유익은 우리를 하나님의 거룩하심에 참여하게 하는 것이다. "그들은 잠시 자기의 뜻대로 우리를 징계하였거니와 오직 하나님은 우리의 유익을 위하여 그의 거룩하심에 참여하게 하시느니라"(히 12:10).

육신의 아버지는 우리가 어렸을 때 "잠시" 징계했다. 아버지는 아이의 성장 단계에 적합한 훈육을 통해 평생 성공적인 삶을 살도록 바로 잡아주었다. 마찬가지로 하나님의 징계를 통해 얻는 영원한 유익을 생각하면, 우리 삶에 주시는 주님의 고통은 하나님의 웅장한 계획 속에서 비교적 "잠시"일 뿐이다. 우리가 이 땅에 머무는 동안 징계가 몇 년간 지속한다고 해도 영원의 관점에서는 그저 "잠시"일 뿐이다.

육신의 아버지들은 "자기 뜻대로"(히 12:10) 우리를 징계했다. 육신의 아버지의 지식과 이해는 제한적이며 동기는 때때로 흐릿한 판단과 제한적 경험으로 뒤섞여 있었다. 육신의 아버지는 최선을 다했지만, 결과적으로 불완전하게 우리를 징계했다. 하지만 하늘 아버지의 징계는 실수나 오류 없이 모든 면에서 완전하며 오직 우리 유익을 위해 고안되었다.

하나님은 징계를 통해 우리가 주님의 거룩하심이라는 광활한 저장고에 들어가게 하신다. 이곳에서 우리는 오직 징계에서만 얻을 수 있는 예수님과의 깊은 친밀함을 발견한다. 거룩함은 아름답고 친밀하며 열정적이고 바람직하다. 또 거룩함은 권세를 부여한다. 왜 징계는 하나님 나라 안에서 우리를 더 높은 권세로 인도하는 과정인가? 징계는 더 높은 직위에 따르는 더 큰 권세를 적절히 관리하는 데 필수적이기 때문이다.

히 12:10은 하나님이 거룩한 목적을 두고 우리를 징계하신다고 확언한다. 하나님은 징계로 우리에게 잠깐 고통을 주시지만, 긍정적인 열매를 맺게 하신다. 장담하건대, 하나님이 주시는 고통은 분명한 목적이 있다. 지옥이 정말 끔찍한 이유는 아무 목적도 없이 사람을 악마처럼 만들기 때문이다. 그러나 하나님 나라에서 고난과 고통은 언제나 고귀한 목적이 있다. 즉, 고난은 우리를 더욱 그리스도와 닮게 한다. 주님이 주시는 고난은 더 큰 거룩함과 더 높은 부르심의 소망이라는 분명한 목적이 있다.

어떤 사람은 이렇게 질문할 것이다. "하나님이 질병이나 문제로 우리를 더 거룩하게 만든다고요?" 그렇지 않다. 질병이나 병약함은 누구도 거룩하게 할 수 없으며 사실 그 반대의 효과만 있다. 어떤 사람들은 병약함 때문에 혼란에 빠져 길을 잃는다. 우리가 적절히 반응할 수 있을 때만 거룩해질 수 있다.

대부분 사람은 자발적인 절박함으로 하나님을 추구하지 않는다. 하나님의 계획은 고난이나 문제가 우리 안에 영적인 절박함을 일으켜 뜨거운 열정으로 말씀과 기도로 들어가게 하는 것이다. 우리는 부모의 도움이 필요한 어린아이와 같다.

하나님 아버지는 징계를 통해 우리가 하나님의 개입이 없으면 발견할 수 없는 거룩함의 차원을 발견하도록 도우신다. 우리를 변화시키는 것은 위기 자체가 아니라 위기 속에서 하나님을 추구하기 때문이다. 우리가 말씀과 성령님 안에 거할 때 주님은 우리를 거룩함으로 인도하신다. 고난이나 위기, 문제는 우리를 거룩함에 이르게 하는 촉매이다.

요한계시록 3장

계 3:14~22은 추가적인 징계의 네 가지 유익을 알려준다.

14 라오디게아 교회의 사자에게 편지하라. 아멘이시요 충성되고 참된 증인이시요 하나님의 창조의 근본이신 이가 이르시되 15 내가 네 행위를 아노니 네가 차지도 아니하고 뜨겁지도 아니하도다. 네가 차든지 뜨겁든지 하기를 원하노라. 16 네가 이같이 미지근하여 뜨겁지도 아니하고 차지도 아니하니 내 입에서 너를 토하여 버리리라. 17 네가 말하기를 나는 부자라 부요하여 부족한 것이 없다 하나 네 곤고한 것과 가련한 것과 가난한 것과 눈먼 것과 벌거벗은 것을 알지 못하는도다. 18 내가 너를 권하노니 내게서 불로 연단한 금을 사서 부요하게하고 흰옷을 사서 입어 벌거벗은 수치를 보이지 않게 하고 안약을 사서 눈에 발라 보게 하라. 19 무릇 내가 사랑하는 자를 책망하여 징계하노니 그러므로 네가 열심을 내라 회개하라. 20 볼지어다 내가 문밖에 서서 두드리노니 누구든지 내 음성을 듣고 문을 열면 내가 그에게로 들어가 그와 더불어 먹

고 그는 나와 더불어 먹으리라. 21 이기는 그에게는 내가 내 보좌에 함께 앉게 하여 주기를 내가 이기고 아버지 보좌에 함께 앉은 것과 같이하리라. 22 귀 있는 자는 성령이 교회들에게 하시는 말씀을 들을지어다. (계 3:14~22)

예수님은 이렇게 말씀하신다. "나는 사랑하는 만큼 꾸짖고 징계한다." 예수님의 징계를 신뢰하는 한 가지 이유는 예수님도 하나님 아버지의 징계를 받으셨기 때문이다. 우리는 되도록 징계받아 본 사람에게 징계받기를 원한다. 예수님이 우리 삶에 징계를 주실 때 완전히 신뢰할 수 있는 이유가 이것이다. 하나님 아버지의 징계를 받으신 예수님은 징계의 유익을 아시고 우리를 긍휼로 징계하신다.

요한계시록 3장의 라오디게아 사람들에게 보내는 편지는 히브리서 12장의 자매 구절이라고 해도 과언이 아닐 정도로 징계에 초점을 맞춘다. 우리는 이 본문에서 예수님이 라오디게아 교인들의 삶에 성취하기를 원하신 것이 무엇인지 알 수 있다. 계 3장에 라오디게아 교인들이 예수님이 주시는 징계의 결과로 누리기를 바라시는 네 가지 유익이 담겨 있다. 이 네 가지 유익을 살펴보자.

● 예수님은 그들을 영적인 냉담함에서 구하기를 원하셨다.

● 예수님은 그들이 자신의 진정한 영적 상태를 보기 원하셨다.

● 예수님은 그들이 정결케 하는 불 속에서 변화하기를 원하셨다.

● 예수님은 그들이 더 큰 주님의 친밀함으로 들어오기 원하셨다.

징계는 영적인 열정을 낳는다

계 3:14~22에 나오는 징계의 첫 번째 유익은 예수님을 향한 우리 열정을 뜨겁게 하여 영적 무관심에서 벗어나게 한다. "네가 차든지 뜨겁든지 하기를 원하노라." 우리는 예수님의 징계를 경험하기 전에는 소극적이고 중립적이지만 예수님의 징계를 경험하고 나면 중립적인 태도를 버린다. 격렬한 시련은 우리를 두 가지 다른 반응 중 하나에 빠뜨린다. 뜨거운 회개로 주님께 달려가거나, 상처받아 주님 품에서 물러나는 것이다. 그러므로 중간에 미지근하게 남아있기란 불가능하다.

예수님은 마지막 때를 두고 경고하셨다. "불법이 성하므로 많은 사람의 사랑이 식어지리라"(마 24:12). 이런 영적인 분위기 속에서 예수님이 징계의 매를 들고 우리를 찾아오시는 것보다 더 자비롭고 은혜로운 일이 어디 있을까? 우리 사랑을 더욱 뜨겁고 열정적으로 만들기 위해 예수님이 우리를 징계하신 것을 깨달을 때, 우리는 이토록 깊은 주님의 자비에 감사함으로 예배할 수밖에 없다.

징계는 더 명확한 자기평가를 낳는다

징계의 두 번째 유익은 우리의 진정한 영적 상태를 드러낸다. 역사적으로 하나님의 사람들이 물질적인 번영을 누리면서 잘살았던 적이 없었다(호 13:6). 우리가 부유하고 편안하면, 자신도 모르게 영적인 빈곤에 빠진다. 라오디게아 교인들은 하나님이 모든 필요를 공급하셨기 때문에 영적으로 부유하다고 생각했다. 넘치도록 부유해서 아무것도 필요한 것이 없을 정도였다. 하지만 예수님이 보는 관점은 달랐다.

예수님의 눈에 라오디게아 교인들은 형편없이 비참하며 빈곤하고 눈멀고 벌거벗은 상태였다. 라오디게아 교인들은 징계를 통해 눈에서 막을 제거하고 자신이 얼마나 부족한지 깨달아야 했다. 징계는 영적인 백내장을 제거하는 하나님의 방법이다.

우리는 스스로 주님의 기쁨으로 충만하다고 생각하지만, 문제가 생기고 기쁨이 사라지면 비로소 자신의 기쁨이 얼마나 얕은지 깨닫는다. 또 우리는 자신이 믿음으로 충만하다고 생각하지만, 재앙이 닥치고 믿음이 순식간에 증발하면 확연한 영적인 빈곤에 직면한다. 우리는 스스로 눈이 밝아 예리한 영적 통찰력이 있다고 생각하지만, 어둡고 깊은 하나님의 시련 속에 잠기고 나서야 우리 눈이 얼마나 어두웠는지 깨닫는다.

하나님이 문제와 어려움으로 우리 참된 영적 상태를 이해하도록 도우실 때 우리는 주님의 매가 참으로 온유하고 친절한 것을 깨닫는다. 징계의 매가 없으면 우리는 계속해서 자신을 속인다.

징계는 성품의 변화를 낳는다

징계의 세 번째 유익은 성품이 변화할 기회를 준다. 성경은 주님의 징계를 제련하는 불로 묘사한다. 우리는 불같은 시련에서 "불로 연단 한 금"으로 표현하는 그리스도를 닮을 기회를 산다. 우리는 돈으로 상품이나 서비스를 교환한다. 따라서 무언가를 산다는 것은 다른 것을 얻기 위해 한 가지를 잃는다는 뜻이다. 금과 같은 경건한 성품을 사기 위해 우리는 대가를 치러야 한다.

하나님 나라의 용서, 치유, 구원, 공급, 평안, 기쁨은 우리에게 값없이 주어지지만, 하나님 나라의 또 다른 것은 우리가 값을 주고 사야만 한다. 하나님 나라에서 가장 귀중한 것은 결코 공짜가 아니다. 그리스도를 닮는 것은 대가가 따른다. 바울처럼 우리는 그리스도를 얻기 위해 많은 것을 잃는 경험을 한다(빌 3:7~8). 여기에는 자아가 죽고 자기 십자가를 지는 것이 포함된다.

그리스도를 따르기 위한 내려놓음과 손실이 때로는 매우 현실적이지만, 우리는 그 손실을 "배설물"(빌 3:8)처럼 여길 만큼 정말 풍성한 것을 얻을 것이다. 우리가 금보다 값진 그리스도 닮음을 사는 것은 앞으로 우리와 함께 할 영원한 보물을 얻는 것이다. 그러므로 계 3:18에 따르면 징계는 우리에게 금보다 값진 경건함을 살 기회를 주며 선한 일로 흰옷을 살 기회를 얻고, 자기 부인이라는 안약으로 우리 눈이 다시 보기 시작할 기회이다.

징계는 예수님과의 더 깊은 친밀함을 낳는다

징계의 네 번째 유익은 우리를 예수님과의 친밀함이라는 새로운 영역으로 인도한다. 예수님은 이렇게 말씀하셨다. "볼지어다 내가 문밖에 서서 두드리노니 누구든지 내 음성을 듣고 문을 열면 내가 그에게로 들어가 그와 더불어 먹고 그는 나와 더불어 먹으리라"(요 3:20). 예수님이 우리 문을 두드리실 때 우리는 예수님이 우리를 혼내시려는 것은 아닐까 하는 두려움을 느낀다. 그러나 예수님은 우리 마음에 더 크게 들어오시려고 문을 두드리신다. 우리 안의 자기 보호 본능은 자기 생명을 지키고 보호하는 데 아주 익숙하여서 예수님의 문 두드리는 소리를 듣고 얼른 마음의 문을 더욱 굳세게 잠그도록 유혹할 것이다. 하지만 예수님은 끈기 있게 우리를 기다리신다.

우리가 용기를 내서 천천히 문을 열고 우리 삶을 내려놓을 때, 우리 안에 들어오시려고 문 앞에서 기다리시는 예수님을 발견한다. 예수님은 우리와 친밀하고 솔직한 진짜 대화를 나누기 원하신다. 심지어 예수님은 우리에게 식사 - 주님의 살과 피 - 를 차려주신다. 예수님께 중요한 것은 오직 우리와의 깊은 친밀함이다. 예수님의 징계는 주님이 우리를 얼마나 사랑하시는지, 얼마나 강렬하게 우리를 원하시는지 보여준다. 다음 장에서 징계의 유익을 더 살펴보자.

08 징계의 또 다른 유익

MORE BENEFITS OF CHASTENING

이전 장에서 우리는 히 12장과 계 3장에 나오는 징계의 유익을 살펴보았다. 아직 징계의 유익을 알려주는 성경 구절이 더 남아있다. 주님의 교정이 우리 삶에 주는 유익 중 하나는 우리가 징계를 통해 성령님의 안식처가 될 수 있다는 것이다(민 11:25; 사 11:2; 눅 3:22). 잠 29:17을 보자. "네 자식을 징계하라 그리하면 그가 너를 평안하게 하겠고." 하나님 아버지는 자녀들의 마음이 성령님의 안식처요 집이 되도록 징계하신다(요 14:23). 비둘기 같은 성령님은 우리 삶이 거칠고 부주의하면 우리 안에서 안식처를 찾으실 수 없다. 하나님 아버지의 징계와 교정이 우리 삶을 차분하게 하실 때 성령님이 우리 안에 계속 안식하실 수 있다.

여러분이 성령님의 안식처가 되는 과정이 너무 오래 걸리는 것 같아도 낙심하지 말라. 우리 하나님은 급하게 서두르지 않으신다. 성령님께 우리 삶에 부드럽게 역사하시도록 먼저 하나님을 불쾌하게 하는 문제들을 내어드려라(창 6:3; 시 103:9; 히 12:4). 성령님이 우리 안에 주님의 뜻에 저항하는 육신의 영역을 굴복시킬 많은 기회를 주실 것이다.

이전에는 성령님과 우리 내면이 많이 부딪혔지만, 이제는 더 이상 하나님을 뜻을 놓고 성령님과 줄다리기하지 않는 자신을 보며 놀랄 것이다. 진실로 우리 마음은 징계를 통해 성령님이 거하시는 처소가 될 것이다. 여러분의 삶에 부르심이 높아질수록 거룩함의 수준도 높아진다. 구약의 레위기 21장 제사장직에서 이 원칙을 볼 수 있다. 주님의 전에서 섬기는 레위인은 일반 이스라엘 사람들보다 더 엄격한 자격 조건을 갖춰야 했다. 제사장들은 레위인보다 더 엄중한 자격을 갖춰야 했고, 대제사장은 가장 엄격한 조건을 충족해야 했다(레 21:12). 부르심이 높을수록, 거룩함의 수준도 높아진다. 누군가는 궁금할 것이다. "주님, 왜 제 삶에 있는 주님의 교정은 제 친구들보다 강한가요?" 주님은 이렇게 대답하신다. "네가 큰 문제가 있기 때문이 아니라 너에게 남다른 부르심이 있어서 그렇단다." 나는 성령님이 언제나 내 안에 거하시도록 내 부르심에 맞는 방식으로 주님 앞에서 신중하게 살고 싶다.

징계는 미련함을 다룬다

성경에 따르면 징계와 미련함은 관련이 있다. 하나님은 미련함을 징계하신다. 가장 강력한 구절은 잠 22:15이다. "아이의 마음에는 미련한 것이 얽혔으나 징계하는 채찍이 이를 멀리 쫓아내리라." 미련한 것과 미련한 사람은 차이가 있다. 미련한 사람은 징계받아도 자기 미련함을 버리지 않는다. 잠 27:22은 "미련한 자를 곡물과 함께 절구에 넣고 공이로 찧을지라도 그의 미련은 벗겨지지 아니하느니라"라고 말한다. 지혜로운 아들도 미련한 영역이 있지만, 하나님의 은혜의 교정으로 미련한 것을 제거한다.

미련함을 향한 주님의 징계에 관한 또 다른 구절이 있다.

1 여호와여 주의 노하심으로 나를 책망하지 마시고 주의 분노
하심으로 나를 징계하지 마소서. 5 내 상처가 썩어 악취가 나
오니 내가 우매한 까닭이로소이다. (시 38:1, 5)

다윗이 스스로 우매하다고 말하는 본질은 무엇인가? 그리고
좀 더 개인적으로, 우리 미련함의 본질은 무엇인가? 적어도 나에
게는 미련함과 불신을 연결함으로써 답을 찾을 수 있다. 아래 구
절에서 미련함과 불신의 연결고리를 주목하라.

어리석은 자는 그의 마음에 이르기를 하나님이 없다 하는도
다. (시 14:1)

이르시되 미련하고 선지자들이 말한 모든 것을 마음에 더디
믿는 자들이여 (눅 24:25)

불신은 그 자체로 미련하다. 미련한 사람은 불신하여 하나님의
조차 부인한다(시 14:1). 예수님이 제자들에게 미련하다고 말씀하
셨을 때, 미련한 "존재"라는 의미가 아니라 미련한 "행동"을 한다고
말씀하신다. 제자들의 미련함은 무엇인가? 불신이다. 제자들은 선
지자들이 말한 모든 것을 마음으로 믿는 데 시간이 걸렸다. 선지자
들이 주님의 부활을 예언했지만, 제자들은 자기 눈앞에 선지자들
이 예언한 일이 일어났음에도 믿지 않았다. 그러므로 불신은 완벽
한 미련함이다. 하나님의 말씀을 불신하는 것이 미련한 행동이다.

징계에 담긴 하나님의 목적 중 하나는 우리 안에서 미련함을 몰아내고 믿음에 닻을 내리는 것이다. 예수님은 사역하시면서 거듭 제자들의 불신을 꾸짖으셨다(마 6:30; 8:26; 14:31; 16:8). 마 17:17에서 예수님은 제자들의 불신에 몹시 화가 나신 것처럼 보이지만, 예수님의 꾸짖음은 좌절감의 표현이 아니라 강한 꾸짖음으로 제자들을 자극하여 믿음으로 나아가길 원하셨기 때문이다. 예수님의 꾸짖음은 우리 내면의 불신을 끝내고 믿음을 일으키는 힘이 있다. 예수님의 훈계는 짜증과 좌절감이 아니라 확고한 자비에서 나오며 우리의 발전을 위한 것이다. 예수님은 우리 영혼의 어리석은 불신을 제거하기 위해 힘쓰신다. 모든 꾸짖음에는 변화의 능력이 있다. 꾸짖으시는 예수님께 감사하라.

예수님은 우리를 꾸짖으신 체 그냥 버려두지 않으시고 믿음의 말씀을 주신다. 왜 그런가? "믿음은 들음에서 나며 들음은 그리스도의 말씀으로 말미암았느니라"(롬 10:17). 엠마오 도상에서 두 제자의 미련한 불신을 꾸짖으신 후(눅 24:25) 예수님은 두 제자의 마음이 하나님을 향한 확신으로 불타오를 때까지 진리를 말 그대로 쏟아 부으신다(눅 24:27, 32). 그러므로 예수님이 여러분을 꾸짖으신다면 이제 믿음의 말씀을 들을 준비를 해라!

징계와 재정

징계의 또 다른 유익은 재정 관리와 관련이 있다. 예수님은 우리가 재정 관리, 청지기 의식, 나눔의 영역에 순종하기를 원하신다. 종종 예수님은 우리 삶에 재정의 영역을 정돈하시려고 징계하실 것이다. 솔로몬은 재정과 징계를 같은 문맥에 배치한다.

9 네 재물과 네 소산물의 처음 익은 열매로 여호와를 공경하라. 10 그리하면 네 창고가 가득히 차고 네 포도즙 틀에 새 포도즙이 넘치리라. 11 내 아들아 여호와의 징계를 경히 여기지 말라, 그 꾸지람을 싫어하지 말라. 12 대저 여호와께서 그 사랑하시는 자를 징계하시기를 마치 아비가 그 기뻐하는 아들을 징계함 같이 하시느니라. (잠 3:9~12)

그러므로 자녀들이 청지기 의식을 가지고 재정을 관리하고 다스리도록 하나님이 꾸짖으시는 것은 당연하다. 하나님은 다음 두 가지를 우리에게 알려 주신다.

첫째, 하나님은 우리를 교정해서 우리가 믿음직스럽고 순종하는 마음으로 온전한 십일조와 헌금을 하게 하신다. 하나님은 우리 근원과 공급이 하나님께 있음을 증명하기를 원하신다. 하나님은 우리 창고가 가득 차기를 바라시기 때문에 우리에게서 풍성한 기쁨을 빼앗는 불신의 생활방식을 제거하신다.

둘째, 하나님은 평균적인 수준 이상의 재정 자원을 관리하도록 부르심 받은 사람들을 징계하신다. 하나님은 어떤 신자들에게 큰 부를 쌓는 능력을 주셔서 그들이 하나님의 일을 돕게 하신다. 우리 손을 통해 풍성한 자원이 흐를 때, 그 자원은 우리 마음을 휘감으려 한다. 하지만 하나님은 우리가 탐욕 때문에 무너지기를 원하지 않으시며, 재정 축복이 우리를 파괴할 수도 있다는 것을 아시기 때문에 우리 영혼을 지키기 위해 우리를 징계하시고 꾸짖으신다. 오, 하나님은 우리를 정말 사랑하신다!

하나님이 의도하신 목적을 갈망하라

주님이 주시는 징계의 모든 영광스러운 유익을 얻기 위해 열심을 내야 한다. 왜 그런가? 왜냐하면 어떤 경우에 징계의 유익 중 일부를 잃을 수도 있기 때문이다. 예를 들어, 이사야는 이스라엘이 바벨론 포로로 잡혀간 사건 때문에 주님이 이스라엘을 위해 계획하신 유익 중의 일부를 얻지 못했다고 한다.

> 우리가 잉태하고 산고를 당하였을지라도 바람을 낳은 것 같아서 땅에 구원을 베풀지 못하였고 세계의 거민을 출산하지 못하였나이다. (사 26:18)

이사야는 이스라엘의 포로기를 잉태하여 아이를 낳은 여인으로 비유했다. 하나님은 바벨론 포로기라는 자궁이 이스라엘 민족 안에 영원한 가치를 낳기 원하셨다. 이스라엘이 바벨론에 포로로 잡혀감으로써 겉으로는 마치 하나님의 뜻을 잉태한 것 같았지만 안타깝게도 결국 그 귀한 열매를 출산하지는 못했다. 이스라엘은 이 땅에 구원을 이룰 영적인 권세를 가진 모습을 나타내지 못했다.

위 구절에 따르면 하나님은 이스라엘을 이 땅 위에 주님의 구원을 이룰 사역자로 만들기 원하셨다. 하나님은 이스라엘을 증거 삼아 이방인들에게 영적 생명을 전파하길 원하셨다.[7] 그러나 슬프게도 이스라엘은 바벨론 포로기가 의도한 유익으로 들어가지 못했다.

---

7. 사 26:18에서 동사 "to fall"(원문상의 동사-역주)은 미묘한 의미의 차이가 18가지나 된다. 여기에서 의미는 "새 생명에 이르다" 이다.

나는 모든 징계를 인내했지만 결국 아무 열매 없이 끝나는 것을 원하지 않기 때문에 예수께 잡힌 바 된 그것을 잡기 위해(빌 3:12) 열심을 내고 있으며 앞으로도 열심을 낼 것이다(계 3:19).

징계의 유익은 정말 풍성하고 귀하기 때문에 결코 빼앗기면 안 된다. 그러니 하나님이 시련을 통해 계획하시는 모든 유익을 열심히 뽑아내라. 여러분이 시련과 고난을 통해 이 땅을 구원하는 하나님의 동역자가 되기를 기도한다!

징계의 또 다른 유익들

징계의 유익에 관한 논의를 마치면서 나는 잠언을 이야기하고 싶다. 잠언은 다른 어느 성경보다 자녀의 교정을 많이 언급한다. 잠언은 우리가 주님의 징계의 성경적 유익을 이해하는 데 큰 도움을 준다. 왼쪽은 성경 구절이고 오른쪽은 나의 간략한 견해이다.

주님이 징계를 통해 주시는 모든 유익을 고려하면, 우리는 주님의 교훈을 이야기하던 다윗이 "금 곧 많은 순금보다 더 사모할 것이며 꿀과 송이꿀보다 더 달도다"(시 19:10)라고 고백했는지 이해할 수 있다. 주님의 교훈은 마치 심판처럼 강렬하고 심지어 두렵기까지 하지만, 결국에는 달콤한 보상이 있으므로 매우 유익하다. 여러분은 자신이 하나님의 자녀인 동시에 주님의 거룩함에 참여하는 존재라는 것이 기쁘지 않은가?

책망과 징계가 주는 더 많은 유익

주님의 책망	유익
나의 책망을 듣고 돌이키라, 보라. 내가 나의 영을 너희에게 부어 주며 내 말을 너희에게 보이리라. (잠 1:23)	우리가 주님의 꾸짖음을 듣고 회개할 때, 주님은 우리에게 주의 영을 부어 주시고 주님의 말씀을 계시하신다.
거만한 자를 책망하지 말라. 그가 너를 미워할까 두려우니라. 지혜 있는 자를 책망하라 그가 너를 사랑하리라. (잠 9:8)	책망은 하늘 아버지를 향한 우리 사랑이 증가하게 한다.
훈계를 지키는 자는 생명 길로 행하여도 징계를 버리는 자는 그릇 가느니라. (잠 10:17) 마땅히 행할 길을 아이에게 가르치라. 그리하면 늙어도 그것을 떠나지 아니하리라. (잠 22:6)	교정은 우리가 걸어가는 인생길을 안전하게 한다.
훈계를 저버리는 자에게는 궁핍과 수욕이 이르거니와 경계를 받는 자는 존영을 받느니라. (잠 13:18)	우리가 책망에 적절히 반응할 때 주님은 우리를 높이신다. 빌 존슨이 말한 것처럼 주님은 우리를 훈계하시어 우리가 주님의 축복을 넘치도록 받게 하신다.
31 생명의 경계를 듣는 귀는 지혜로운 자 가운데에 있느니라. 32 훈계받기를 싫어하는 자는 자기의 영혼을 경히 여김이라. 견책을 달게 받는 자는 지식을 얻느니라 (잠 15:31~32) 채찍과 꾸지람이 지혜를 주거늘 임의로 행하게 버려둔 자식은 어미를 욕되게 하느니라. (잠 29:15)	우리가 주님의 책망을 들을 때, 지혜로운 사람이 된다.
네가 네 아들에게 희망이 있은즉 그를 징계하되 죽일 마음은 두지 말지니라. (잠 19:18) 13 아이를 훈계하지 아니하려고 하지 말라. 채찍으로 그를 때릴지라도 그가 죽지 아니하리라. 14 네가 그를 채찍으로 때리면 그의 영혼을 스올에서 구원하리라. (잠 23:13~14)	징계는 우리를 파멸에서 구한다. 자비로우신 하나님은 이후가 아니라 지금 우리 심령을 심판하신다. 최후 심판 때 결과를 직면하는 것보다는 지금 우리를 방해하는 문제를 해결하고 연연하지 않는 것이 훨씬 낫다.
사람을 경책하는 자는 혀로 아첨하는 자보다 나중에 더욱 사랑을 받느니라. (잠 28:23)	모든 것이 끝나고 일어난 일들을 명확하게 볼 때 우리는 주님이 우리를 책망하실 만큼 우리를 충분히 사랑하신 것에 정말 감사할 것이다.

09 징계가 주는 고통

THE PAIN OF CHASTENING

무릇 징계가 당시에는 즐거워 보이지 않고 슬퍼 보이나 후에
그로 말미암아 연단 받은 자들은 의와 평강의 열매를 맺느니
라 (히 12:11)

이제 우리는 히 12:11 본문을 따라 징계의 고통을 알아볼 것이
다. 성경은 징계와 강렬한 시련이 주는 고통을 전혀 숨기지 않는
다. 시련이 극심할수록 고통스럽다. 일부 성경 번역본은 헬라어
뤼페^{LUPE}를 고통으로 번역하며 슬픔, 한숨, 근심, 서러움을 의미한
다. 슬픔은 상실의 자연스러운 반응이다. 엘리후는 징계의 고통스
러움을 이렇게 표현한다. "혹은 사람이 병상의 고통과 뼈가 늘 쑤심
의 징계를 받나니"(욥 33:19). 바울은 징계의 격렬함을 이렇게 표현
한다. "죽은 자 같으나 보라 우리가 살아 있고 징계를 받는 자 같으
나 죽임을 당하지 아니하고"(고후 6:9).

일부 기독교인들은 고통이 결코 우리 삶을 향한 하나님의 뜻
이 아니라고 생각한다. 이 관점을 뒷받침하려고 사용하는 구절

은 예수님이 우리에게 가르쳐 주신 주기도문이다. "나라가 임하시오며 뜻이 하늘에서 이루어진 것 같이 땅에서도 이루어지이다"(마 6:10). 그들은 이렇게 말한다. "하나님의 뜻이 온전하게 이루어지는 곳에는 고통이 사라져. 하늘(천국)에는 고통이 없으니 이 땅에서도 고통을 겪지 않는 것이 주님의 뜻이야. 하늘에는 질병이 없으니까 주님의 뜻이 이 땅에 임하면 모든 질병이 떠나갈 거야."

고통을 거부하는 사람들은 "어떤 것"이 하늘을 향한 주님의 뜻이라면 동시에 땅에 있는 우리를 향한 주님의 뜻이어야 한다고 주장한다. 하지만 나는 이 관점이 정확하다고 생각하지 않는다. 이 땅에서의 삶을 위한 하나님의 뜻이 분명히 존재하지만, 이 땅과 하늘(천국)은 완전히 달라서 우리가 어디 있는가에 따라 달라질 수 있다. 왜 그럴까? 이 땅은 전쟁터이지만 하늘은 아니다. 우리는 신음하는 이 땅에서 육신을 입고 살지만, 하늘에서는 그렇지 않을 것이다. 그러므로 하나님의 완전하신 뜻이 이 땅에서 우리 삶에 일어날 때, 그 안에는 우리가 하늘에서 경험할 수 없는 시련, 박해, 질병과 역경 같은 고통을 포함할 수 있다.

어떤 사람들은 예수님이 지금 하늘에 계시므로 더 이상 고통받지 않으시며 우리의 고통과도 단절되었을 것으로 생각한다. 하지만 성경은 예수님이 지금도 우리 고통과 슬픔을 계속 느끼신다고 알려준다. 우리 고통이 주님을 고통스럽게 한다. 요한은 밧모섬에서 자신의 고난을 설명할 때 이것을 "예수의 환난과 나라와 참음에 동참하는 것(계 1:9)"이라고 언급했다. 요한이 겪는 환난은 예수님에게도 환난이었다. 몸이 아프면 머리도 아프다. "그들의 모든 환난에 동참하사"(사 63:9).

단언컨대, 여러분의 삶에 환난이 없다면 문제가 있는 것은 아닌지 확인해 보아야 한다. 사도 요한처럼 우리도 예수 그리스도의 환란과 주님의 나라 안에서 살아야 한다. 예수님은 우리만큼 하나님 아버지의 시간표의 제약을 느끼신다. 하나님은 예수님의 기도를 향한 응답을 늦추셨다. 예수님도 우리처럼 이루어지지 않은 약속 때문에 마음이 상하시고 하나님을 향해 적대적인 세상에 분노를 느끼신다. 그러나 그리스도와 우리의 차이가 있다. 예수님의 손에 모든 권세와 권능이 있지만, 하나님 아버지께서 그 권세를 풀어주실 때까지 인내하며 기다리신다. 우리에게 기다림이 고통스러운 것처럼 예수님도 고통스러우시다.

고통이 우리 삶을 향한 하나님의 뜻이라는 말은 멀게만 느껴지고 여러 질문이 우리 생각을 채운다. 첫 질문을 시작하자.

고통을 두려워해도 되는가?

주님의 징계가 고통스러울 때 우리 첫 번째 본능은 회피와 두려움이다. 우리 삶에 주님의 징계의 매가 주어질 가능성을 두려워해도 괜찮은 것일까? 나는 하나님을 향한 적절한 두려움과 부적절한 두려움이 모두 존재하기 때문에 '네'와 '아니오' 둘 다 바르다고 생각한다.

먼저 하나님을 향한 합당한 두려움부터 살펴보자. 히 5:7은 예수님이 겟세마네 동산에서 기도하시는 동안 얼마나 하나님을 두려워했는지 보여준다. "그는 육체에 계실 때에 자기를 죽음에서 능히 구원하실 이에게 심한 통곡과 눈물로 간구와 소원을 올렸고 그의 경건하심으로 말미암아 들으심을 얻었느니라."(개정판은 '그의 경건하심으로 말미암아'라고 번역한 부분을 킹제임스 흠정역 성경은 '두려워하심으로 인하여'로 번역했다.)

예수님은 자신이 온 세상 죄의 처벌을 감당해야 한다는 것을 아셨기 때문에 경건한 두려움으로 십자가를 기다리셨다(사 53:5~6). 예수님의 모습은 하나님의 심판을 두려워하는 것이 합당하다는 좋은 본보기이다. 예수님은 두려움에 떨며 고뇌에 찬 기도를 하신 후 십자가를 향해 곧장 걸어가셨다. 이것이 하나님을 두려워하는 바른길이다.

사 57장을 보면 하나님은 이스라엘이 하나님의 심판을 두려워하길 원하신 것 같다. 하나님은 우상을 향한 이스라엘의 두려움을 말씀하신다. "네가 누구를 두려워하며 누구로 말미암아 놀랐기에 거짓을 말하며 나를 생각하지 아니하며 이를 마음에 두지 아니하였느냐 네가 나를 경외하지 아니함은 내가 오랫동안 잠잠했기 때문이 아니냐."(사 57:11)

하나님이 오랫동안 심판을 보류하신 결과 이스라엘은 더 이상 하나님을 두려워하지 않고 오히려 우상을 더 두려워했다. 하지만 하나님은 이스라엘이 하나님과 하나님의 심판을 더 두려워하길 바라셨다. 주님의 징계를 두려워하는 것은 나쁜 것이 아니며 하나님이 원하시는 것이다. 그러나 하나님을 불쾌하게 하는 두려움도 있다. 하나님을 잘못된 방식으로 두려워하는 모습을 간단히 살펴보자. 하나님은 앗수르를 이스라엘을 치는 막대기로 사용하시면서 이스라엘에게 두려워하지 말라고 말씀하신다.

24 그러므로 주 만군의 여호와께서 이르시되 시온에 거주하는 내 백성들아 앗수르가 애굽이 한 것처럼 막대기로 너를 때리며 몽둥이를 들어 너를 칠지라도 그를 두려워하지 말라. 25 내가 오래지 아니하여 네게는 분을 그치고 그들은 내 진노로 멸하리라 하시도다. (사 10:24~25)

하나님은 이렇게 말씀하신다. "애굽이 너희 조상들을 친 것처럼 앗수르가 너희를 맹렬히 치겠지만 두려워하지 말아라." 애굽이 자기 조상들을 어떻게 쳤는지 기억하는 이스라엘 민족은 공포에 사로잡혔다. 그 끔찍한 일이 또다시 일어나다니! 하지만 하나님은 이스라엘에게 말씀하신다. "앗수르를 두려워하지 말아라."

왜 두려워할 필요가 없는가? 하나님이 이스라엘을 앗수르에서 구하겠다고 약속하셨기 때문이다. 앗수르가 이스라엘을 대적하도록 계획하신 것처럼, 하나님은 앗수르의 멸망도 계획하셨다. 따라서 비록 이스라엘이 징계받는 중이었지만 하나님은 분명히 말씀하신다. "앗수르를 두려워하지 말아라."

하나님은 우리가 주님의 징계를 두려워하길 원하시는가? 이사야 10장의 대답은 '아니오'이다. 이는 서머나 교회를 향한 예수님의 말씀과 일치한다. "너는 장차 받을 고난을 두려워하지 말라"(계 2:10). 하나님이 바울을 징계하셨을 때 바울은 두려워하기를 거부했으며 오히려 한 걸음 더 나아가서 핍박 중에 즐거워했다! "9 나에게 이르시기를 내 은혜가 네게 족하도다. 이는 내 능력이 약한 데서 온전하여짐이라 하신지라. 그러므로 도리어 크게 기뻐함으로 나의 여러 약한 것들에 대하여 자랑하리니 이는 그리스도의 능력이 내게 머물게 하려 함이라. 10 그러므로 내가 그리스도를 위하여 약한 것들과 능욕과 궁핍과 박해와 곤고를 기뻐하노니 이는 내가 약한 그 때에 강함이라."(고후 12:9~10)

하나님은 바울이 자신의 연약함을 두려워하지 않고 오히려 주님이 하신 선한 일들로 말미암아 자기 연약함을 기뻐하기를 원하셨다. 하나님께 모든 것을 드린 기독교인은 주님이 하실 일들 때문에 두려워해야 하는가? 아니다. 하늘 아버지의 손에서 올 것을 두려워하는 사람은 "사랑 안에서 온전히 이루지 못한 것"이다. 왜냐하면 "온전한 사랑이 두려움을 내쫓기" 때문이다(요일 4:18).

우리가 하나님의 불같은 다루심을 더 이상 두려워하지 않으며 우리 삶의 방향을 정렬하는 엄격한 자비를 환영할 때, 사랑은 우리 안에서 더욱 온전해진다. 온전한 사랑은 하나님이 우리 삶에 역사하시는 모든 것이 우리의 유익과 주님의 영광을 위한 것이라고 확신한다. 우리는 주님의 징계를 두려워해야 하는가? 아니다! 우리가 주님의 강한 손 아래 있을 때 주님을 두려워해야 하는가? 히 5:7과 사 57:11에 따르면, 그렇다! 그렇기도 하고 아니기도 하다.[8]

우리가 느끼는 두려움이 경건한 두려움인지 경건하지 않은 두려움인지 구별하는 방법은 두려움이 우리를 이끄는 방향을 분별하는 것이다. 우리가 느끼는 두려움이 주님을 떠나서 움츠러들게 한다면 그것은 경건하지 않은 두려움이다. 그러나 우리가 느끼는 두려움이 우리를 하나님께 더 가까이 이끌어 떨리는 팔로 주님을

---

8. 눅 12:4~7에서 예수님이 하나님을 향한 두려움을 가르치실 때 이와 같은 역설로 표현하셨다. "내가 참으로 너희에게 이르노니 그를 두려워하라…두려워하지 말라 너희는 많은 참새보다 더 귀하니라 .", "하나님을 두려워하라…두려워하지 말아라." 이것은 역설이다. 우리도 두 가지를 모두 행한다.

굳게 붙들게 한다면, 우리는 경건한 두려움 아래 있는 것이다. 우리는 결코 주님을 향한 두려움을 두려워하지 않으며 오히려 자신감 가득한 사랑으로 주님께 달려갈 것이다. 자, 고통의 다음 질문으로 넘어가자.

모든 고통이 하나님의 징계인가?

아니다. 하나님은 만물의 통치자이시다. 하지만 나는 하나님이 통치하신다는 의미가 사람들이 직면하는 모든 시련과 고통이 하나님의 섭리라고 생각하지 않는다. 때때로 하나님은 어떤 시련과 재앙에는 전혀 개입하지 않으신다. 만일 어떤 시련과 재앙에 하나님이 개입하신다면 우리는 아마도 그것을 어느 정도는 징계라고 부를 수 있을 것이다. 그러나 하나님이 고통스러운 시련을 일으키는 일에 전혀 개입하지 않으신다면 그것은 주님의 징계가 아니다. 하나님이 아주 조금이라고 개입하시는 것만 주님의 징계라고 부를 수 있다.

나는 인생에 문제를 일으키는 다섯 가지 요소가 있다고 생각한다. 다섯 가지는 하나님, 사탄, 자기 자신, 사람들, 그리고 타락한 창조 질서의 깨어진 속성이다. 지금은 간단하게 설명할 테니 다섯 가지 요소의 자세한 설명은 18장을 참조하기를 바란다. 모든 시련이 하나님 아버지의 징계는 아니다. 때때로 질병이나 재앙은 전적으로 마귀 때문에 일어난다. 베드로는 예수님이 두루 다니시며 "마귀에게 눌린 모든 사람을 고치셨다"(행 10:38)라고 증언한다. 어떤 시련은 전적으로 마귀에게서 오며 하나님은 전혀 관련이 없다.

언젠가 한 자매가 나에게 물었다. "저는 뇌종양에 걸렸어요.

이 병은 주님의 징계일까요?" 나는 즉시 대답했다. "아닙니다!" 우리 삶에 임한 어떤 문제는 우리에게 하나님이 개입하신 것이 맞는지 염려하게 한다. 나는 하나님이 종양의 배후에 계신다고 생각하지 않으며 마귀가 주는 고통이라고 생각한다.

내가 전적으로 그 근원이 마귀라고 여기는 몇 가지 질병이 있다. 낭창, 대장염, 당뇨병, 백혈병, 조증 장애, 간염, 만성피로, 통풍, 종양, 심장병, 폐기종, 편두통, ADHD, 알츠하이머, 뇌전증, 다발성 경화증, 말라리아 등이다. 이 질병의 근원이 마귀가 아닌 경우 다른 원인은 우리가 깨어진 창조 세계 안에 사는 결과이기도 하다. 내가 믿기에 이 질병은 하나님에게서 오지 않는다.

나는 담대히 말한다. 하나님은 사랑하시는 자녀들을 징계하시려고 이 더러운 고통을 사용하지 않으시며, 오히려 이 질병에 걸린 자녀들이 고침 받고 전심으로 주님을 섬기기를 원하신다. 그렇다면 앞서 언급한 질병처럼 하나님은 마귀가 주는 고통을 통해서 영원한 하나님 나라의 열매를 맺으실 수 있는가? 당연히 그렇다. 하나님은 불가능이 없으시다. 하지만 이 질병들이 우리 삶의 구원을 달성하기 위해 주님이 계획하신 것인지 질문한다면, 내 대답은 '아니오'이다(우리는 언제나 어떤 문제이든 하나님의 주권을 위한 여지를 만들어야 하므로 11장과 23장에서 이 문제의 단서를 달았다).

어떤 시련들은 단지 깨어진 세상에서 사는 결과이다. 예를 들어 출산 중에 아기가 산소결핍을 겪으면 뇌성마비로 태어나는데, 이런 사건은 하나님 아버지의 징계가 아니다. 이 비극은 깨어지고 불완전한 세상에서 사는 결과이다. 사람들은 교통사고와 다양한 비극적 사고를 겪는다. 이런 많은 사건 사고의 원인은 하나님도 사탄도 아니며 정말 슬프지만 때로는 타락한 세상에서 그냥 일어나는 일인 경우가 많다.

내 요점은 인생의 모든 시련을 징계라고 가정하면 안 된다는 것이다. 오히려 우리는 "오직 영들이 하나님께 속하였나" 분별해야 한다(요일 4:1). 영을 분별한다는 것은 어떤 상황의 배후에 있는 영적인 원인이 무엇인지 주님께 분별을 구하는 것이다. 우리가 천사와 악령의 활동, 사람의 영을 분별하려면 하나님의 도움이 필요하다. 원인을 이해하는 것은 우리가 어떻게 반응할지 깨닫도록 도와준다. 약 4:7을 통해 우리는 하나님이 징계하실 때 복종하고 사탄이 공격할 때 대적해야 한다는 것을 안다(더 자세한 것은 19장에서 다루겠다). 다음 질문으로 넘어가자.

하나님은 쉬지 않고 계속 징계하시는가?

가끔은 정말 그런 것 같다! 주님의 교정과 고통스러운 징계 한가운데에서, 우리는 종종 시편 기자처럼 울부짖는다. "주님! 언제까지입니까? 설마 이 상황이 영원한 건가요?" 그러나 하나님의 말씀은 주님의 훈계가 끝없이 이어지지 않는다고 우리에게 확언한다. 놀라운 말씀을 함께 보자.

24 농부가 밭을 갈 때 끊임없이 밭만 갈겠느냐? 땅을 파고 흙을 고르기만 하겠느냐? 25 땅을 평평하게 고르고 나면 소회향 씨를 심거나 대회향 씨를 뿌리지 않겠느냐? 밀을 줄지어 심고 적당한 곳에 보리를 심으며 가장자리에는 귀리를 심지 않겠느냐? 26 이것은 하나님이 농부에게 가르쳐 주신 것이다. 하나님

이 가르치셨다. 27 소회향은 도리깨로 타작하지 않는다. 대회향 위로는 수레바퀴를 굴리지 않는다. 소회향은 지팡이로 두드리고 대회향은 막대기로 두드린다. 28 빵을 만들려고 곡식을 갈 때 그것을 무작정 오래 빻는 것이 아니다. 사람이 그 타작 수레를 그 위에 굴려도 말들이 그것을 부수게는 하지 않는다. 29 이것 또한 만군의 여호와께서 가르쳐 주신 것이다. 그분의 모략이 놀랍고 지혜가 크시다. (사 28:24~29 우리말)

하나님은 이 말씀 안에서 농부와 빵 만드는 사람을 통해 하나님의 방법을 알려주신다. 농부는 끊임없이 밭만 갈지 않으며 결국 씨앗을 뿌린다. 빵 만드는 사람은 계속 곡식을 빻기만 하지 않으며 다 빻으면 그 가루로 빵을 만든다. 마찬가지로 하나님도 우리를 끝없이 가루가 되도록 빻기만 하지 않으시고 주님의 징계가 적절히 채워지면 고운 가루가 된 우리를 빵으로 빚어 다른 사람을 양육하실 때가 온다.

땅을 지나치게 많이 갈면 씨를 뿌릴 적당한 때를 놓친다. 또 밀을 지나치게 빻으면 못쓰게 된다. 하나님은 정말 지혜로우시다. "자주 경책하지 아니하시며 노를 영원히 품지 아니하시리로다"(시 103:9). 그리고 주님은 이사야를 통해 단언하신다. "내가 영원히 다투지 아니하며 내가 끊임없이 노하지 아니할 것은 내가 지은 그의 영과 혼이 내 앞에서 피곤할까 함이라"(사 57:16).

핵심은 단순하다. 하나님은 영원히 징계하지 않으신다. 하나님은 여러분의 삶이 최고의 맛을 낼만큼만 징계하신다.

우리 믿음이 아무 효력이 없을 때

주님의 징계를 견딜 때 처한 상황에서 믿음이 아무 효력도 없다는 느낌이 든다. 성경은 이것을 "믿음의 시험"이라고 부른다.

이는 너희 믿음의 시련이 인내를 만들어 내는 줄 너희가 앎이라. (약 1:3)

6 그러므로 너희가 이제 여러 가지 시험으로 말미암아 잠깐 근심하게 되지 않을 수 없으나 오히려 크게 기뻐하는도다. 7 너희 믿음의 확실함은 불로 연단하여도 없어질 금보다 더 귀하여 예수 그리스도께서 나타나실 때에 칭찬과 영광과 존귀를 얻게 할 것이니. (벧전 1:6~7)

베드로가 "너희가 이제 여러 가지 시험으로 말미암아 잠깐 근심하게 되었다"라고 말할 때, 근심^{GRIEVED}으로 사용한 단어를 히 12:11에서 슬퍼 보이나^{PAINFUL(고통스러운, 괴로운)}로 번역했다. "무릇 징계가 당시에는 즐거워 보이지 않고 슬퍼 보이나". 베드로는 믿음의 시험이 곧 주님의 징계라고 생각했으며 시험이 슬프고 고통스럽다는 것도 알고 있었다. 기독교 신앙이 더는 위로를 주지 못할 때, 예수님과 하나님 나라에 관한 믿음이 삶에 나타나지 않을 때, 아무리 믿음을 발휘해도 변하는 것이 없을 때, 자신과 하늘 사이의 연결이 끊어진 기분이 들 때, 하나님의 능력이 우리 고통에 아무 효과가 없는 것 같을 때, 믿음으로 선포해도 아무것도 경험할 수 없을 때, 우리는 신앙을 의심하기 시작한다. 하나님은 우리 기도에 즉시 응답하지 않으심으로써 우리 믿음을 시험하신다. 우리가 믿음의 시험 받을 때 모든 것이 어두워진다. 이때 우리는 아무 효과가 없는 것 같아도 믿음을 고백하며 모든 것이 밝아지고 능력을 회복할 때까지 믿음 안에서 인내해야 한다. 우리 기도에 하나님이 응답하시는 것은 시험이 끝났다는 의미이다.

베드로는 우리가 겪는 믿음의 시험을 불 속에서 제련하는 금을 비유로 설명한다. 믿음을 시험하는 불이 뜨거운 이유는 다음과 같다. 우리가 가장 간절히 기다리는 그때, 하늘은 정확하게 침묵한다. 이 불은 우리 믿음을 녹여버린다. 금이 녹으면 약하고 불안정한 상태가 된다. 녹아버린 금을 잘못 처리하거나 쏟으면, 다른 물질을 훼손하여 돌이킬 수 없다. 하지만 이때가 금의 모양을 쓸만한 것으로 바꿀 수 있는 최상의 상태이다.

앞서 인용한 약 1:3은 이렇게 말한다. "이는 너희 믿음의 시련이 인내를 만들어 내는 줄 너희가 앎이라."[9] 다음 구절은 성경에서 가장 위대한 약속이다. "인내를 온전히 이루라 이는 너희로 온전하고 구비하여 조금도 부족함이 없게 하려 함이라"(약 1:4). 인내 안에 다른 그 무엇도 대신할 수 없는 능력인 변화시키는 능력이 있어서 불같은 시련을 통해 우리를 온전하고 구비하여 조금도 부족함이 없게 한다. 불같은 시련으로 믿음, 사랑, 거룩, 그리고 그리스도를 아는 지식이 온전해질 것이다. 그리고 친밀함, 지혜, 능력, 신실함에 조금도 부족함이 없게 될 것이다. 그렇다. 인내는 인생에서 가장 고통스럽다. 그러나 약 1:4의 약속에 담긴 함축적인 의미는 정말 환상적이어서 주님의 징계를 인내할만한 충분한 가치가 있다!

---

9. 여기서 인내는 참을성이나 지구력, 끈기로도 번역할 수 있다.

10 징계는 열매를 맺는다
CHASTENING PRODUCES FRUIT

이번 장에서는 히 12:11의 의의 열매를 알아보려 한다. "무릇 징계가 당시에는 즐거워 보이지 않고 슬퍼 보이나 후에 그로 말미암아 연단 받은 자들은 의와 평강의 열매를 맺느니라." 징계는 의와 평강의 열매를 맺는다. 열매는 타인이 우리 삶에서 얻는 유익을 말한다. 우리 믿음의 여정에서 맺은 열매가 타인에게 유익을 준다. 우리가 하나님의 훈계에 적절하게 반응한 결과로 타인이 우리 삶의 열매에서 유익을 얻고 영양분을 얻는다.

우리가 시련 속에서 하나님의 의를 붙든 결과 이제 우리 삶에서 넘쳐흐르는 의로움이 타인에게 생명을 줄 것이다. 히 12:11에서 가장 중요한 강조점은 징계나 슬픔, 연단이 아니라 마지막 단어인 의^{RIGHTEOUSNESS}에 있다. 잠 11:30은 "의인의 열매는 생명 나무라"라고 증언하는데, 이 구절은 타인이 우리 의로움의 열매로 유익을 얻는다는 히 12:11의 개념을 확증한다.

우리가 징계로 연단 받을 때 비로소 타인에게 강력한 영향력을 끼칠 수 있으며 우리와 함께하는 사람들에게 참된 영적인 생명력이라는 선물을 줄 수 있다. 우리 삶이 실제로 타인을 변화시키고

도울 수 있다니 얼마나 놀라운가? 징계받기 전, 우리는 타인에게 생명을 나누어주길 바랐고 또 노력했다. 징계 이후, 우리는 바라고 노력하는 것에서 머물지 않고 실제로 그 바람을 실천할 수 있다. 우리가 사람들에게 전달하기를 원했던 참된 영적인 생명이 징계를 통해 우리 안에서 타인에게 풍성히 흘러간다.

욥은 자신의 징계를 되돌아보면서 "헤아릴 수 없는 것"이라고 불렀다(욥 42:3). 욥은 자기중심적인 생각이 철저히 해롭다는 것을 반성하고 하나님이 자신을 통해 생명 나무를 만드셨음을 깨달았다. 욥은 이 모든 놀라운 일이 자신의 이해를 초월한다고 느꼈다. 우리가 겪는 징계의 결과로 의의 열매가 자란다.

평강의 열매

히 12:11은 이 의의 열매를 평화롭다고 묘사한다. 무슨 의미인가? 평화PEACE에 해당하는 헬라어는 주로 사람 관계의 조화를 의미한다. 예를 들어 바울은 골 1:20에서 평화를 이렇게 사용한다. "그의 십자가의 피로 화평을 이루사 만물 곧 땅에 있는 것들이나 하늘에 있는 것들이 그로 말미암아 자기와 화목하게 되기를 기뻐하심이라." 바울은 하나님이 한때 거리가 멀어졌던 사람들과 십자가를 통해 연합하셨다고 말한다. 평화의 숨겨진 의미는 둘로 나누어진 것이 합쳐져 조화를 이루는 것이다.

징계의 열매는 사람들을 끌어당긴다는 점에서 평화적이라고 할 수 있다. 타인이 우리 삶의 결과를 보고 이끌린다. 우리 삶의 여정은 때로 힘들고 당황스럽지만 믿음의 시험이 끝나고 명백한 의의 열매는 타인이 보기에 매력적이며 즐겁고 만족스러워 보인다.

징계를 통해 맺은 의의 열매를 반대하는 사람은 아무도 없다. 의의 열매는 젊든 늙든, 부유하든 가난하든, 남자이든 여자이든, 미혼이든 기혼이든, 인종과 관계없이 모든 사람에게 호감을 준다. 온순함, 관대함, 친절함, 긍휼, 자비, 사랑, 온유함, 이타심, 겸손함, 기쁨, 순수함, 믿음, 지혜를 반대하는 사람은 없다. 누가 이것을 반대하겠는가? "이같은 것을 금지할 법이 없느니라"(갈 5:23).

한때는 타인이 징계받는 여러분을 피했을지도 모르지만, 징계의 열매인 평강이 우리에게 있으면 사람들이 우리 주변에 가까이 모여들 것이다. 다윗은 이렇게 말했다. "주께서 나에게 갚아 주시리니 의인들이 나를 두르리이다"(시 142:7). 다윗이 아직 동굴에 숨어 있을 때 이 결과를 예견했으며 하나님이 주시는 감동에 적절히 반응하여 주님의 징계 속에서도 삶에 의로운 추수를 거두었고 이스라엘 민족을 회복했다. 징계는 다윗을 이스라엘의 가장 위대한 왕으로 만들었다. 평강의 열매에 이끌린 의인들이 다윗을 둘러쌌다.

열매는 번성을 의미한다

우리는 징계 받을 때마다 그나마 얼마 남지 않은 열매까지 다 떨어질 것처럼 느낀다. 하지만 얼마 후 갑자기 나타난 아름다운 징계의 열매를 보면서 깜짝 놀란다! 하나님은 이런 놀라운 일이 바벨론에 끌려간 포로들에게 일어날 것이라고 예언하셨다. 하나님은 상실에 빠진 세대에게 미래의 후손을 향한 소망을 말씀하신다. "그때에 네가 네 마음에 이르기를 누가 나를 위하여 이들을 낳았는고 나는 자녀를 잃고 외로워졌으며 사로잡혀 유리하였거늘 이들을 누가 양육하였는고 나는 홀로 남았거늘 이들은 어디서 생겼는고 하리라"(사 49:21).

하나님은 바벨론 포로기라는 징계가 이스라엘의 삶에 선한 열매를 맺을 것이며 어느 날 다른 세대가 자기 주변에 모인 것을 보고 놀랄 것이라고 말씀하신다. 나는 이 구절에 담긴 풍성한 은혜를 나누기 위해 본문 전체를 인용하고 싶다.

18 네 눈을 들어 사방을 보라, 그들이 다 모여 네게로 오느니라. 나 여호와가 이르노라 내가 나의 삶으로 맹세하노니 네가 반드시 그 모든 무리를 장식처럼 몸에 차며 그것을 띠기를 신부처럼 할 것이라. 19 이는 네 황폐하고 적막한 곳들과 네 파멸을 당하였던 땅이 이제는 주민이 많아 좁게 될 것이며 너를 삼켰던 자들이 멀리 떠날 것이니라. 20 자식을 잃었을 때에 낳은 자녀가 후일에 네 귀에 말하기를 이곳이 내게 좁으니 넓혀서 내가 거주하게 하라 하리니 21 그 때에 네가 네 마음에 이르기를 누가 나를 위하여 이들을 낳았는고 나는 자녀를 잃고 외로워졌으며 사로잡혀 유리하였거늘 이들을 누가 양육하였는고 나는 홀로 남았거늘 이들은 어디서 생겼는고 하리라. 22 주 여호와가 이같이 이르노라 내가 뭇 나라를 향하여 나의 손을 들고 민족들을 향하여 나의 기치를 세울 것이라. 그들이 네 아들들을 품에 안고 네 딸들을 어깨에 메고 올 것이며 23 왕들은 네 양부가 되며 왕비들은 네 유모가 될 것이며 그들이 얼굴을 땅에 대고 네게 절하고 네 발의 티끌을 핥을 것이니 네가 나를 여호와인 줄을 알리라. 나를 바라는 자는 수치를 당하지 아니하리라. (사 49:18~23)

주님은 예레미야를 통해 바벨론에 포로로 잡혀 온 이스라엘 사람들에게 결혼하고 자녀를 가지라고 명령하셨다. "너희가 거기에서 번성하고 줄어들지 아니하게 하라"(렘 29:6). 하나님이 징계로 우리를 포로처럼 억압하실 때, 마치 우리를 낮추는 것처럼 느껴진다. 하지만 주님의 목적은 우리를 낮추는 것이 아니라 높이는 것이다. 주님은 언제나 억압된 상태를 성장의 기회로 삼으신다.

우리가 포로로 사로잡혔을 때 우리 관점은 현재에 있지만, 하나님의 관점은 포로기가 끝나고 우리 삶이 번성하여 풍성한 열매를 맺는 데 있다. 그래서 한편으로 보면 포로기는 초자연적인 보호와 확장의 기회이다. 이스라엘이 애굽에서 포로로 있을 때 철저하고 고된 강제 노동을 했지만, 전혀 어울리지 않게 왕성한 출산을 경험했다. 출 1:12은 이렇게 말한다. "그러나 [애굽인들의] 학대를 [이스라엘 민족이] 받을수록 더욱 번성하여 퍼져나가니."

억압과 결실은 아주 흥미로운 조합이다. 힘을 내라. 하나님은 징계하실 때마다 늘 "더 많은 열매"를 생각하신다.

연단 받다

이제 성경에 우리의 훈련을 의미하는 연단이라는 단어를 살펴보면서 히 12:11을 마무리하자. "무릇 징계가 당시에는 즐거워 보이지 않고 슬퍼 보이나 후에 그로 말미암아 연단 받은 자들은 의와 평강의 열매를 맺느니라"(히 12:11). 우리는 징계로 말미암아 연단(훈련)을 받는다. 배우는 것과 연단(훈련) 받는 것은 차이가 있다. 군대를 예로 들면, 군대에서 신병들을 가르칠 때는 강의실에서 하지만 훈련할 때는 훈련장으로 나간다.

팀을 대하는 스포츠 코치도 마찬가지다. 코치가 팀에게 우승을 위한 전략을 가르칠 때는 팀을 앉히고 칠판과 마커를 들고 교육한다. 하지만 가르침만으로 경기에서 이기는 팀은 없다. 코치는 팀을 경기장으로 데려가서 비언어적 훈련을 꼼꼼하게 한다. 각 선수가 머리로 배우고 몸으로 훈련해야 우승팀으로 발전한다.

하나님도 우리를 비슷한 방식으로 가르치고 훈련하신다. 하나님이 우리에게 무언가를 가르치실 때는 진리가 우리의 영원한 깨달음의 일부가 될 때까지 교육하신다. 하나님이 우리를 훈련하실 때는 단순히 깨달음을 전하는 데 그치지 않고 우리를 순례의 길로 인도하셔서 교실에서 배운 모든 것을 시험하신다.

하나님의 연단에는 친구들의 거절, 관계 갈등, 오해, 재정의 붕괴, 신체적 고통, 부당한 비난, 경력 중단, 목표 실패, 가족의 압박, 실망, 명예훼손, 따돌림, 불안, 절망 같은 것이 포함된다. 하나님의 연단(훈련)은 하나님이 단지 우리에게 교훈을 가르치시는 것이 아니라 우리 DNA를 다시 쓰는 과정이다. 예수님은 "무릇 내가 사랑하는 자를 책망^{REBUKE}하여 징계하노니"(계 3:19)라는 말씀을 통해 책망과 가르침을 징계와 연단과 연결하신다.

책망과 가르침은 언어적이며 징계와 연단은 비언어적이다. 가르침은 지식, 지혜, 깨달음, 분별을 낳고 연단(훈련)은 기술, 능력, 인내심, 유연성, 회복탄력성, 조절 능력, 용기, 배짱, 끈기를 낳는다. 가르침만으로 하나님 나라에 필요한 것을 다 받을 수 있다면 얼마나 좋을까? 그러면 우리는 성경 교사들의 말에 귀 기울이면서 부지런히 받아 적고 그 가르침을 삶에 적용하여 성공할 수 있을 텐데 말이다. 하지만 어떤 것은 가르침만으로 배울 수 없으며 직접 경험해야만 배울 수 있는 것이 있다. 왜 그럴까? 하나님은 우리가 단순히 하나님 나라의 도서관에서 나온 지식으로만 말하는 것이 아니라 우리 삶의 권위로 말하기를 원하신다.

이 책도 마찬가지이다. 단순히 징계라는 주제를 잘 정리한 가르침을 나열한 책만으로는 충분하지 않다. 이 책을 읽으면서 인상적인 문장에 형광펜으로 밑줄을 치고, 내용을 흡수해서 "징계 과정 수료증"을 받을 수 있다면 얼마나 좋을까? "징계요? 저는 이 책을 읽고 징계 과정을 다 통과했어요! 이제 더 징계받을 필요가 없습니다."

미안하지만 그렇게 쉽지 않다. 징계의 과정을 극복하는 유일한 방법은 스스로 연단(훈련) 받는 것이다. 우리는 주님의 막대기를 직접 체험해야 한다. 우리가 처음 불같은 시련을 겪을 때 이렇게 생각하기 쉽다. "네, 하나님 어서 진행하세요. 제가 뭘 배워야 할지 말씀해 주세요, 제가 나가서 세상을 변화시킬게요."

미안하지만 징계는 주님이 우리를 가르치는 교실 수업이 아니다. 징계는 주님이 우리를 연단 하시는 자격검정 시험이다. 세상을 바꾸려면 우리는 연단(훈련) 받아야 한다.

11 절뚝거려도 달려라

LAME BUT RUNNING

이제 우리는 히브리서 본문에서 하나님이 우리를 징계하신 후 우리에게 바라시는 반응을 알려주는 지점에 이르렀다.

12 그러므로 피곤한 손과 연약한 무릎을 일으켜 세우고 13 너희 발을 위하여 곧은 길을 만들어 저는 다리로 하여금 어그러지지 않고 고침을 받게 하라. (히 12:12~13)

먼저 "저는 다리^{LAME}"에 초점을 맞춰보자. 본문의 "저는 다리"라는 표현은 신체 일부에 장애를 입은 상태를 의미한다. 우리는 이표현을 통해 주님의 징계가 극심하면 우리 다리를 절게 할 수 있다는 충격적인 사실을 알 수 있다. 결론적으로 하나님은 우리 다리를 절게 하신다. 나는 이 놀라운 주장을 성경 본문을 통해 명확히 입증할 수 있다. 우리가 다리를 절게 되는 이유는 사탄이나 사람, 혹은 자연적인 원인이 있으며 때로는 하나님이 아주 작게나마 관여하시기도 한다.

하지만 하나님은 단 1%만 관여하셔도 나머지 99%를 압도하실 만큼 크시기 때문에 나머지 99%의 이유가 무색해지는 경우가 많다. 그러므로 사탄에게 우리 다리를 절게 만드는 주도적인 책임이 있으며 하나님은 아주 작은 책임만 있다고 할지라도 결국 주님께 속한 일이라고 생각하는 것이 맞으며, 이것이 욥과 또 다른 성경 인물들이 자신의 곤란한 처지를 주님께 돌린 이유이기도 하다. 회오리바람을 보내 욥의 자녀들의 집을 무너트리고, 욥을 종기로 괴롭힌 것은 사탄이었지만 욥은 이 모든 책임을 하나님께 돌렸다(욥 2:10). 욥이 순진하고 무지한 탓이었을까? 아니다.

욥은 시련 중에도 하나님이 거룩한 목적을 이루기 위해 적극적으로 상황을 지휘하신다는 것을 정확히 알았다. 나오미, 다윗, 예레미야, 요나, 요셉, 히스기야 모두가 자신의 징계를 하나님께 맡겼다. 하나님은 사랑하는 자녀에게 더 좋은 것을 주시기 위해 마귀나 사람이나 상황을 막대기 삼아 징계하시지만 결국 드라마의 주인공은 하나님이시다(하나님이 사용하시는 막대기의 더 자세한 논의는 18장을 참조하라).

하나님은 질병을 사용하시는가?

하나님이 우리 다리를 절게 하신다는 말은 우리를 징계하실 때 질병도 사용하신다는 의미인가? 이것은 매우 심각한 질문이므로 신중한 답변이 필요하다. 히브리서 본문은 질병이 아니라 "절뚝거림"을 가리킨다. 질병과 절뚝거림은 모두 치유가 필요하지만, 같은 것은 아니다. 나는 하나님이 자녀를 훈계하시기 위해 질병을 흔하게 사용하시지 않는다고 생각한다.

하나님은 우리가 강한 마음과 맑은 정신으로 경주하기를 원하신다. 하나님의 징계의 목적은 우리가 다시 일어설 수 없도록 완전히 주저앉히는 것이 아니라 하나님의 뜻을 이루는 과정에 참여하게 만드는 것이다. 때로는 징계 중에 하나님의 제약이 엄격하지만 건전하고 맑은 정신을 무력하게 할 만큼 심신을 망치지는 않으신다. 많은 질병이 사람을 쇠약하고 심란하게 만들어 정상적인 생활을 막고 결과적으로 영적 진보를 이룰 수 없게 하는데, 이런 질병은 주님의 징계가 아니라 어둠의 영역에서 나온다.

신체 일부를 저는 것은 혼과 육에 혹독한 제약을 주지만 영적인 진보를 무력하게 하지 못한다. 예를 들어 편두통은 뇌졸중, 암, 에이즈 같은 질병처럼 정상적인 생활을 상당히 방해하지만 뇌졸중이나 암처럼 삶을 아예 무력하게 하지는 못한다. 신자는 여전히 하나님께 깊이 나아갈 수 있으며 이전보다 더 그리스도를 닮아갈 수 있다. 나는 이것이 히 12:13이 "저는 다리"라는 단어를 사용한 이유라고 생각한다. "저는 다리"는 우리 몸과 영혼에 육체적 고통과 슬픔을 주지만 하나님이 의도하신 목적을 향해 영적으로 걸어갈 힘까지 빼앗아 주저앉히지는 않는다.

시편 기자의 고백인 "그가 내 힘을 중도에 쇠약하게 하시며 내 날을 짧게 하셨도다"(시 102:23)라는 구절은 다리를 저는 상태와 관련이 있다. 우리가 어떤 이유로 다리를 절게 되면 온몸에 힘이 빠지고 약해지는 것을 경험한다. 이 구절에서 "내 날을 짧게 하셨다"라는 의미는 시편 기자가 아직 살아 있으므로 때 이른 죽음을 암시하지 않으며, 절뚝거림이 너무나 심하여 마치 삶의 전성기를 대부분 잃어버린 느낌이라는 의미이다.

"저는 다리"라는 단어로 욥의 역경을 설명할 수 있을까? 욥이 절름발이가 되었다고 말하는 것이 더 나은가 아니면 병에 걸렸다고 말하는 것이 더 나은가? 욥은 머리부터 발끝까지 종기로 고통받았다. 우리는 욥의 종기를 질병이라고 불러야 하는가? 나는 욥의 종기를 질병으로 보는 것이 옳다고 생각한다. 욥이 시련을 겪는 내내 하나님과 친구들과 아주 활발하게 논쟁한 것을 보면 욥은 종기 때문에 너무 아파서 영적인 생각을 할 수 없을 정도는 아니었다. 종기가 주는 고통이 욥을 매우 힘들게 했지만, 욥의 기도를 방해하지는 않았다. 이것이 중요한 차이점이다. 하나님의 징계는 어떤 방식이든, 때때로 질병의 형태라 할지라도 사랑하는 자녀들이 말씀과 기도에 전념하는 능력을 보존하신다.

나는 골치 아프게 트집을 잡으려는 것이 아니다. 하나님 아버지를 궁지에 몰아놓고 하나님이 하실 수 있는 일과 없는 일을 발표하기보다 하나님 아버지의 마음을 충실하게 전하고자 한다. 하나님은 원하시는 것은 무엇이든 하신다. 만일 하나님이 질병을 사용하길 원하시면 그렇게 하실 수 있다. 우리 주님은 하나님이시다. 실제로 어떤 성경 이야기들은 하나님이 징계하실 때 사용하시는 방법과 사용하지 않으시는 방법을 단정적으로 말하기 어렵다. 이제 하나님이 징계하실 때 질병을 사용하시는가의 주제를 둘러싼 복잡성과 역설을 보여주는 네 가지 이야기를 살펴보자.

하나님은 나병으로 미리암을 치셨다. 하나님은 바울의 육신에 통증을 주는 마귀의 가시를 주셨다. 하나님은 야곱의 환도뼈를 치셔서 다리를 절게 하시고 고치지 않으셨다. 엘리사 선지자는 병으로 죽었지만, 그의 뼈를 만지면 죽은 사람도 다시 살아나게 하는 능력이 있었다. 우리는 더 많은 은혜와 명확한 깨달음을 위해 두렵고 떨리는 마음으로 겸손히 예수님을 의지해야 한다.

우리가 하나님이 하시는 일을 임의로 규정하여 분류할 수 없으므로 나는 하나님이 질병으로 징계하지 않으신다고 말할 수 없다. 만일 하나님이 질병으로 징계하신다면 아주 보기 드문 경우이다. 그러나 나는 하나님이 우리에게서 기도의 능력을 제거하는 질병을 사용하신다고 믿지 않는다. 다시 한번, 히브리서 본문의 이미지는 하나님이 우리를 병들게 하는 것이 아니라 다리를 절게 하는 것이다(더 자세한 사항은 23장을 참조하라).

하나님은 고통받는 사람을 지켜보신다

내가 좋아하는 성경 구절은 사 66:2로, 징계 때문에 다리를 저는 문제를 이야기한다.

나 여호와가 말하노라. 내 손이 이 모든 것을 지었으므로 그들이 생겼느니라. 무릇 마음이 가난하고 심령에 통회하며 내 말을 듣고 떠는 자 그 사람은 내가 돌보려니와 (사 66:2)

통회하며^{CONTRITE}를 의미하는 히브리어 형용사는 나케^{NAKEH}로 '맞은' 혹은 '불구가 된'이라는 뜻이며 비유적으로 '낙담하다'라는 의미이다. 이 단어는 킹제임스 성경에서 종종 다리를 절다^{LAME}라는 단어로 번역된다. 확장 성경은 이 단어를 "깨어지거나 상한 영혼"이라고 번역한다. 나케의 동사 나카^{NAKAH}는 아 5:7에 나오는데 여기

서 술람미 여인은 순찰자들에게 맞은 상황이다. 그러므로 사 66:2
에서 통회하는 영의 정확한 번역은 "고통받는 영혼, 맞은 영혼"일
것이다. 나카는 징계와 관련하여 잠언에서 때리다[BEAT]로 번역된다.

> 13 아이를 훈계하지 아니하려고 하지 말라. 채찍으로 그를 때
> 릴지라도 그가 죽지 아니하리라. 14 네가 그를 채찍으로 때리
> 면 그의 영혼을 스올에서 구원하리라. (잠 23:13~14)

그러므로 성경에서 말하는 징계에는 때리거나 맞는다는 개념
이 담겨 있다. 사 66:2은 다음과 같이 확증한다. "우리가 하나님께
징계(다리를 절게 되어)받아 '고통받는 영혼'으로서 합당하게 반응
할 때, 하나님은 우리를 영원히 지켜보겠다고 약속하신다."

예수님도 다리를 저셨다

히 12:12~13의 "피곤한 손과 연약한 무릎을 일으켜 세우고 너희
발을 위하여 곧은 길을 만들어 저는 다리로 하여금 어그러지지 않고
고침을 받게 하라"라는 구절은 십자가에 못 박히신 예수님을 떠올
리게 한다. 예수님은 우리 구원을 위해 십자가에 달리사 손과 무
릎에 모든 힘을 쏟으셨다. 또 영으로 지옥에 내려가서 못 자국
으로 상처 난 발로 거룩한 길을 곧게 걸으시며 옥에 있는 영들에
게 말씀을 선포하셨다(벧전 3:19). 그 결과 예수님은 십자가에 못
박힌 상처로 영원히 다리를 저는 대신 거룩한 몸으로 부활하셨
다. 부활하신 후 사도들에게 완전히 치유된 상처를 보여 주셨다.

예수님은 십자가에 못 박히셨다. 질병으로 죽으신 것이 아니라 다리를 절게 하는 상처 때문에 죽으셨다. 그렇다, 예수님은 우리 고통과 질병을 담당하고 십자가를 지셨지만(사 53:3~5; 마 8:16~17; 벧전 2:24) 질병 때문에 죽지 않으셨다. 예수님은 군병들에게 채찍 맞으시고 창에 찔려 고통당하셨다. 하나님 아버지가 예수님의 다리를 절게 하셨다면, 우리 다리도 절게하실 수 있으며 예수님이 부활하셨다면, 우리도 부활할 것이다.

경주하는 절름발이

히 11장은 앞서간 믿음의 선진의 본을 자랑스럽게 알려준다. 히 12장은 믿음의 선진의 본을 따르는 실제적인 방법을 다룬다. 믿음의 선진들이 발견한 구름같이 둘러싼 허다한 증인들이 있는 곳(히 12:1)을 우리도 발견하기를 원한다. 히 11장은 우리 여정을 순례자로 묘사한다(13). 히 12:1은 이 순례의 여정을 경주로 묘사한다. "인내로써 우리 앞에 당한 경주를 하며". 우리는 어제의 영웅들이 달린 같은 길을 달리며 상을 얻기 위해 경주를 한다.

12 그러므로 피곤한 손과 연약한 무릎을 일으켜 세우고 13 너희 발을 위하여 곧은 길을 만들어 저는 다리로 하여금 어그러지지 않고 고침을 받게 하라 (히 12:12~13)

고통받는 성도는 경주를 포기하려는 경향이 있으므로 손과 무릎, 발을 강하게 하여 길에서 이탈하지 말고 계속 경주해야 한다.

징계가 임하면 숨이 턱까지 차고 손의 힘이 빠져 옆으로 축 늘어지며 무릎이 풀려 달리던 자리에서 멈추게 된다. 만일 우리가 경주를 당장 그만두고 싶은 충동에 굴복하면 결코 완주할 수 없다. 비록 도전이 크고 힘들지만 우리는 손과 무릎을 굳게 하고 거룩한 길을 향해 계속 전진할 각오를 다져야 한다. 우리가 경주 중에 징계받아 다리를 절더라도 이탈하지 않고 머물러 있으면 길 위에서 치유 받을 것이다.

약해진 손과 무릎을 곧게 하라

우리는 징계에 어떻게 반응해야 할까? 히 12:12에 "일으켜 세우고"의 원어인 아노르도오^{ANORTHOO}라는 단어를 자세히 살펴보면 답이 분명해진다. 예수님이 허리 굽은 여인을 일으키실 때 이 단어가 나온다. "안수하시니 여자가 곧 펴고 하나님께 영광을 돌리는지라"(눅 13:13). 여인의 허리가 "강해졌다^{STRENGTH}"라는 표현보다 "허리를 곧게 폈다"라는 표현이 더 정확하다. 그러므로 나는 히 12:12의 아노르도오^{ANORTHOO}를 강해지다^{STRENGTHEN}라고 번역하는 것은 적절하지 않다고 생각한다.

하나님이 우리 손과 발을 곧게^{ANORTHOO}하신다는 말은 어떤 의미인가? 많은 번역자가 이렇게 번역한다. "일으켜 세우고^{LIFT UP}". 예를 들어 킹제임스 성경은 이렇게 번역한다. "그러므로 맥없이 처진 손과 쇠약한 무릎을 일으켜 세우고" 일으켜 세운다는 번역을 우리 손과 무릎에 어떻게 적용해야 할까? 우리는 피곤한 손을 들 수 있다. 하지만 연약한 무릎은 어떻게 올리는가? 그러므로 일으켜 세운다는 번역은 적합하지 않다.

성경학자 조디아테스는 해결책을 제시한다. "곧게 펴거나 다시 똑바로 세우다."[10] 우리는 이것을 손과 무릎에 모두 적용할 수 있다. 마빈 빈센트는 의학 작가들이 탈골된 신체 부위를 다시 맞추는 것을 설명할 때 아노르도오^{ANORTHOO}를 사용했다고 한다. 따라서 빈센트는 이 단어를 '바로잡다', '보강하다'로 정의했다.[11]

아노르도오에 '보강하다', '강화하다(떠받치다)'라는 개념이 함축되어 있다. 저는 부위가 늘어지거나 수축하도록 내버려 두지 말고 필요하면 버팀목을 대고 붕대를 감아 힘을 모아서 계속 앞으로 나아가야 한다. 하나님은 우리가 징계에 어떻게 반응하길 원하시는가? 하나님은 우리가 비틀거리며 절뚝거려도 계속 전진하길 원하신다. 경주에서 이탈하지 않는 사람이 치유 받을 것이다.

이사야 35장과 히브리서 12장

히 12:12~13은 사 35:3의 "너희는 약한 손을 강하게 하며 떨리는 무릎을 굳게 하며"를 인용한 것이다. 사 35장은 바벨론 포로였던 이스라엘의 영광스러운 예루살렘 귀환을 묘사한다. 이스라엘이 돌아왔을 때, 하나님의 징계로 쇠약해진 손과 무릎을 곧게 하도록 권면 받았다. 하나님은 자녀들이 예루살렘에서 자기 유업을 얻도록 치료하길 원하셨다. 사 35장과 히 12:12~13을 나란히 배치하면 무척 흥미롭다. 두 구절 모두 징계에서 벗어나 하나님의 실현된 약속과 목적으로 걸어가는 성도를 묘사한다.

---

10. 스피로스 조디에이츠, The Complete Word Study New Testament, Chattanooga, TN: AMG Publishers, 1992, p. 883.
11. 마빈 리처드슨 빈센트, Vincent's Word Studies of the New Testament, McLean, VA: MacDonald Publishing Co, Volume IV, 546.

이사야 35장과 히브리서 12장의 유사점

손과 무릎을 향해 권고한다.	약한 손을 강하게 하며 떨리는 무릎을 굳게 하며 (사 35:3)
	피곤한 손과 연약한 무릎을 일으켜 세우고 (히 12:12)
발은 곧은 길을 걸을 것이다.	거기에 대로가 있어 그 길을 거룩한 길이라 일컫는 바 되니 (사 35:8)
	너희 발을 위하여 곧은 길을 만들어 (히 12:13)
하나님의 거룩하심으로 들어가는 입구가 있다.	그 길을 거룩한 길이라 일컫는 바 되리니 (사 35:8)
	그의 거룩하심에 참여하게 하시느니라 (히 12:10)
저는 사람이 고침 받는다.	그 때에 맹인의 눈이 밝을 것이며 못 듣는 사람의 귀가 열릴 것이며 그 때에 저는 자는 사슴 같이 뛸 것이며 말 못 하는 자의 혀는 노래하리니 (사 35:5~6)
	저는 다리로 하여금 어그러지지 않고 고침을 받게 하라 (히 12:14)

이 구절들이 짝을 이룰 때, 성경 속의 확신에 찬 음성은 진정한 포효로 절정에 이른다.

"포기하지 마라! 하나님은 목적이 있으시다! 하나님이 계획하신 목적으로 들어가서 경주를 끝내라! 절뚝거릴지라도 달리면 치유 받을 것이다."

12 치유의 필요성

THE NECESSITY OF HEALING

이제 우리는 히 12:13을 통해 하나님이 주시는 징계의 최종 결론은 치유임을 볼 것이다.

12 그러므로 피곤한 손과 연약한 무릎을 일으켜 세우고 13 너희 발을 위하여 곧은 길을 만들어 저는 다리로 하여금 어그러지지 않고 고침을 받게 하라 (히 12:12~13)

징계의 과정은 매우 고통스러우며, 징계가 극심한 경우 하나님의 자녀라도 요셉처럼 다리를 절게 될 수 있다. 하지만 하나님의 뜻은 우리가 영원히 다리를 저는 상태로 남는 것이 아니다. 벌을 주기 위해 아이를 자기 방으로 보낸 부모의 마음은 아이가 평생 방에 있기를 원하지 않듯이, 하나님은 다리 저는 자녀를 그대로 내버려 두지 않으신다. 항상 부모는 적당한 때 아이가 방에서 나오도록 계획하는 것과 마찬가지로 하나님은 우리가 적당한 때에 자유로워지기를 원하신다. 하나님은 우리를 고치기를 원하신다.

예레미야는 시온의 바벨론 포로기 징계를 이야기하며 하나님이 시온의 상처를 치유하실 것이라고 예언했다. "여호와의 말씀이니라 그들이 쫓겨난 자라 하매 시온을 찾는 자가 없은즉 내가 너의 상처로부터 새 살이 돋아나게 하여 너를 고쳐 주리라"(렘 30:17). 처절하게 징계받는 상태가 하나님이 의도하신 우리의 결말이라고 받아들이지 말라. 징계는 과정이다. 결말이 하나님의 치유로 끝나지 않는 징계 교리는 어떤 것이라도 불완전하다.

우리가 징계 과정을 향한 하나님의 마음을 제대로 표현하려면 반드시 치유의 필요성을 강조해야 한다. 치유의 진리가 없으면 징계 교리 전체가 신뢰를 잃기 때문이다. 우리를 치유하기 원하시는 하나님을 깨닫지 못하면 우리는 징계를 견딜 용기를 잃고 낙심할 수밖에 없으며, 하나님을 엄격하고 냉혹하며 심지어 가학적인 징계자로 오해하는 비극이 일어난다. 치유가 빠진 징계 교리는 억압적이고 우울하지만, 징계의 과정을 치유가 완성할 때 갑자기 힘든 징계의 여정 전체에 하나님의 영광스럽고 영원한 목적으로 가득 찬 생기가 넘친다.

하나님은 항상 모든 징계받는 자녀들을 치유하시는가? 아니다. 어떤 사람들은 치유 받지 못한다. 그러나 이것이 우리 본문의 "치유는 하나님의 의도"라는 진리를 바꾸지 못한다(평생 다리를 절게 된 야곱은 왜 치유 받지 못했는지 궁금한 사람들에게 23장에서 답을 제시하겠다). 하나님은 우리를 향한 큰 사랑 때문에 우리를 징계하셨으며(히 12:6), 우리를 기뻐하시기 때문에 치유하셨다(시 18:19). 결국 우리는 징계를 통해 우리가 얼마나 하나님의 사랑을 받는 사람인지 그리고 얼마나 하나님이 선하신지를 깨닫는다!

우리의 치유는 자동차 지붕의 호화로운 선루프처럼 추가적인 기능이 아니다(차에 선루프가 있으면 멋지지만, 필수품은 아니다). 어떤 사람들은 치유가 있으면 좋지만 필수적이지 않은 사치품이라고 여긴다. 이 관점은 큰 오류이다! 치유는 절대적으로 중요하다. 왜 그런가? 사람들은 치유가 없으면 "어떤 아버지가 사랑하는 자녀에게 이렇게 무관심해?"라고 말하며 하나님 아버지의 선하심을 의심하고 결과적으로 하나님 아버지의 명성이 위태로워진다.

하나님은 사랑하는 자녀들을 십자가로 이끄시지만, 그 십자가를 통해 자녀들을 영광과 존귀로 다시 일으키는 선하신 아버지이심을 증명하신다. 세상이 우리 하나님 아버지를 어떻게 보는가는 아주 중요하기 때문에 우리는 언제나 "이름이 거룩히 여김을 받으시오며"라고 기도한다. 상처를 입은 후에 치유가 임할 때 비로소 하나님 아버지의 선하심이 밝게 드러나고, 사람들은 하나님이 우리에게 무관심하지 않으며 친히 우리 삶에 개입하셔서 한 세대를 사로잡는 이야기를 쓰게 하실 만큼 매우 친절하시다는 것을 알게 될 것이다. 하나님의 징계나 치유는 우리의 선택 사항이 아니다.

포기하고 싶은 유혹

이전 장에서 논의한 것처럼 치유는 피곤한 손을 강하게 하며 연약한 무릎을 지탱하고 주저앉으려고 하는 발을 위해 곧은 길을 만든다. 징계 속에서 영혼의 모든 것이 무너지고 다 그만두고 싶어질 때, 치유의 소망은 우리에게 상급을 향해 나아갈 동기를 부여하고 동기를 실천할 힘을 준다.

우리가 징계받아 다리를 절 때 온 천국이 숨죽이며 우리를 주시한다. 사탄은 우리를 피해자로 만들려고 징계에 참여했지만, 하나님의 계획은 우리를 주님의 손에 들려진 강력한 마지막 때 무기^{MIGHTY END-TIME WEAPON}로 만드는 것이다. 징계 앞에 우리의 첫 반응은 주저앉는 것이지만 우리가 손가락 하나만 살짝 움직여도 온 천국이 흥분하기 시작한다. 손가락을 살짝 움직인다는 의미는 우리가 상처받은 누군가를 도와준다는 의미이다. 아마 우리는 그들에게 격려의 말 한마디를 속삭였을 것이다. 아직 자기 마음의 상처도 다 추스르지 못했지만, 고통을 극복하고 다른 누군가에게 다가가 위로의 손길을 내미는 것은 천국에서 엄청난 일이다.

우리가 주저앉기를 거부하고 비틀거리며 무릎을 세우고 다시 일어설 때, 천국은 더 큰 설렘으로 우리를 지켜본다. 나는 우리를 본 천사들이 대화하는 모습을 상상한다. "저 사람 좀 봐! 드디어 일어섰어. 어딘가 또 한 사람이 더 있는 것 같아!"

우리가 그리스도와 함께 걷기를 그만두고 싶은 유혹을 거절하고 거룩의 길을 향해 가장 작은 발걸음을 내디딜 때, 천국에서 박수갈채가 터져 나오고 천사들은 경이로워한다. "욥이나 야곱, 요셉처럼 시련 중에도 무너지지 않고 하나님의 목적을 붙잡는 사람이 또 있다니, 정말 놀라워. 저 사람은 하나님이 이 땅에 일으키시는 또 다른 강한 믿음의 사람이야."

사탄이 징계에 참여하는 목적은 언제나 죽이고 훔치고 파괴하는 것이다. 그러나 우리가 생명을 더 풍성히 얻길 원하시는(요 10:10) 선한 목자이신 하나님이 주시는 시련은 더 풍성한 생명을 얻는 길로 우리를 인도한다.

히 12:13에 "저는 다리로 하여금 어그러지지 않고"라는 구절은 우리의 절게 된 신체 부위가 아예 관절에서 빠져 버리지 않기를 원하신다는 의미이다. 헬라어 엑트레포^{EKTREPO}는 관절이 빠진 신체 부위를 가리키는 단어로 '어긋나다, 빗나가다'라는 의미이다. 탈골된 뼈를 제대로 맞추지 않으면 영구적인 장애가 남는다.

바인은 성경 사전에서 의학적 상황을 설명할 때 종종 엑트레포를 사용하며 '탈골되다'[12]라는 번역을 좋아한다고 말한다. 하나님은 우리에게 영구적인 장애를 입히시려고 다리를 절게 하시지 않으며 오히려 결국 우리가 시련에서 치유 받고 이전보다 더 강해지기를 원하신다.

나는 어릴 때 야구공을 잘못 받아서 왼쪽 엄지손가락이 부러진 적이 있다. 의사가 뼈를 잘 맞춘 후 고정했고 이후 내 왼쪽 엄지손가락은 부러지지 않은 오른쪽 엄지손가락보다 더 강해졌다. 의사는 이런 경우가 드물지 않다고 말했다. 종종 부러진 뼈가 다시 맞춰지면 부러지기 전보다 더 강해진다. 우리 영적인 삶에도 똑같은 일이 일어난다. 주님이 우리 삶에 부러진 것을 치유하시면 우리는 이전보다 더욱 강해진다. 절대 주저앉지 말라! 치유 받기까지 손과 무릎에 힘을 주어 곧게 펴고 견뎌라!

치유할 수 없는 상처

하나님이 바벨론을 이용해 이스라엘을 징계하시는 동안 예레미야는 당시 예루살렘에 사는 것만으로도 부수적인 피해를 보았다.

---

12. 윌리엄 에드위 바인, Vine's Expository Dictionary of New Testament words, iowa Falls, IA:Riverside Book and Bible house, 1952, p. 1174.

예레미야는 자신의 메시지를 거절한 유대인에게 개인적인 상처를 입었으며 자기 상처를 낫지 않는 상처, 치유할 수 없는 상처라고 부르면서 한탄했다.

나의 고통이 계속하며 상처가 중하여 낫지 아니함은 어찌 됨 이니이까. 주께서는 내게 대하여 물이 말라서 속이는 시내 같 으시리이까. (렘 15:18)

예레미야는 징계받는 사람이 공통으로 느끼는 두 가지 감정을 표현한다. 마음의 상처는 고통의 끝이 보이지 않으며 사람의 힘으로 고칠 수 없다. 예레미야는 주님의 구원이 마치 "속이는 시내" 같다고 말하는데, 속이는 시내는 와디^WADI 즉, 우기를 제외하고는 항상 메말라 있는 계곡이나 수로를 의미한다. 무더운 여름이 되면 강은 뜨거운 태양에 바짝 말라 물이 흐른 흔적만 드러낸다.

과연 메마른 강에 물이 다시 흐를 수 있을까? 미가도 예루살렘의 슬픔을 말한다. "그 상처는 고칠 수 없고^HER WOUNDS ARE INCURABLE"(미 1:9). 욥은 자기 시련에 같은 표현을 사용했다. "나는 허물이 없으나 화살로 상처를 입었노라"(욥 34:6, 영어 성경의 표현은 My wound is incurable로 미 1:9절과 같지만, 개역 개정판은 이렇게 번역했다-역주).

하나님이 징계하시면 사람은 해결책이 없다. 하지만 사람은 고칠 수 없어도 불가능이 없으신 하나님은 우리를 고치실 수 있다! 그러므로 치유가 임하려면 하나님의 초자연적 개입이 필요하다. 여기가 바로 징계의 교리가 찬란하게 빛을 비추는 지점이다. 하나님이 우리 징계와 상처에 개입하신다!

다시 한번 말한다. 치유할 수 없는 상처는 절대 하나님의 의도가 아니다. 만일 여러분이 하나님 때문에 상처 입었다면, 여러분의 거룩한 부르심에는 반드시 치유가 포함되어 있다. 그리스도께서 우리에게 약속하셨다. "너희가 못 할 일이 없을 것이다"(마 17:20).

치유를 구하는 것은 모순인가?

어떤 사람은 이렇게 질문한다. "하나님이 나에게 상처를 주셨다면, 나에게 상처를 주신 하나님께 고쳐 달라고 구하는 것은 모순 아닙니까?" 아니다. 성경에는 사람이 하나님에게서 온 시련에서 자신을 구해달라고 간구한 이야기가 여러 번 나온다. 예를 들어 다윗은 주님이 주신 역경에서 자신을 구해달라고 기도했다.

> 26 여호와 나의 하나님이여 나를 도우시며 주의 인자하심을 따라 나를 구원하소서 27 이것이 주의 손이 하신 일인 줄을 그들이 알게 하소서 주 여호와께서 이를 행하셨나이다 (시 109:26~27)

다윗은 주님의 구원이 자신이 겪는 시련이 주님에게서 온 것임을 원수들에게 증명한다고 생각했다. 다윗은 하나님이 시련을 지휘하신다는 것을 알았지만, 징계가 운명이라고 체념하지 않고 오히려 자신의 구원을 위해 싸웠다. 시 107편 역시 하나님이 내린 재앙에서 구원해 달라고 하나님께 부르짖는 사람들의 이야기이다. 예를 들어 23절에서 32절은 하나님이 폭풍을 명령하사 바다 위 배에 탄 상인들을 치는 장면이 나온다. 어찌할 바를 모르는 사람들이 주님께 부르짖고 주님은 폭풍을 잠잠케 하심으로 응답하신다. 사람들은 기뻐하며 하나님께 감사드린다.

그러므로 하나님에게서 온 재앙에서 구해달라고 하나님께 기도하는 것은 모순이 아니며 성경적이다. 사실 하나님의 목적은 우리가 시련을 통해 주님의 이름을 부르는 것이다. 하나님은 우리가 주님께 부르짖어 구원 얻기를 원하신다. 핵심은 우리의 징계가 하나님에게서 왔다는 것을 알았다면 치유 구해야 한다는 것이다. 믿음에서 물러서지 말고 그 어느 때보다 기적을 위해 싸우며 담대히 기도하라! 확신하라, 하나님은 우리를 치유의 길로 인도하기를 원하신다.

믿음과 주권의 역설

치유의 교리를 강조하는 많은 성경 교사가 주님의 징계를 거의 다루지 않으며 주님의 징계를 확고하게 지지하는 많은 교사가 하나님의 치유 교리를 잘 다루지 않는다. 우리 본문인 히 12:13은 치유와 징계를 함께 다루지만 많은 경우 치유의 믿음과 주님의 징계를 같이 다루는 일은 흔하지 않다. 하나님의 치유 교리와 징계 교리 사이의 긴장이나 역설은 부드럽게 움직이는 시소 같지 않으며 오히려 카우보이들의 소란스러운 황소 타기에 더 가깝다. 우리는 믿음과 주권 사이의 격렬한 소용돌이와 씨름해야 한다.

믿음 진영의 사람들은 믿음을 "내가 하나님께 원하는 것을 얻는 것(마 15:28)"으로 이해하고 주권 진영의 사람들은 믿음을 "하나님이 나에게 원하시는 것을 얻는 것"으로 이해한다. 이 이해대로라면 믿음과 주권 사이의 긴장감이 매우 강력할 수밖에 없다.

믿음 진영의 사람들은 이 땅에 하나님 나라가 임하도록 믿음을 행사하는 우리 역할을 강조한다. 주권 진영은 사람들이 하나님의 나라를 얼마나 무시하고 거부하는지와 상관없이 이 땅에 하나님 나라가 임하는 것이 하나님의 결정임을 강조한다. 나는 다음 표에서 두 신학 진영이 어떤 관련이 있는지를 시각적으로 표현해 보았다. 모든 사람이 둘 사이의 적절한 균형을 찾으려고 노력하지만, 대부분은 자연스럽게 표의 한쪽을 더 좋아한다.

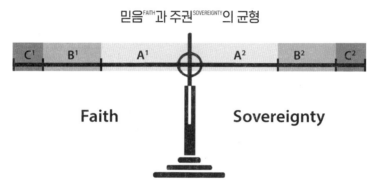

A1과 A2 : 이 두 부분은 양 진영이 동의하는 각각의 역설적 진리를 의미한다. 신자 대부분은 믿음과 주권 교리의 근본 원리에 서로 동의한다.

B1 : 이 부분은 진실하고 정확하며 필요하지만, 주권 진영에 의해 무시당하고 거절당하며 심지어 배척당하는 믿음 진영의 가르침을 의미한다.

B2 : 이 부분은 진실하고 정확하며 필요하지만, 믿음 진영에 의해 무시당하고 거절당하며 심지어 배척당하는 주권 진영의 가르침을 의미한다.

C1 : 이 부분은 주권 진영에 반대하는 믿음 진영의 가르침을 의미한다. 주권 진영이 B1의 진리를 거절할 때 믿음 진영은 때로 도를 넘는 극단적이고 균형 잡히지 않은 치우친 주장이다.

C2 : 이 부분은 믿음 진영에 반대하는 주권 진영의 가르침을 의미한다. 믿음 진영이 B2의 진리를 거절할 때 주권 진영은 때로 도를 넘는 극단적이고 균형 잡히지 않은 치우친 주장이다.

이 역설에서 가장 균형 잡힌 이해는 A와 B의 진리에 동의하고 지지하면서 C의 치우침을 거부하는 것이다. B1과 B2의 모든 진리에 "예"라고 답하는 사람을 찾기가 참으로 어렵다. 우리 대부분은 도표의 한쪽 지점을 더 좋아하는 경향이 있다.

C1과 C2의 치우침은 그리스도의 몸 된 교회 안에서 신학적 분쟁을 일으킨다. 역설의 어느 한쪽을 지지하는 사람들은 다른 쪽의 관점이 자신의 관점을 기만했으며 극단적이라고 비난한다. C1과 C2에서 가르치는 내용은 각 진영이 다른 진영을 향한 적대감이 정당하다고 느끼게 한다.

이제 이 표에서 하나님의 치유라는 주제를 어떻게 설명할 수 있는지 보자.

하나님의 치유를 향한 관점의 차이

A1 : 이 부분은 사실상 모든 사람이 동의하는 치유의 믿음을 의미한다. 예를 들어 믿음 진영은 치유받을 믿음이 있는 사람에게 하나님의 치유가 일어난다고 말한다. 주권 진영은 대부분 이 표현에 동의한다.

A2 : 이 부분은 사실상 모든 사람이 동의하는 치유의 주권을 의미한다. 예를 들어 주권 진영은 참된 믿음이란 자신의 건강을 전적으로 하나님의 손에 맡기고 주님의 섭리와 선하심을 믿는 것이라고 말한다. 믿음 진영은 대부분 이 표현에 동의한다.

B1: 이 부분은 믿음 진영에서 가르치고 고백하는 하나님의 치유를 의미한다. 이 내용은 실제 진리이지만 주권 진영에서는 거부한다. 예를 들어 믿음 진영은 마귀가 깔아놓은 질병과 질환에 신자들이 굴복했기 때문에 육체의 고통을 당한다고 주장한다. 그러나 주권 진영은 자신이 마귀에게 굴복했다고 생각하지 않기 때문에 믿음 진영의 관점을 거부하며 오히려 하나님께 순복해야 한다고 주장한다. 하지만 주권 진영은 믿음 진영이 B1에서 하는 말들을 받아들이는 것이 좋다.

B2 : 이 부분은 주권 진영에서 가르치고 고백하는 하나님의 치유를 의미한다. 이 내용은 실제 진리이지만 믿음 진영에서는 거부한다. 예를 들어 주권 진영은 하나님이 질병과 연약함을 사용하시어 주님의 자녀들이 그리스도의 형상을 닮게 하신다고 말한다. 그러나 믿음 진영은 주권 진영의 관점이 치유를 위한 믿음을 약화시킨다고 보기 때문에 거부하면서 "그러면 하나님께 더 많은 질병을 달라고 구해!" 같은 냉소적인 말로 응답한다. 하지만 믿음 진영은 주권 진영이 B2에서 하는 말들을 받아들이는 것이 좋다.

C1 : 이 부분은 믿음 진영의 지나친 태도를 의미한다. 주권 진영이 B1의 진리를 거절할 때, 믿음 진영은 자기주장의 정당성을 위해 극단적으로 반응한다. 예를 들어 믿음 진영은 모든 질병, 질환, 고통이 마귀에게서 왔으며 결코 우리를 향한 하나님의 뜻이 아

니라고 한다. 그러나 이것은 사실이 아니며 오류에 빠진 극단적인 주장이므로 주권 진영의 반대 의견이 정당하다는 느낌만 들게 한다. "저 극단적인 믿음 진영 좀 봐, 역시 우리 주권 진영이 옳았어."

C2 : 이 부분은 주권 진영의 지나친 태도를 의미한다. 믿음 진영이 B2의 진리를 거절할 때, 주권 진영은 자기주장의 정당성을 위해 극단적으로 반응한다. 예를 들어 주권 진영은 "진실로 하나님을 믿는 사람들은 하나님의 뜻일 때만 치유를 구하며, 자신의 치유 여부는 하나님께 맡긴다"라고 말한다. 이 말을 들은 믿음 진영은 화를 내며 이런 태도를 가진 성도는 결코 치유 받을 수 없다고 결론 내린다. 나는 믿음 진영의 주장이 옳다고 생각한다. 하나님이 우리 모든 죄악을 용서하시고 모든 질병을 고치신다고 이미 성경에 계시하셨기 때문이다(시 103:3). 하나님이 분명히 밝히신 영역에서 기도하지 않는 것은 성경적인 태도가 아니다.

C2에서 나타난 주권 진영의 지나친 태도는 오류에 빠진 극단적인 주장이므로 믿음 진영의 반대 의견이 정당하다는 느낌만 들게 한다. "저 극단적인 주권 진영 좀 봐, 우리 믿음 진영이 옳았어." 내 도표가 100% 완벽하게 설명할 수는 없지만, 믿음과 주권 사이의 역설이 얼마나 그리스도의 몸을 분열시키는지 잘 보여준다.

말씀으로 뒷받침하다

믿음 진영과 주권 진영이 서로 끌릴만한 성경 말씀으로 두 진영의 차이점을 설명할 수 있다. 믿음 진영은 하나님의 치유에 관한 다음 성경 구절에 끌린다.

나는 너희를 치료하는 여호와임이라. (출 15:26)

내가 진실로 진실로 너희에게 이르노니 나를 믿는 자는 내가 하는 일을 그도 할 것이요 또한 그보다 큰 일도 하리니 이는 내가 아버지께로 감이라. (요 14:12)

이르시되 너희 믿음이 작은 까닭이니라 진실로 너희에게 이르노니 만일 너희에게 믿음이 겨자씨 한 알 만큼만 있어도 이 산을 명하여 여기서 저기로 옮겨지라 하면 옮겨질 것이요 또 너희가 못 할 것이 없으리라. (마 17:20)

예수께서 이르시되 할 수 있거든 이 무슨 말이냐 믿는 자에게는 능히 하지 못 할 일이 없느니라 하시니. (막 9:23)

23 내가 진실로 너희에게 이르노니 누구든지 이 산더러 들리어 바다에 던져지라 하며 그 말하는 것이 이루어질 줄 믿고 마음에 의심하지 아니하면 그대로 되리라. 24 그러므로 내가 너희에게 말하노니 무엇이든지 기도하고 구하는 것은 받은 줄로 믿으라 그리하면 너희에게 그대로 되리라. (막 11:23~24)

14 그를 향하여 우리가 가진 바 담대함이 이것이니 그의 뜻대로 무엇을 구하면 들으심이라. 15 우리가 무엇이든지 구하는 바를 들으시는 줄을 안즉 우리가 그에게 구한 그것을 얻은 줄을 또한 아느니라. (요일 5:14~15)

주권 진영은 하나님의 치유에 관한 다음 성경 구절에 끌린다.

이르되 내가 모태에서 알몸으로 나왔사온즉 또한 알몸이 그리로 돌아가올지라 주신 이도 여호와시요 거두신 이도 여호와시오니 여호와의 이름이 찬송을 받으실 지니이다 하고 (욥 1:21)

그가 나를 죽이시리니 내가 희망이 없노라. (욥 13:15)

아버지여 만일 아버지의 뜻이거든 이 잔을 내게서 옮기시옵소서 그러나 내 원대로 마시옵고 아버지의 원대로 되기를 원하나이다 하시니 (눅 22:42)

10 하나님이여 주께서 우리를 시험하시되 우리를 단련하시기를 은을 단련함 같이 하셨으며 11 우리를 끌어 그물에 걸리게 하시며 어려운 짐을 우리 허리에 매어 두셨으며 (시 66:10~11)

27 사람은 젊었을 때에 멍에를 메는 것이 좋으니 28 혼자 앉아서 잠잠할 것은 주께서 그것을 그에게 메우셨음이라. 29 그대의 입을 땅의 티끌에 댈지어다 혹시 소망이 있을지로다. 30 자기를 치는 자에게 뺨을 돌려대어 치욕으로 배불릴지어다. (애 3:27~30)

17 왕이여 우리가 섬기는 하나님이 계시다면 우리를 맹렬히 타는 풀무불 가운데에서 능히 건져내시겠고 왕의 손에서도 건져내시리이다. 18 그렇게 하지 아니하실지라도 왕이여 우리가 왕의 신들을 섬기지도 아니하고 왕이 세우신 금 신상에게 절하지도 아니할 줄을 아옵소서. (단 3:17~18)

너희는 가만히 있어 내가 하나님 됨을 알지어다. (시 46:10)

그러므로 하나님의 능하신 손 아래에서 겸손하라, 때가 되면
너희를 높이시리라. (벧전 5:6)

나는 믿음 진영과 주권 진영이 좋아하는 말씀 모두에 동의한
다. 나는 믿음과 주권의 역설 양쪽의 모든 진리를 완전히 받아들
이고 싶다. 내가 관찰한 바로는 믿음 쪽에 마음을 둘 때 하나님께
더 많은 것을 받는 사람이 있는가 하면, 주권 쪽에 마음을 둘 때 하
나님께 더 많은 것을 받는 사람도 있다. 아마도 차이점은 성품이나
신학적 취향, 하나님이 각 사람과 어떻게 독특하게 동행하시는가
와 관련이 있을 것이다.

중요한 것은 우리 각자가 하나님의 생명과 권능에 연결하는 자
기만의 고유한 방식을 찾아야 한다는 점이다. 현명한 지도자는 회
중의 일부는 "믿음의 사람들"이고 다른 일부는 "주권의 사람들"이
지만 양쪽 다 하나님의 양 떼이므로 둘 다 먹이도록 부르심 받았음
을 안다. 그러므로 우리 가르침은 믿음과 주권 진영 양측을 다 다
루어야 한다. 다음 내용으로 넘어가기 전에 믿음과 주권 진영이 둘
다 선호하지 않는 구절을 제시하겠다.

의인은 고난이 많으나 여호와께서 그의 모든 고난에서 건지
시는도다. (시 34:19)

믿음 진영은 대부분 이 구절의 뒷부분을 좋아한다. 주님이 어
떻게 의인을 "모든 고난"에서 구원하시는지 열정적이고 강력하게
설교하지만, 앞부분에 "의인은 고난이 많다"라는 내용은 좋아하

지 않는다. 믿음 진영의 관점에서는 의롭게 살면 고난이 있을 수 없으므로 고난이 발생했다는 사실은 곧 삶의 어떤 지점에서 의롭지 못한 타협이 있다는 증거이다. 믿음 진영에 속한 사람들은 의로움이 우리를 고난에서 면책한다고 믿는다.

주권 진영은 이 구절의 앞부분을 좋아한다. 주권 진영은 경건한 사람들이 자기 세대에서 의롭게 살 때 얼마나 많은 고난이 덮치는지 아주 잘 알지만, 이 구절의 뒷부분에 "모든 고난에서 건지시는도다"라는 말씀은 좋아하지 않는다. 주권 진영은 하나님의 뜻이 "모든 고난"에서 우리를 구원하는 것이라고 가르치지 않으며, 이런 가르침은 이미 무거운 고난을 짊어진 성도들에게 기대감의 굴레까지 씌워 마음의 상처만 더 할 뿐이라고 본다.

그러므로 믿음 진영이나 주권 진영 모두 이 구절을 좋아하지 않는다. 하지만 내 마음은 이 구절 전체에 "맞습니다!"라고 고백한다. 나는 의인에게 잘못이 없어도 많은 고난이 찾아오는 것과 그 고난에서 의인을 구원하는 것이 하나님의 뜻이라는 데 동의한다.

믿음과 주권의 역설에서 도표의 한쪽만 믿으면서 다른 한쪽을 의심의 눈초리로 보는 것은 자연스러운 경향이다. 사실 양쪽 의견에 모두 동의하는 것은 하나님의 모든 진리에 확고하고 강력한 참여를 요구하기 때문에 훨씬 더 어려운 일이다. 하지만 성숙한 신자가 추구할 삶은 양측의 의견에 모두 동의하고 하나님의 주권을 온전히 받아들이면서 이 땅 위에 하나님 나라가 확장되도록 우리 믿음을 실천하는 것이다.

주님의 징계는 우리를 역설의 소용돌이로 밀어 넣는다. 역설의 소용돌이에 들어가면 우리는 하나님의 계획과 때를 따라 잠잠히 머물러야 하는지, 아니면 우리를 구출하시는 하나님의 약속을 붙잡고 믿음으로 일어서야 하는지 헷갈린다. 역설은 때때로 우리가 이 두 가지를 모두 해야 한다는 사실이다. 어떻게 잠잠히 머무르면서 동시에 일어나서 약속을 붙잡는가? 그래서 역설이다. 그러나 결국 하나님은 우리의 절뚝거리는 부분이 낫기를 원하신다.

하나님은 치유를 더 좋아하신다

다음 장으로 넘어가기 전에 히 12:13의 한 단어를 짚어 보려 한다. 그냥 지나치기 쉬운 단어이지만 우리 논의에서 아주 큰 의미를 가진 단어로, 사본 상의 차이로 개역 개정판에서는 생략했지만 다른 번역에서 '오히려RATHER'로 번역한 단어이다. "너희 발을 위하여 곧은 길을 만들어 절뚝거리는 다리로 길에서 벗어나지 않고 **오히려** 고침을 받게 하라(한글킹)." 영어 번역에서는 이 구절의 마지막 단어가 낫게 하다, 고침 받다HEALED이지만, 헬라어 원본에서는 '오히려RATHER'가 마지막 단어이다. 헬라어 원본이 오히려를 맨 마지막에 배치한 이유는 '오히려'가 가장 중요한 단어이기 때문이다.

'오히려'의 헬라어 원어는 말론MALLON이다. 신약에서 말론은 더욱더, 매우, 훨씬, 더욱 확실히, 더 많이, 오히려, 차라리 등으로 번역한다. 이 단어는 선호도 면에서 더 좋아한다는 의미이다. 곧 하나님은 치유를 더 좋아하신다는 의미이다. 이번 장에서 '오히려'가 의미하는 바는 다음과 같다.

"하나님은 우리가 겪는 고난에 따르는 깨이김과 인격 계발을 가치 있게 여기시지만, 우리의 치유를 훨씬 더 좋아하신다."

맞다. 하나님은 우리가 겪는 시련에서 나오는 모든 선한 것을 높이 평가하시지만, 우리의 구원을 훨씬 더 귀하게 여기신다. '오히려'와 같은 의미가 롬 8:34에 이렇게 번역되어 있다.

> 누가 감히 그들을 정죄하겠습니까? 그리스도 예수는 죽으셨지만 **오히려** 살아나셔서 하나님의 오른쪽에 계시며, 우리를 위하여 대신 간구하여 주십니다. (새번역)

바울은 그리스도가 우리를 위해 죽으셨다고 선포한다. 이것만으로도 엄청나지만, 바울은 더 나아가서 그리스도가 죽음에서 오히려^MALLON 살아나셨다고 선포한다. 그리스도의 부활은 십자가보다 더 좋은 것이다. 하나님은 그리스도의 십자가 죽음을 귀하게 여기셨지만, 그리스도의 부활을 훨씬 더 귀하게 여기셨다. 롬 8:34의 멋진 "말론의 법칙"은 이것이다. **하나님은 십자가를 귀하게 여기시지만, 부활을 더 귀하게 여기신다.**

이것은 우리 삶에도 마찬가지이다. 하나님은 우리가 지는 십자가를 귀하게 여기시지만, 우리의 부활을 더 좋아하신다. '말론'은 히 9:14에서 하물며^MORE로 번역된다.

> 13 염소와 황소의 피와 및 암송아지의 재를 부정한 자에게 뿌려 그 육체를 정결하게 하여 거룩하게 하거든 14 **하물며** 영원하신 성령으로 말미암아 흠 없는 자기를 하나님께 드린 그리스도의 피가 어찌 너희 양심을 죽은 행실에서 깨끗하게 하고 살아 계신 하나님을 섬기게 하지 못하겠느냐. (히 9:13~14)

여러분에게 질문한다. 염소와 황소의 피와 암송아지의 재가 육체를 정화하고 거룩하게 한다면 영원하신 성령으로 말미암는 그리스도의 피는 우리의 양심을 얼마나 더 깨끗하게 할 수 있겠는가? 우리는 그 차이를 측정할 수 있을까? 그리스도의 피는 황소의 피보다 얼마나 더 나은가? 정답은 그리스도의 피는 황소와 염소의 피보다 "한없이 더^{MALLON}" 효과적이라는 것이다.

이제 히 12:13로 돌아와서 다른 곳에서 나타난 '말론'의 의미를 알아보자: "너희 발을 위하여 곧은 길을 만들어 저는 다리로 하여금 어그러지지 않고 **오히려**^{MALLON} 고침을 받게 하라."

우리는 히 9:14에서 한 질문을 여기에서 다시 할 필요가 있다. 하나님은 우리의 영원한 절뚝거림과 치유 중에 어느 것을 더^{MALLON} 좋아하실까? 답은 이것이다. 하나님은 절뚝거림보다 치유를 한없이 더^{MALLON} 좋아하신다. 말론은 정말 엄청난 단어이다!

하나님은 귀한 열매를 맺는 우리의 징계를 가치 있게 여기시지만, 우리의 치유를 더^{MALLON} 좋아하신다.

13 치유를 향한 여정

JOURNEY TOWARD HEALING

앞 장에서 나온 작지만 큰 단어인 말론^{MALLON}은 내가 직역 성경을 좋아하게 된 계기였다. 나는 영어의 가독성과 온전함을 유지하면서 가능한 성경 원본에 가까운 번역을 읽고 사용하는 것을 좋아한다. 반대로 말하면, 나는 의역한 성경을 싫어한다. 의역은 해당 구절의 독특한 단어의 의미를 그대로 전달하기보다 구절의 전체적인 의미를 전달하는 느슨한 번역 방식이므로 번역이라기보다는 해설에 더 가깝다. 의역 성경은 참고용으로 읽기 좋지만 나는 기본적으로 직역 성경을 보는 편이다.

우리가 징계받을 때 성경의 모든 단어가 매우 중요하다. 올바르게 이해한 단어 하나가 깨달음의 문을 열고 우리 마음에 위대한 믿음과 소망, 사랑을 불러일으킨다. 주님의 징계를 받을 때 우리는 기록된 성경의 모든 말씀을 통해 하나님이 우리에게 어떻게 말씀하시는지 필사적으로 알고 싶어 한다. 내가 성경을 읽을 때 의역 성경을 사용했다면 '말론'이라는 단어가 있는지조차 몰랐을 것이다. 예를 들어 다음 영어 번역본의 히 12:13에는 '오히려'를 의미하는 rather가 나오지 않는다.

New English Translation, New Living Translation, Contemporary English Version, Good News Translation, J.B.Phillips translation, The Living Bible, The Message, New Life Version. (한글 성경에서는 개정, 개역, 바른, 현대인, 쉬운, 킹흠정 성경에 '오히려'라는 단어가 없으며 새번역, 공동, 쉬운말, 우리말, 가톨릭, 한글킹제임스 성경에는 '오히려'라는 단어가 있다.-역주)

나는 원문에 충실하여 '오히려RATHER'라는 단어가 나오는 번역본인 영어 뉴킹제임스 성경을 사용했기 때문에 이 사실을 알았다. 믿음은 실존하는 하나님의 말씀을 흡수하는 것에 기초한다(롬 10:17). 나는 성경에서 '오히려'라는 단어를 보고 원래 의미를 조사했을 때 마음에 큰 믿음이 생겼다.

나는 하나님이 '오히려'라는 단어를 성경에 사용하셨다는 것을 깨달았다. 하나님은 내가 치유 받는 것을 더 좋아하신다. 만일 여러분이 나처럼 하나님의 징계를 통과했거나, 통과하는 중이라면, 하나님의 징계를 건디는 유일한 방법은 하나님의 입에서 나오는 모든 말씀을 듣고 매달리는 것임을 알 것이다.

나는 히 12:13에 근거하여 하나님 아버지는 매에 맞아 다리를 저는 모든 자녀를 고치기를 원하신다고 믿는다. 모든 사람이 치유에 이르지 못할지라도 나는 하나님이 징계하시는 사람들을 위한 궁극의 목적이 언제나 치유에 있다는 것을 믿는다. 내 의견에 반대하는 사람들은 그 근거로 히 11:35~40을 이야기한다. 나는 그들의 반대에 이렇게 답하고 싶다.

히 11:35~40의 반대 의견

내 의견에 반대하는 사람들은 이렇게 말한다. "일부는 고침 받지만 모두 고침 받는 것은 아닙니다. 그러므로 하나님의 뜻은 모든 사람이 고침 받는 것이 아닙니다." 이 주장을 하는 사람들이 근거로 삼는 히 11:35~40을 같이 살펴보자. 히 11:35~40의 이전 구절은 성경 시대의 믿음 충만한 성도들의 업적을 말한다.

33 그들은 믿음으로 나라들을 이기기도 하며 의를 행하기도 하며 약속을 받기도 하며 사자들의 입을 막기도 하며 34 불의 세력을 멸하기도 하며 칼날을 피하기도 하며 연약한 가운데서 강하게 되기도 하며 전쟁에 용감하게 되어 이방 사람들의 진을 물리치기도 하며 (히 11:33~34)

그런데 35절 후반부에서 어조가 바뀌면서 구원대신 극심한 고통을 겪은 믿음의 사람들을 묘사한다.

35 여자들은 자기의 죽은 자들을 부활로 받아들이기도 하며 또 어떤 이들은 더 좋은 부활을 얻고자 하여 심한 고문을 받되 구차히 풀려나기를 원하지 아니하였으며 36 또 어떤 이들은 조롱과 채찍질뿐 아니라 결박과 옥에 갇히는 시련도 받았으며 37 돌로 치는 것과 톱으로 켜는 것과 시험과 칼로 죽임을 당하고 양과 염소의 가죽을 입고 유리하여 궁핍과 환난과 학대를 받았으니 38 (이런 사람은 세상이 감당하지 못하느니라) 그들이 광야와 산과 동굴과 토굴에 유리하였느니라. 39 이 사람들은

다 믿음으로 말미암아 증거를 받았으나 약속된 것을 받지 못
하였으니 40 이는 하나님이 우리를 위하여 더 좋은 것을 예비
하셨은즉 우리가 아니면 그들로 온전함을 이루지 못하게 하려
하심이라. (히 11:35~40)

하나님은 치유하기를 더 좋아하신다는 내 의견에 반대하는 사
람들은 이 구절을 근거로 이렇게 주장한다.

"이 구절이 묘사하는 믿음의 사람들은 그 믿음으로 칭송받았
지만, 자신의 고난에서는 구원받지 못했다. 그러므로 믿음의
사람들이 항상 치유받는 것은 아니다. 믿음의 사람들이 '약속
된 것을 받지 못한 것처럼'(11:39), 현대에도 주님의 징계를 받
는 모든 신자가 항상 치유를 받는 것은 아니다."

이제 반대 의견에 답변하겠다. 히 11장에는 언제나 이해하기
어려운 역설이 하나 있다. 히 11:33은 믿음의 사람들이 약속을 받
았다고 하는데, 히 11:39에서는 "약속된 것을 받지 못했다"라고
한다. "믿음의 사람은 약속을 받은 것인가 못 받은 것인가?" 이 질
문을 향한 내 답은 33절과 39절이 다른 두 진영의 신앙을 설명하
는 내용이라는 것이다.

첫 번째 신앙 진영(11:32~35)은 강력한 구원을 보았지만 두 번
째 신앙 진영(11:35~38)은 그렇지 않았다. 두 진영의 차이는 이것
이다. 첫 번째 진영은 구원의 약속을 받았고 믿음으로 그것을 얻
었다. 두 번째 진영은 구원의 약속을 받지 못했지만 믿음으로 고

난을 견디어냈다. 하나님은 이 땅에서 겪는 모든 고난에서 우리를 구원하시겠다고 약속하지 않으셨다.

두 번째 진영의 고난은 박해의 결과였는데, 하나님은 모든 박해와 억압에서 우리를 구출하겠다고 약속하지 않으셨으므로 어떤 박해는 견뎌야만 한다. 그러나 이렇게 고난을 통과한다고 해서 믿음이 약하다는 의미는 아니다. 이 고난은 단지 우리가 이 땅에 살면서 모든 악인의 억압에서 구원을 약속받은 것은 아니라는 의미일 뿐이다. 구원의 약속이 없는 고난을 받을 때, 우리는 어떻게 해야 하는가? 하늘에서 받을 상을 기억하며 믿음으로 견뎌야 한다.

39절에서 "약속된 것을 받지 못했다"라는 말은 아브라함에게 주신 약속, 곧 '믿음의 사람은 하늘과 땅의 모든 것을 유업으로 받으리라'라는 약속을 의미한다. 모든 역사에서 성도들은 이 약속을 얻기 위해 싸우다 죽었다. 이 약속은 아직 우리에게 주어지지 않았으며 마지막 날에 이 약속을 얻을 것이다.

우리가 첫 번째 진영으로 이 땅에서 약속을 얻을 수 있는지, 아니면 두 번째 진영으로 약속을 얻지 못하고 죽을지 어떻게 알 수 있는가? 히 11:33에 따라 우리는 하나님이 약속을 주셨다면 그 약속을 받는 것이 우리의 숙명인 것을 안다. 하나님에게서 약속을 받았는가? 그렇다면 약속의 응답을 받을 때까지 절대 놓지 말라.

주님의 징계를 받아 절게 된 사람은 약속을 얻은 것이다. 하나님은 징계받아 저는 사람을 치유하시겠다고 약속하셨다(히 12:13). 그러므로 하나님의 징계를 받았다면 치유 받을 때까지 모든 것을 뚫고 나아가는 것이 우리 부르심이다. 주님이 계획하신 목적을 얻을 때까지 절대 물러서지 말라.

징계는 과정이다

가벼운 징계는 몇 분 만에 끝나기도 한다. 가벼운 체벌, 회개, 용서, 친밀함의 회복같이 작은 사건들은 순식간에 일어난다. 하지만 중간 정도나 심각한 징계라면 먼 여정을 떠날 준비를 해야 한다. 심각한 징계는 몇 분 만에 끝나지 않을 것이므로 하나님과 특별한 동행을 해야 한다.

가혹한 징계의 한 가지 예는 요셉의 감옥이다. 감옥에 갇힌 요셉은 구원을 위해 끈질기게 기도했지만, 첫 번째 기도로 감옥에서 풀려나지 못했으며 두 번째나 세 번째도 아니었다. 사실 구원을 위한 요셉의 울부짖음이 응답받기까지 거의 10년 가까이 감옥에서 보내야 했다. 왜 이렇게 오래 걸렸을까? 요셉이 받는 징계는 심각한 징계였기 때문이다. 우리가 요셉의 징계를 겪는다면 마찬가지로 우리의 첫 번째 기도로 치유의 응답이 오지 않으며 요셉처럼 하나님과 함께 과정을 거쳐야만 치유 받을 수 있다.

이 부분을 두고 내 의견과 모든 그리스도의 몸 된 교회의 신학적 입장이 일치하지는 않는다. 어떤 사람들은 우리가 병 고침의 믿음이 있으면 즉시 낫는다고 믿는다. 예를 들어, 나는 히 11:1의 첫 세 단어 "Now faith is(믿음은 - 개역개정판은 now의 의미를 생략했다-역주)를 이용해 "항상 믿음은 지금 작용한다"라고 가르치는 작가들의 글을 읽은 적이 있다. 이들의 주장은 곧 우리에게 진정한 믿음이 있으면 믿음으로 구한 것을 **지금** 받는다는 의미이다. 이 해석에 따르면 우리가 지금 응답받지 못하는 이유는 믿음이 약하고 부족하기 때문이다.

이 가르침에도 어느 정도 진리가 있다. 하지만 우리에게 지금 당장 충분한 믿음이 있어도 징계의 여정이 끝날 때까지 치유받지 못하는 독특한 상황이 있다. 믿음의 자녀라도 믿음으로 구한 것을 받을 때까지 인내해야 한다. 예를 들어 갈렙은 약속의 땅을 향한 믿음으로 광야로 나갔지만 45년이 지나서야 가나안에 들어갔다. 왜 그런가? 하나님이 갈렙에게 비범한 수준의 영적 권세인 산을 취하는 권세를 주시기 위해 광야를 사용하셨기 때문이다.

같은 것을 다른 각도에서 보자. 우리가 징계의 여정에 막 들어갔을 때는 치유를 위한 믿음을 가지기 어렵다. 왜 그런가? 치유를 위한 하나님의 때가 멀기 때문이다. 우리는 이 여정을 통과할만한 "지속적인 믿음"은 있지만, 그 순간에 하나님의 목적을 이해하는 "촉매적인 믿음"은 아직 없다. 그러므로 우리는 하나님이 계획하신 은밀한 처소에 이를 때까지 해방과 구출을 위한 믿음의 말씀을 기다려야 한다. 아직 하나님이 우리를 이야기의 다음 장으로 인도하실 때가 아니라면, 우리 힘으로 치유의 믿음을 만들 수 없으며 오직 위로부터만 받을 수 있다. 아마도 이것이 베드로가 "때가 되면"이라고 표현한 이유일 것이다. "그러므로 하나님의 능하신 손 아래에서 겸손하라, **때가 되면** 너희를 높이시리라"(벧전 5:6).

우리는 주님의 징계를 받을 때 "하나님의 능하신 손 아래" 있는 것이다. 하나님의 징계의 손이 우리를 무겁게 누르는 것을 느낄 때, 베드로는 우리에게 뭐라고 조언하는가? 겸손하라. 낮아져라, 그리하면 하나님의 때에 우리를 높이실 것이다. '때가 되면'이라는 말은 하나님께 징계의 시간표가 있으며, 주님의 때가 될 때까지 우리가 높아지지 못한다는 의미이다. 기도가 즉시 이루어지지 않는다고 낙심하지 말라. 오히려 겸손히 적당한 하나님의 때를 기다려라. 구하고, 찾고, 두드려라. 절대 물러서지 말라. 때가 되면 하나님이 높이실 것이다. 주님의 징계를 견디는(히 12장) 것과 믿음의 삶(히 11장)과 사이에 모순은 없다. 믿음은 인내다!

어떤 사람은 "아직 치유를 위한 충분한 믿음이 부족하면 어떻게 해야 할까요?"라고 질문한다. 딤전 6:11과 딤후 2:22의 조언을 실천하라. 하나님이 여러분에게 산을 옮기는 믿음을 가득 채우실 때까지 "전심으로 믿음을 따르라." 주님의 징계는 우리 영혼에서 가짜 믿음을 제거하고 산을 옮기는 참된 믿음의 정점을 찍는 하나님의 여정으로 인도한다. 하지만 우리는 하나님의 훈련을 피하려고 일부러 치유를 구하지 않는 경우가 있는데, 반대로 생각하면 치유를 구함으로써 훈련을 빨리 끝낼 수도 있다.

"나는 하나님이 정하신 때에 치유될 것을 믿는다"라는 말에 부정적으로 반응하는 비판론자들은 이렇게 말한다. "그건 진짜 믿음이 아니야. 당신에게 진짜 믿음이 있다면 지금이 은혜받을 때이며 오늘이 구원의 날이라는 걸 알 거야"(고후 6:2). 예수님도 이렇게 말씀하셨다. "내 때는 아직 이르지 아니하였거니와 너희 때는 늘 준비되어 있느니라"(요 7:6). 나는 대부분 믿음이 지금 역사하는 것에 동의한다. 하지만 징계의 문제에서 믿음은 약 1:3~4 말씀대로 우리를 성령 안에서 인내하는 과정으로 인도한다.

> 3 이는 너희 믿음의 시련이 인내를 만들어 내는 줄 너희가 앎이라. 4 인내를 온전히 이루라 이는 너희로 온전하고 구비하여 조금도 부족함이 없게 하려 함이라. (약 1:3~4)

우리가 징계받을 때 하나님은 믿음만 온전케 하시지 않으며 모든 영역에서 우리를 온전케 하신다. 그 결과 우리는 시련을 통해 온전하고 구비하여 조금도 부족함이 없을 것이다. 징계를 통과하며 상처가 치유될 때까지 인내하고 견디는 사람들은 일곱 배의 빛을 경험할 것이다.

> 여호와께서 자기 백성의 상처를 싸매어 주시고, 주께서 백성들을 치셔서 생긴 상처를 고치시는 날에, 달빛은 햇빛처럼 밝아질 것이다. 그리고 햇빛은 지금보다 일곱 배나 밝아져서 마치 일곱 개의 태양을 한데 모은 것만큼 밝아질 것이다. (사 30:26, 쉬운성경)

빠른 치유를 위한 부르짖음

시 90편은 주님의 훈계의 관점에서 사람의 수명을 말한다. 먼저 모세는 영원하신 하나님을 찬양한다. "영원부터 영원까지 주는 하나님이시니이다"(2절). "주의 목전에는 천 년이 지나간 어제 같으며"(4절). 그 후 대조적으로 사람 수명의 덧없음을 지적한다.

> 9 우리의 모든 날이 주의 분노 중에 지나가며 우리의 평생이 순식간에 다하였나이다. 10 우리의 연수가 칠십이요 강건하면 팔십이라도 그 연수의 자랑은 수고와 슬픔뿐이요 신속히 가니 우리가 날아가나이다. 11 누가 주의 노여움의 능력을 알며 누가 주의 진노의 두려움을 알리이까. 12 우리에게 우리 날 계수함을 가르치사 지혜로운 마음을 얻게 하소서. (시 90:9~12)

우리는 하나님의 손 아래 있을 때 인생의 덧없음을 깨닫는다. 인생은 마치 한순간의 호흡 같아서 숨 한 번 쉬면 끝나는 것 같다. 더구나 우리가 하나님께 징계받을 때는 안 그래도 짧은 수명이 삶을 다루시는 하나님께 한순간에 삼켜지는 것처럼 길게 느껴진다. 나는 이것이 모세가 현실과 씨름하는 상황에서 주님께 부르짖은 이유라고 생각한다. 모세는 고백한다. "제발 주님의 징계가 영원히 계속되지 않게 해주세요!" "아침에 주의 인자하심이 우리를 만족하게 하사 우리를 일생 동안 즐겁고 기쁘게 하소서"(시 90:14).

하나님은 영원하시지만 우리는 연약하여 오래 살지 못한다. 따라서 모세는 징계 중에라도 하나님이 빨리 우리에게 임하시어 구원하시고 자비를 베푸사 우리에게 즐겁고 기쁜 시간을 허락해 달라고 하나님의 자비를 부르짖었다. 하나님께 빠른 구출과 해방을 구하는 것은 성경적인 기도이다.

징계를 극복하다

징계에 관한 논쟁이 있을 때마다 나는 "징계는 극복할 일"이라고 담대히 말한다. 나는 하나님의 손에서 징계가 나오기 때문에 우리는 하나님의 징계를 극복하도록 초대받은 것이라고 설명한다. 하나님의 징계를 극복한다고? 이게 무슨 의미인가? 혹시나 여러분이 내 표현을 교만하다고 생각하거나 오해할 것 같아 무슨 의미인지 설명하겠다. 계 2장과 3장의 일곱 교회에 보내는 편지에서 예수님은 각 교회에 "이기는 자^{OVERCOMES}에게"라는 말씀을 반복하신다. 우리는 세상, 육신, 마귀, 유혹을 극복하고 이기도록 부르심받았다. 하지만 훨씬 더 극복하기 어려운 것이 있는데, 그것은 바로 하나님의 심판이다. 예수님은 귀신을 쫓아내고 기적을 행하여 마귀는 이기겠지만 하나님의 심판은 이기지 못할 사람이 많다고 말씀하셨다. 왜냐하면 하나님의 임재 앞에서 주님이 이 사람들을 쫓아내실 것이기 때문이다. 우리가 사는 동안 마주할 가장 큰 도전은 하나님의 심판을 극복하는 것이다.

> 22 그 날에 많은 사람이 나더러 이르되 주여 주여 우리가 주의 이름으로 선지자 노릇 하며 주의 이름으로 귀신을 쫓아내며 주의 이름으로 많은 권능을 행하지 아니하였나이까 하리니 23 그 때에 내가 그들에게 밝히 말하되 내가 너희를 도무지 알지 못하니 불법을 행하는 자들아 내게서 떠나가라 하리라. (마 7:22~23)

예수님은 라오디게아 교회에 이렇게 말씀하신다. "무릇 내가 사랑하는 자를 책망하여 징계하노니"(계 3:19). 또한 "이기는 그에게는 내가 내 보좌에 함께 앉게 하여 주기를 내가 이기고 아버지 보좌에 함께 앉은 것과 같이하리라"(계 3:21)라고 말씀하셨다. 누가 무엇을 이긴단 말인가? 예수님은 라오디게아 교인들이 무엇을 이기도록 초청하시는가?

라오디게아 교회에 보내는 편지를 보면(계 3:14~21) 예수님은 그들이 징계를 극복하고 이기도록 부르신다(19절). 하나님의 심판, 하나님과의 씨름에서 이기라는 부르심이었다. 징계를 이기는 사람은 일곱 편지 모두에 나오는 가장 위대한 약속인 예수님과 함께 보좌에 앉을 것이다.

예수님 라오디게아 교인들에게 "내가 이긴 것 같이"(21절) 이기라고 요구하신다. 예수님이 말씀하시는 이김은 십자가를 의미한다. 예수님이 십자가를 극복하고 이기신 것처럼 우리도 자기 십자가를 극복하고 이겨야 한다. 그러면 우리는 주님의 보좌에 함께 앉을 것이다.

예수님이 십자가에서 이기셨을 때 아버지의 손에 있는 두루마리를 펼칠 권세를 얻으셨다(계 5:1~7). 이 두루마리는 이 땅을 향한 하나님의 목적의 다음 시기로 우리를 인도하시는 예수님의 부르심을 나타낸다.

십자가의 승리로 예수님은 하나님 아버지가 주시는 임무를 수행할 자격을 얻으셨다. 우리도 마찬가지다. 우리가 하나님의 징계를 극복하고 이길 때, 우리는 하나님 안에서 영원한 부르심의 두루마리를 펼칠 자격을 얻는다.

다음 두 장에서 이 자격을 충분히 살펴볼 것이다. 아버지의 징계를 극복하고 이기는 것은 우리 삶에 다음 시기를 위한 권세를 부여한다. 이제 우리는 이 책의 중심부로 가고 있다. 다음 장을 놓치지 말라.

14 징계의 세 가지 목적

THREE PURPOSES OF CHASTENING

나는 이번 장과 다음 장이 이 책에서 가장 중요하고 유익한 내용이라고 생각한다. 우리가 징계의 세 가지 목적을 이해하면 징계라는 주제 전체의 핵심을 이해할 수 있다. 징계의 세 가지 목적을 이해하는 것의 중요성을 아무리 강조해도 지나치지 않은 이유는 하나님의 목적에 협력하여 주님이 우리를 위해 계획하신 거룩한 부르심의 충만함에 들어갈 수 있기 때문이다. 징계의 세 가지 목적을 살펴보기 전에 먼저 누군가에게는 징계라는 영역이 신비에 싸여 있는지 그 이유를 나누고 싶다. 어떤 사람들은 겉으로 일어나는 일만 분석하며 징계의 의미를 찾으려는 실수를 저지른다.

징계 중에 겉으로 일어나는 일은 우리가 상황을 완전히 잘못 판단하고 진단하여 바른 반응과 방향을 놓치게 할 수 있다. 우리는 자주 귀가 아닌 눈으로 상황을 분별하려고 노력한다. 그러나 예수님은 말씀하셨다. "듣는 대로 심판하노니"(요 5:30). 예수님은 겉으로 보이는 것이 아니라 하나님 아버지에게서 들은 것을 따라 판단하셨다. 사람들이 누군가의 삶에 하나님이 하시는 일을 틀리게 해석하는 주된 이유는 겉으로 보이는 모습으로 판단하기 때문이다.

하나님이 순종하는 사람을 훈계하시고 불순종하는 사람을 벌하시는 수단은 종종 같아서 겉모습만 보고 판단하면 안 된다. 이제 중요한 원칙을 설명한 후 징계의 세 가지 목적을 살펴보자.

처벌과 승격의 수단

하나님이 불순종하고 반항하는 사람을 벌하시는 수단과 스스로 거룩하게 구별하고 헌신한 사람을 높이시는 수단이 때때로 같다. 그 예로 나는 신 28:30~35과 욥의 이야기를 비교하고자 한다. 신 28:30~35에서 주님은 사람들이 하나님을 외면하고 타락하여 돌아설 때 그들에게 닥칠 결과를 말씀하셨다.

> 집을 건축하였으나 거기에 거주하지 못할 것이요… 네 나귀를 네 목전에서 빼앗겨도 도로 찾지 못할 것이며… 네 자녀를 다른 민족에게 빼앗기고 종일 생각하고 찾음으로 눈이 피곤하여지나 네 손에 힘이 없을 것이며… 여호와께서 네 무릎과 다리를 쳐서 고치지 못할 심한 종기를 생기게 하여 발바닥에서부터 정수리까지 이르게 하시리라.

이 모든 것이 불순종하는 사람에게 닥칠 일이다. 그런데 욥의 이야기를 보면 위 구절에 언급한 모든 것이 욥에게 일어난 것을 알 수 있다. 욥의 아들의 집이 회오리바람에 무너졌고 나귀와 가축들을 빼앗겼으며 열 명의 자녀가 죽임당했고 욥의 머리부터 발끝까지 종기로 뒤덮였다. 분별력 없는 눈으로 욥의 재앙을 보면 이렇게 생각할 것이다. "욥은 하나님이 신명기 28:30~35에서 불순종하는 사람에게 임한다고 말씀하신 모든 것을 경험했군. 그러니 욥은 엄청난 불순종 속에서 산 것이 틀림없어. 욥은 분명히 하나님의 진노를 받은 거야." 하지만 이 결론은 완전히 틀렸다.

하나님이 죄인들을 벌하시는 수단(신명기 28장)은 때로는 하나님 가장 아끼는 사람들을 높이시는 수단과 아주 비슷하다. 대부분 시련을 겪는 사람이 벌을 받는 것인지 승격을 위한 과정인지 겉모습만 보고 아는 것은 거의 불가능하며 벌을 받는 죄인인지, 승격 중인 성도인지 아는 유일한 방법은 하나님으로부터 직접 응답을 받는 것뿐이다.

다시 말하지만, 하나님이 범죄한 사람들을 처벌하시는 수단들은 주님을 향해 온전한 마음을 품은 사람들을 높이시는 수단과 종종 같다. 다음 도표는 이 원칙을 보여주는 인생을 살았던 성경 속 인물들의 예이다. 순종한 사람을 훈계하시고 불순종하는 사람을 벌하기 위해 하나님이 쓰시는 수단은 종종 같다.

하나님의 징계 수단

하나님이 쓰신 수단	처벌	승격
질병/질환	미리암, 웃시야, 헤롯	욥, 히스기야
병약함/장애	나발, 느부갓네살	스가랴, 야곱
감옥	시드기야, 삼손	요셉, 바울
망명/포로	바벨론으로 끌려간 유다	다윗, 요한
광야/고립	가인, 요나	모세, 세례 요한, 예수님
가족의 죽음	다윗과 밧세바	욥, 나오미, 안나
재정의 손실	여호람	욥, 나오미
불임	미갈, 아비멜렉 가문	한나, 엘리사벳

이 표를 이해하도록 위의 예 중에서 두 가지를 설명하겠다.

첫 번째 예 : 도표의 첫 번째 줄 질병과 질환을 보라. 하나님은 나병을 미리암과 웃시야의 불순종을 벌하는 수단으로 사용하셨으며 헤롯의 교만은 벌레로 치셨다. 하나님은 이 세 명을 벌하기 위해 질병을 사용하셨다. 그러나 욥과 히스기야는 질병(히스기야)과 질환(욥)으로 주님 안에서 더 높이 승격시키셨다. 그러므로 우리는 하나님이 불순종하는 사람을 처벌하고 순종하는 사람을 더 높이 승격하시기 위해 모두 질병과 질환을 사용하신다는 것을 알 수 있다. 분별력 없는 사람은 이렇게 결론 내린다. "하나님은 욥을 처벌하신 게 틀림없어. 하나님은 오직 벌주실 때만 질병을 사용하시니까 말이야." 하지만 하나님은 욥을 질병으로 처벌하신 것이 아니라 오히려 하나님 나라 안에서 더 높이 승격시키셨다.

두 번째 예 : 도표의 세 번째 줄 감옥을 보자. 하나님은 시드기야 왕과 삼손의 불순종을 감옥으로 벌하셨다. 그러나 하나님은 요셉과 바울의 특별한 구별됨을 높이시려고 감옥을 사용하셨다. 감옥은 하나님께 반항하는 사람과 순종하는 사람 모두에게 사용하신 수단이었다. 그러므로 누군가 감옥에 갇힌 것만을 보고 하나님의 처벌을 받는다는 공식을 만들어 추측하면 안 된다. 감옥은 처벌이 아니라 승격을 위한 과정일 수 있기 때문이다. 어떤 상황을 향한 하나님의 의도를 아는 유일한 방법은 하나님께 정보를 받는 것이다. 초자연적인 분별력이 없으면 감옥에 갇힌 누군가를 보고 함부로 오판하고 정죄하기 쉽다.

누군가의 삶을 향한 여러분의 의견을 입증할 성경 구절이 있어도 완전히 틀릴 수 있다. 예를 들면, 대제사장들은 십자가 달리신 예수님을 보면서 "예수는 도를 배반하고 견책을 싫어하기 때문에 십자가에서 죽는 것이다"라고 말하기 위해 "도를 배반하는 자는 엄한 징계를 받을 것이요 견책을 싫어하는 자는 죽을 것이니라"(잠 15:10)는 말씀을 인용했다. 하지만 대제사장들이 틀렸다. 그러므로 우리가 하나님의 마음을 분별하는데 성경 구절을 사용하는 것만으로는 충분하지 않으며 성령님의 분별이 있어야 한다.

다시 한번, 여기에서 핵심은 어려운 상황을 겪는 사람을 보고 자동으로 "하나님이 저 사람들의 삶에 있는 타협과 불순종 때문에 벌하신 것이 틀림없어"라고 결론 내리기 쉽다는 것이다. 어떤 경우에는 이 결론이 사실일 수도 있지만 반대로 하나님이 기뻐하시는 뜻을 따라 그 사람들을 하나님 나라의 더 높은 지위로 승격하시는 과정일 수도 있다. 하나님이 처벌과 승격에 쓰시는 수단은 종종 같다는 것이 위 도표의 의미이다.

우리가 징계를 생각할 때 가장 먼저 떠오르는 것은 처벌이다. '징계는 곧 우리가 잘못한 것 때문에 하나님이 주시는 벌이다'라는 생각 말이다. 자, 어느 정도는 처벌이 징계의 이유인 것이 사실이지만 처벌이 모든 징계의 유일한 이유는 아니다. 사실 징계에는 세 가지 목적이 있으며 우리가 세 가지 목적을 모두 이해하지 못하면 하나님의 징계에 불완전하고 편향적인 견해를 가질 수 있다.

처벌

징계의 첫 번째 목적은 처벌이다. 대부분의 징계에는 처벌의 요소가 들어 있다. 이 경우 하나님의 기본 메시지는 "나는 네가 그것을 다시 하지 않도록 가르치길 원한다"이다. 다시 말하면, 처벌은 우리가 날려버린 방식을 향한 하나님의 응답이다. 우리는 모두 매일 어느 정도 죄를 짓기 때문에 처벌은 훈계의 적은 부분이지만 사실 아주 흔한 요소이다. 그러므로 여러분이 징계받을 때마다 주님께 "제 삶에 주님을 불편하게 해드린 것이 있나요?"라고 질문하는 것이 현명하다. 만일 주님이 여러분에게 무언가를 보여주시면 회개하라.

주님의 응답이 여러분의 죄에 있지 않다면 초점을 징계의 다음 두 가지 목적으로 돌려라. 하지만 적어도 징계 앞에 주님께 질문하는 것은 기본임을 잊으면 안 된다.

엘리바스는 욥의 징계에 처벌이 작용하는 것을 보았다. "볼지어다 하나님께 징계받는 자에게는 복이 있나니 그런즉 너는 전능자의 징계를 업신여기지 말지니라"(욥 5:17). 엘리바스는 욥이 겪는 고통이 하나님께 죄를 지었기 때문이며, 욥이 회개하고 바른길로 돌아오길 원하신다고 주장했다. 정말 욥이 죄를 지은 것이 사실인가? 우리 모두 삶의 여러 부분에서 하나님의 영광에 이르지 못한 채 산다는 점에서는 맞는 말이다. 하지만 욥의 징계는 욥의 삶에 있는 죄 때문이 아니었다. 엘리바스의 판단과 반대로 욥이 겪는 징계는 하나님이 욥의 삶의 죄를 교정하시는 과정이 아니었다.

우리가 죄를 지으면 간혹 주님의 징계가 뒤따를 수 있다. 시 99:8은 어떤 죄를 하나님께 용서받아도 그 죄 때문에 처벌받을 수 있음을 보여준다. 하나님이 용서하셨는데 왜 처벌이 있을까? 어떤 죄들은 결과가 있기 때문이다. 예를 들면 다윗이 하나님의 허락 없이 이스라엘 사람의 수를 세었던 때를 들 수 있다(삼하 24:10~15). 하나님은 다윗의 회개를 받으셨지만, 다윗의 범죄 때문에 이스라엘 민족을 벌하셨다.

나는 RT 켄달이 "징계는 하나님의 복수가 아니다. 하나님은 십자가에서 모든 것을 갚으셨다"라고 말한 의견에 동의한다. 우리가 받는 처벌은 우리가 지은 죄의 속죄가 아니다. 그러나 때때로 죄의 결과는 피할 수 없다. 우리는 죄의 결과에서 교훈을 얻어 다시는 같은 실수를 반복하지 않도록 배워야 한다. 십자가는 죄를 향한 하나님의 진노를 모두 갚았지만, 하나님의 자녀가 주제넘게 고의로 죄를 지으면 여전히 고통스러운 결과를 마주할 것이다.

처벌이 징계의 유일한 요소로 작용하는 경우는 드물다. 하나님은 우리 삶에 긍정적이고 영원한 가치를 지닌 무언가를 만드시기 위해 징계를 사용하신다. 하지만 하나님의 징계가 100% 처벌인 보기 드문 예도 있다. 그레이엄 쿡은 이렇게 표현했다. "발전 없는 훈계는 처벌이다."[13] 성령님께 뻔뻔하게 거짓말을 한 아나니아와 삽비라의 죽음이 그 예이다(행 5:1~11). 나는 초대교회의 제자였던 아나니아와 삽비라 부부가 죽어서 천국에는 갔다고 믿지만, 이 땅에서 영원한 보물을 경작할 기회를 빼앗겼다고 생각한다.

100% 처벌의 또 다른 비극적인 예는 웃시야 왕이다. 하나님이 웃시야를 형통케 하시고 강하게 세우시자, 웃시야의 마음에 교만이 일어나 자기 영역이 아닌 것에 발을 들여놓았다. 웃시야는 스스로 하나님의 각별한 신임을 받는다고 느낀 나머지 왕으로 만족하지 못하고 성전의 제사장 노릇도 할 수 있다고 생각했다. 성공에 취해 정상적인 판단력을 잃어버린 것이다. 웃시야가 여호와의 성전에 들어가서 향단에서 분향하려 하자(대하 26:16) 하나님은 그 자리에서 나병으로 웃시야를 치셔서 그 건방진 교만함을 벌하셨으며

13. 그레이엄 쿡, Qualities Of A Spiritual Warrior, Vacaville, CA: Brilliant Book House, 2008, p. 32.

웃시야는 죽을 때까지 나병환자로 살았다. 나는 아래 구절 때문에 웃시야의 징계가 완전히 처벌을 위한 것으로 생각한다.

> 이리하여 웃시야 왕은 죽는 날까지 나병을 앓았다. 그는 나병에 걸린 채 따로 떨어진 집에 홀로 살면서, 다시는 주의 성전에 들어가지 못했다. 그렇게 되자, 웃시야의 아들 요담이 왕궁을 맡아 나라의 일을 돌보았다. (대하 26:21, 쉬운말)

웃시야의 나병에서 가장 큰 재앙은 모세의 율법이 어떤 나병환자도 주님의 성전에 들어가지 못하게 했다는 데 있다(레 13:46). 어떤 것도 주님의 성전과 단절되는 것에서 구원할 수 없다. 나병은 철저히 처벌을 위한 것이었으며 끔찍할 정도로 충격적이었다. 나는 하나님이 웃시야를 용서하셨다고 확신하지만, 웃시야가 성전에서 제사장 노릇을 하려 한 결과는 큰 대가를 치렀다. 웃시야의 이야기는 우리 마음이 교만해지기 전에 주님의 징계를 받는 것이 교만해지고 난 후에 징계받는 것보다 더 낫다는 것을 보여준다.

나는 언젠가 이런 질문을 받았다. "모든 죄의 결과는 돌이킬 수 없나요? 불순종 때문에 우리 부르심의 특정한 부분을 영원히 잃어버렸는지 어떻게 알 수 있을까요?" 웃시야의 이야기는 어떤 경우에 평생 죄의 결과를 안고 살아야 한다는 것을 보여준다. 특히 노골적인 교만과 고의로 저지른 죄들은 더욱 그렇다. 하지만 나는 이런 경우가 드물다고 생각한다. 대부분 주님은 우리가 온전히 회개한 죄로부터 우리를 회복하시고 구원하신다. 하나님은 우리에게 두 번째 기회를 주신다.

나는 앞서 처벌이 징계의 유일한 요소인 경우는 드물다고 말했다. 처벌은 징계의 전부가 아니다. 예를 들어, 하나님은 요셉이 잘못했기 때문이 아니라 옳은 일을 하도록 감옥을 사용하셨다. 하나님은 요셉의 어린아이 같은 버릇을 교정하시려고 감옥을 사용하셨지만, 요셉을 처벌하시는 것이 아니라 정결케 하기 위한 도구였다. 나는 요셉의 감옥에서 처벌의 요소를 찾을 수 없다. 그러므로 우리는 누군가가 주님의 징계를 받는다는 이유만으로 그 사람이 하나님께 처벌받는다고 추정하면 안 된다.

징계를 "처벌"로만 인식하는 사람은 곤경에 처한 사람들을 보고 자동으로 어떤 잘못 때문에 처벌받는다고 생각한다. 이렇게 편협한 징계 관점은 하나님이 신자의 삶에 어떻게 역사하시는지의 답을 찾을 수 없다.

예수님 시대의 대제사장들은 징계를 처벌로만 인식한 것으로 보인다. 이사야는 대제사장들이 십자가를 지시는 그리스도를 보며 "그는 징벌을 받아 하나님께 맞으며 고난을 당한다"라고 생각했음을 보여주었다(사 53:4). 대제사장들은 십자가가 예수님이 하나님의 진노 아래 있음을 증명한다고 생각했다. 대제사장들은 십자가를 완전히 잘못 해석했다.

처벌은 징계의 첫 번째 목적이다. 하지만 징계의 세 가지 목적 중에서는 가장 중요하지 않은 요소이다. 그리고 요셉의 감옥처럼 어떤 경우에는 전혀 징계의 요소가 아닌 경우가 많다.

징계의 다음 두 가지 목적은 실제로 무슨 일이 일어나는지 상황의 본질로 우리를 인도한다.

정화

징계의 두 번째 목적은 우리의 정화이다. 하나님은 우리를 그리스도의 형상으로 바꾸기 위해 징계하신다. 징계는 우리 안에 그리스도를 닮지 않은 찌꺼기들을 태워 온전한 순종을 향해 나아가도록 변화하게 하는 정화의 불^{REFINING FIRE}이다.

나는 모든 사람이 내 의견에 동의하지 않는 것을 잘 안다. 어떤 사람들은 하나님이 우리 삶을 정화하거나 제련하기 위해 징계하시는 것을 믿지 않는다. 그러나 히 12:10은 이렇게 말한다. "그들은 잠시 자기의 뜻대로 우리를 징계하였거니와 오직 하나님은 우리의 유익을 위하여 그의 거룩하심에 참여하게 하시느니라."

예수님은 우리를 변화시켜 거룩함으로 인도하기 위해 징계하신다. 하나님은 뜨거운 불이 아니면 쉽게 변하지 않는 우리 내면을 정화하기 위해 때로는 강렬한 징계를 사용하신다. 하나님의 연단의 불, 정화하는 불은 마음 깊은 곳까지 역사하여 우리 힘으로 다룰 수 없는 부분까지 다룬다. 우리 삶을 향한 하나님의 지도력은 매우 효과적이고 지혜롭다는 것을 인정하자.

처벌의 요소는 미래에 똑같은 타협을 하지 않도록 우리를 설득하기 위한 것이며 정화의 요소는 우리가 예수님의 거룩함에 더욱 온전히 참여하기 위한 것이다. 주님은 의와 거룩함이 우리 모든 존재로 울려 퍼질 때까지 정화하신다. 주님은 모든 방법으로 우리 죄악을 근원부터 다루시는 하나님이시다. 주님은 영광스러운 친절함으로 우리 죄악을 완전히 진압하고 정복하실 정도로 우리를 사랑하신다!

미가 선지자는 이렇게 놀라운 주님의 사랑을 기록했다. "다시 우리를 불쌍히 여기셔서 우리의 죄악을 발로 밟으시고 우리의 모든 죄를 깊은 바다에 던지시리라"(미 7:19). 베드로는 우리가 육체의 고난을 참을 때 죄에서 깨끗해진다는 놀라운 말을 했다.

> 1 그리스도께서 이미 육체의 고난을 받으셨으니 너희도 같은 마음으로 갑옷을 삼으라 이는 육체의 고난을 받은 자는 죄를 그쳤음이니 2 그 후로는 다시 사람의 정욕을 따르지 않고 하나님의 뜻을 따라 육체의 남은 때를 살게 하려 함이라 (벧전 4:1~2)

고난과 고통은 죄를 깨끗하게 씻어내는 세제와 같다. 바울은 육신의 고난을 받아서 죄를 짓지 않는 사람이었다. 하나님은 바울의 삶을 정화하는 수단으로 육체의 가시를 사용하셨다. 바울은 육체의 가시의 목적을 이렇게 설명한다.

> 여러 계시를 받은 것이 지극히 크므로 너무 자만하지 않게 하시려고 내 육체에 가시 곧 사탄의 사자를 주셨으니 이는 나를 쳐서 너무 자만하지 않게 하심이라 (고후 12:7)

하나님은 육체의 가시를 사용하셔서 바울이 겸손히 깨어진 마음을 유지하며 주님을 의지하게 하셨다. 나는 20장에서 바울의 가시를 자세히 다룰 것이며 여기에서 요점은 하나님이 바울의 잠재적인 교만을 다루기 위해 가시를 사용하셨다는 것이다. 가시는 바울을 위한 정화의 수단이었다. 징계의 두 번째 목적은 정화이다. 하나님은 우리를 더 나은 방향으로 바꾸기 위해 징계를 사용하신다.

세 번째 목적

하나님이 징계를 통해 처벌하시고 정화하신다는 말에 많은 신자가 동의한다. 어떤 사람들은 앞의 두 요소가 징계 목적의 전부라고 생각한다. 그러나 내가 이 책에서 반드시 다루고 싶은 아주 중요한 징계의 세 번째 목적이 남아있다. 이 세 번째 이유는 징계의 세 가지 요소 중에 가장 이해하기 어렵지만, 우리에게 가장 큰 격려와 힘을 주며 가장 강한 설득력이 있는 원칙이기도 하다.

징계의 세 번째 목적을 이야기하기 전에, 나는 중요한 질문을 함으로써 세 번째 목적을 위한 무대를 마련하고 싶다. 나는 그리스도의 몸을 두 개의 일반적인 신학적 진영으로 나누는 질문을 하려 한다. 이것은 다른 무엇보다도 가장 중요한 질문이며, 우리가 이 질문을 읽으면 성급하게 판에 박힌 대답을 한다. 그러나 나는 우리가 이 질문을 천천히 조심스럽게 해결하기를 바란다.

중요한 질문

"십자가는 하나님 아버지께서 자기 아들의 어떤 부분을 징계한 사례였는가?" 지금까지 논의한 징계의 목적을 살펴봄으로써 이 질문을 비판적으로 분석해보자. 징계의 첫 번째 목적은 처벌이다. 그렇다면 십자가는 하나님 아버지께서 아들 주 예수님이 이 땅에서 지은 죄를 벌하신 것인가? 우리 대답은 단호하게 '아니오!'이다. 예수님은 모든 면에서 우리처럼 유혹받으셨지만 죄는 없으셨다(히 4:15). 바울은 그리스도가 "죄를 알지도 못하셨다"라고 한다(고후 5:21). 예수님은 십자가에서 "흠 없는 자기를" 하나님께 드리셨다(히 9:14). 그러므로 우리는 그리스도가 스스로 지은 죄의 처벌 때문에 십자가에서 징계받으신 것이 아니라고 결론 내린다.[14] 예수님은 "흠 없고 점 없는 어린 양"으로 죽으셨다(벧전 1:19).

징계의 두 번째 목적은 정화이다. 그렇다면 십자가는 하나님 아버지께서 아들이 고난을 통해 완전하고 순전해지도록 정화하신 사례인가? 다시 한번 우리의 대답은 강력하게 '아니오!'이다. 십자가는 예수 그리스도를 변화시키지 않았다! 십자가가 예수님을 더 낫거나 더 온전하게 하지 않았다. 오히려, "예수 그리스도는 어제나 오늘이나 영원토록 동일하시니라"(히 13:8). 예수님은 십자가 전이나 후나 지혜와 덕에서 완전하시다.

만일 하나님의 징계를 향한 우리 개념이 처벌과 정화에만 머문다면, 십자가는 그리스도의 징계가 아니라고 단언할 것이다. 이제 징계의 세 번째 목적이 남아있다.

---

14. "그가 징계를 받으므로 우리는 평화를 누리고"라고 말한 이사야의 증언을 보자. 어떤 번역에서는 "그가 처벌을 받으므로 우리는 평화를 누리고"라고 표현한다. 그러나 이사야의 의미는 예수님이 자기 죄 때문에 처벌받은 것이 아니라 우리 죄 때문에 징계받으셨다는 의미이다.

15 징계의 세 번째 목적

THE THIRD PURPOSE OF CHASTENING

가장 중요한 징계의 세 번째 목적을 제시하기 전에, 나는 히브리서의 어려운 한 구절에 주목하고 싶다. 이 구절의 문제가 매우 어렵기 때문에 답변 역시 복잡하다.

그러므로 만물이 그를 위하고 또한 그로 말미암은 이가 많은
아들들을 이끌어 영광에 들어가게 하시는 일에 그들의 구원의
창시자를 고난을 통하여 온전하게 하심이 합당하도다 (히 2:10)

이 구절은 예수님이 십자가의 고난을 통해 온전해지셨다고 말한다(같은 개념이 히 5:9와 7:28에서 반복된다). 이 말씀에서 십자가가 예수님을 온전하게 했다는 것은 도대체 무슨 의미인가? 십자가 전에는 예수님이 불완전하셨는가?

온전하게^{PERFECT}에 해당하는 헬라어 텔레이오스^{TELEIOS}에는 세 가지 중요한 의미가 있다. "온전해지다, 완전해지다, 혹은 성숙하다." 텔레이오스의 의미를 따르면 히 2:10은 예수님이 십자가 전에는

불완전한 성품이었다는 의미인가? 십자가가 불완전한 예수님을 완전하게 만들었다는 의미인가? 예수님이 십자가 전에는 미성숙하셨는데 십자가로 성숙의 과정을 완성하셨다는 의미인가?

이 세 가지 질문 모두에 우리는 명백히 '아니오!'라고 대답한다. 십자가 전에도 예수님은 영원히 온전하시고 완전하시며 성숙하시다. 그렇다면 히 2:10은 도대체 무슨 의미인가? 어떻게 십자가가 우리 구세주 예수님을 "고난을 통하여 온전하게" 할 수 있는가?

이 질문에 답하기 위해 헬라어 텔레이오스를 다시 보자. 이 단어의 기본 의미는 '온전한, 완전한, 성숙한'이다. 그러나 이 단어에는 미묘한 다른 의미가 있는데, 이 의미가 우리 수수께끼의 답이다. 텔레이오스의 또 다른 의미는 "자격 있는[QUALIFIED]"이다. 이 의미는 저명한 권위자들의 폭넓은 지지를 받는다.

예를 들어 매튜 풀은 이 헬라어가 "직책을 위해 희생으로 거룩하게 구별하거나 성취하는 것"[15]을 의미한다고 한다. 매튜 헨리는 "예수님은 피 흘리심으로 우리 구속 사역을 완성하셨으며 하나님과 사람 사이의 중재자가 되실 완벽한 자격을 얻으셨다"[16] 라고 설명한다. 앨버트 반즈는 "예수님이 자기 사역에 전적으로 적합한 자격을 얻으시기 위해"[17] 라고 표현한다.

텔레이오스를 "자격 있는"으로 해석하는 것은 "너희는 가서 저 여우에게 이르되 오늘과 내일은 내가 귀신을 쫓아내며 병을 고치다

---

15. 매튜 풀, A Commentary on the Bible, McLean, VA:MacDonald Publishing Company, Vol. III, p.816.
16. 매튜 헨리, A Commentary on the Whole Bible, Old Tappan, NJ:Fleming H.Revell Company, Vol. VI, p.897.
17. 앨버트 반스, Notes on the New Testament, Grand Rapids, MI: Baker Book House, 1983, Vol. XII, p.64.

15장 징계의 세 번째 목적 189

가 제삼 일에는 완전하여지리라$^{(아포텔레오)}$ 하라"(눅 13:32)라고 하신 말씀과 일치한다. 그러므로 우리는 히 2:10의 의미를 이렇게 정의한다. 예수님은 십자가의 고난을 통해 "우리가 믿는 도리의… 대제사장"(히 3:1)이 되실 자격을 얻으셨다. 예수님은 죽음의 고난을 통해 우리 구원의 창시자(히 2:10)가 되는데 필요한 경험을 얻으셨다.

하나님 나라에는 반드시 자격을 갖추어야 하는 지위와 계급이 있다. 이 원칙은 자연 질서에도 마찬가지이다. 예를 들어 비행기 조종사가 교관이 되려면, 특별한 과정을 수료해야 하며 교관의 지위에 적합한 많은 비행 기록이 필요하다. 또 다른 예로, 학생이 박사학위를 받으려면 엄격한 학문 연구 및 관련 규정을 충족해야 한다. 또 다른 예로, 군인은 수년간의 격렬한 수고와 충성스러운 성실함이 있어야 군대에서 높은 계급으로 진급할 수 있다. 이 자격 취득의 원리는 모두에게 같다. 어떤 지위는 후보자가 더 높은 위치를 위한 적절한 자격을 얻을 때까지 도달할 수 없다.

우리 구원의 창시자이신 그리스도 역시 마찬가지였다. 예수님은 영원히 온전하시고 완전하셨지만, 이 땅에 사람으로 오셔서 십자가에서 죽으시고 부활하시기 전까지는 우리 대제사장으로 섬길 수 없으셨다. 그러나 이제 예수님은 죽음의 고난으로 말미암아 우리 구원의 창시자의 자격을 얻으셨고 모든 신자를 죽음의 골짜기를 지나 부활의 생명으로 인도하실 수 있다. 그러면 십자가는 징계였는가? 처벌이나 정화의 의미가 아니라 자격 취득의 의미에서 그렇다. 예수님은 십자가의 징계를 통해 우리 사도이자 대제사장이 되실 자격을 갖추셨다. 계 5장은 십자가가 예수님을 우리의 구원자 자격을 갖추게 했음을 확인해 준다.

2 또 보매 힘 있는 천사가 큰 음성으로 외치기를 누가 그 두루마리를 펴며 그 인을 떼기에 합당하냐 하나 3 하늘 위에나 땅 위에나 땅 아래에 능히 그 두루마리를 펴거나 보거나 할 자가 없더라. (계 5:2~3)

이 구절에 따르면 예수님은 아버지 손에 있는 두루마리를 펼치기에 합당한 자격이 있으셨다. 무엇이 예수님께 두루마리를 열 수 있는 자격을 부여했는가? 바로 십자가다. 예수님은 십자가를 지시기 전에는 두루마리를 열 수 없으셨으며 두루마리를 열 자격을 갖추기 위해 십자가를 인내하셔야 했다.

예수님이 사람으로 오시기 전에는 완전하신 하나님으로서 무한한 권능이 있으셨다. 그런데도 십자가를 지시기 전의 예수님은 두루마리를 열 수 없으셨다. 왜 그런가? 권능이 부족해서? 아니다. 사람으로서 필요한 인생의 경험이 부족했기 때문이다. 십자가는 마치 예선전과 같았다. 예수님은 십자가를 인내하시고 앞으로 이 땅과 인류를 향한 아버지의 청사진이 담긴 두루마리를 열 수 있는 권세를 얻으셨다. 예수님만이 우리를 하나님 안에서 영원한 부르심으로 인도할 자격이 있으시다.

십자가와 징계를 연결하다

십자가가 하나님의 징계라는 주장을 입증하는 중요한 세 가지 성경 구절을 소개한다. 먼저 첫 번째 구절이다.

그 때에 예수께서 제자들에게 이르시되 오늘 밤에 너희가 다 나를 버리리라. 기록된바 내가 목자를 치리니, 양의 떼가 흩어지리라 하였느니라. (마 26:31)

하나님이 아들 예수님을 "치리니^{STRIKE}"라고 말씀하신 것은 징계와 확실한 관련이 있다. 이제 두 번째 구절을 보자.

5 또 아들들에게 권하는 것 같이 너희에게 권면하신 말씀도 잊었도다. 일렀으되 내 아들아 주의 징계하심을 경히 여기지 말며 그에게 꾸지람을 받을 때에 낙심하지 말라. 6 주께서 그 사랑하시는 자를 징계하시고 그가 받아들이시는 아들마다 채찍질^{SCOURGES}하심이라 하였으니. (히 12:5~6)

히브리서의 채찍질^{SCOURGES}은 예수님이 십자가를 지시고 당하신 고난과 같은 단어이다. 하나님 아버지는 예수님을 로마인들의 손으로 채찍질하셨을 뿐만 아니라 "그가 받아들이는 아들마다 채찍질"하신다. 십자가와 징계의 연관은 분명하다. 그리스도는 십자가에서 아버지께 징계받으셨다. 세 번째 구절에서 이사야는 십자가와 징계의 연관성을 강조한다.

전에는 그의 모양이 타인보다 상하였고 그의 모습이 사람들보다 상하였으므로 많은 사람이 그에 대하여 놀랐거니와 (사 52:14)

이사야의 "많은 사람이 그에 대하여 놀랐거니와"라는 말은 일차적으로 바벨론 포로기의 이스라엘 민족을 의미한다. 이스라엘 민족이 바벨론의 포로로 끌려가서 당한 수치와 학대는 다른 민족이 봐도 너무 심해서 놀랄 정도였다. 이사야의 핵심은 다른 나라가 하나님이 이스라엘을 징계하시는 것을 보고 놀란 것처럼 하나님이 예수님을 십자가에서 어떻게 징계하시는지 보고 많은 사람이 그리스도의 극심한 고난에 놀랄 것이라는 이야기이다.

따라서 이사야서의 말씀은 바벨론 포로기의 징계와 예수님의 십자가 사이에 부인할 수 없는 연관성이 있다는 결론에 이른다. 포로기는 그리스도의 죽음을 예표 했다. 아버지께서 이스라엘을 징계하기 위해 바벨론을 사용하신 것처럼, 십자가에서 예수님을 징계하시기 위해 로마인들을 사용하셨다. 그러므로 성경은 십자가는 아버지가 아들을 징계하는 사례라는 우리 결론을 입증한다. 예수님은 십자가에서 처벌받으시거나 정화의 과정을 거치신 것이 아니라 우리 구원자로서 역할 하시기 위한 자격을 얻으셨다.

우리가 겪는 징계는 자격을 얻는 과정이다

예수님이 징계받으심으로 우리 구원의 창시자로서 자격을 갖추신 것처럼, 우리가 겪는 징계 역시 우리가 자격을 얻는 과정일 수 있다. 이 진리는 우리가 고통당할 때 큰 소망과 의미를 준다. 징계의 과정을 통해 자격을 얻는다는 의미를 깨닫기 전까지는 징계의 모든 상황이 불합리하고 당황스럽게 느껴진다. 예를 들어 우리가 징계를 오직 처벌과 정화의 관점으로만 보면 성경 속 욥의 이야기는 무척 당황스럽게 느껴질 수밖에 없다.

어떤 이들은 욥이 "내가 두려워하는 그것이 내게 임하고 내가 무서워하는 그것이 내 몸에 미쳤구나"(욥 3:25)라고 한 말 때문에 하나님이 욥의 징계가 욥의 삶에 있던 두려움을 벌하시는 과정이라고 추측한다. 하나님이 욥의 두려움이라는 견고한 진을 처벌하거나 정화하시려고 징계하신다는 말이 한편으로는 이해되지만, 한편으로는 지나치게 가혹해 보이는 것도 사실이다. 왜 욥은 두려움이라는 견고한 진 때문에 이렇게 극심하고 강렬한 고통을 겪어야 하는가? 욥의 징계가 두려움 때문이라면 너무 과해 보인다. 도대체 욥은 무슨 큰 죄를 지었길래 이렇게 극심한 고통을 겪으며 자신을 정화해야 했는가?

우리가 징계를 오직 처벌과 정화로만 이해하면 욥의 이야기를 이해할 수 없다. 하지만 욥이 하나님 나라의 더 높은 직분을 맡을 자격을 얻는 과정이라는 가능성으로 욥기를 보면 모든 내용이 보석처럼 생명으로 반짝이기 시작한다. 욥은 시련을 통해 모든 세대의 멘토이자 영적 아비가 되었으며 그리스도의 십자가를 예표하고, 육신의 눈으로 하나님의 영광을 볼 자격을 얻었다. 시련이 욥을 하나님의 군대의 장군으로 만들었다!

하나님이 욥을 징계하시어 더 높은 직분에 합당하게 하신 것처럼, 하나님이 예수님을 징계하시어 우리 구원의 창시자로서 자격을 갖추게 하셨다. 욥의 징계와 예수님의 징계는 같은 역할이었다. 어떤 사람들은 욥과 예수님이 아무 관련도 없다고 하지만 나는 욥과 예수님이 정말 놀라운 연관성이 있다고 생각한다. 징계안에 큰 소망이 있다. 하나님이 우리를 사랑하신다면 우리가 더 큰 종의 지도력을 갖추도록 징계하실 것이다.

하나님 나라의 더 높은 직분은 타인을 위해 자기 생명을 내려 놓는 은혜와 함께 온다. 하나님의 징계는 비록 하나님이 우리에게 조금 노하셨을지라도(슥 1:15) 완전히 진노하셨다는 의미가 아니며 오히려 하나님이 우리를 기뻐하신다는 의미이다! 하나님은 우리의 헌신과 열정을 매우 기뻐하시며 추수를 위한 더 큰 친밀함과 놀라운 여정으로 우리를 초대하신다.

자격을 얻는 소망

생각해 보라! 하나님은 우리가 하나님 나라에서 더 큰 업적을 성취하고 더 큰 열매를 맺는 권세를 얻도록 예수님께 하신 것처럼 징계하신다. 이것이 우리 삶에 징계가 이토록 극심한 이유이다. 어떤 때에는 징계가 갑절로 극심해 보이지만, 하나님은 극심한 징계를 사용하여 우리가 예수님 안에서 부르심의 두루마리를 펼칠 자격을 얻게 하신다. 다시 한번 이사야서의 말씀을 보자.

> 너희는 예루살렘의 마음에 닿도록 말하며 그것에게 외치라. 그 노역의 때가 끝났고 그 죄악이 사함을 받았느니라. 그의 모든 죄로 말미암아 여호와의 손에서 벌을 배나 받았느니라 할지니라 하시니라. (사 40:2)

만일 지금 여러분이 겪는 징계가 갑절로 극심하다면 주목하라, 여러분은 지금 주님의 영광을 볼 자격을 주시는 하나님의 과정을 통과하는 중이다. 여러분이 겪는 징계는 의미가 있다.

성경에서 갑절로 극심해 보이는 시련은 욥뿐만 아니라 야곱, 요셉, 나오미, 다윗, 예수님의 이야기에서도 찾을 수 있다. 성경 인물들이 경험한 징계와 시련이 하나님 나라에서 더 높은 직분을 수행할 권위를 갖추는 자격을 얻는 과정이었음을 깨닫는 순간, 모든 이야기가 갑자기 달라진다!

예수님의 고난이 그토록 강렬했던 이유는, 예수님이 영원한 권위와 직분을 얻는 과정이었기 때문이다. 하나님이 우리에게 영원한 것을 위한 자격을 얻게 하실 때, 그 과정은 우리 눈에 보기에 갑절로 극심할 수 있다. "여호와는 정의의 하나님이심이라"(사 30:18).

만일 우리가 죄 때문에 갑절로 고난받는다면, 하나님의 정의에 따라 우리는 이제 갑절의 승진 자격을 얻을 것이다. 우리가 갑절의 시련을 통과한 후 우리 삶을 향한 하나님의 목적을 포기하는 것은 하나님의 정의를 거절하는 것과 같다. 공평, 정의, 심판은 하나님께 아주 중요하다. 하나님은 마땅한 대가를 치르는 것을 중요하게 여기신다. 구약에 '추'와 '되' 이야기가 나오는 것이 이 때문이다(신 25:13~16).

하나님의 공의는 우리가 무언가를 얻을 때 그에 합당한 온전한 대가를 치르도록 요구한다. 이 공의는 하나님이 자녀들을 훈련하시는 방법에 영향을 끼친다. 우리가 대가를 치르면 그에 합당한 지위가 반드시 주어진다. 여러분의 고난이 불공평해 보이는가? 그럴지도 모른다. 하지만 더 중요한 것은 하나님이 여러분이 겪는 부당한 고난의 보상을 주관하신다는 점이다. 하나님의 위대한 공의는 선택한 자녀들이 겪는 불공평한 고난을 보상하신다. 갑절의 고난은 갑절로 영광스러운 더 높은 자격을 얻게 한다.

부활은 우리에게 자격을 준다

예수님은 십자가와 부활을 통해 우리 구원의 창시자로서 자격을 얻으셨다. 예수님이 십자가만 견디고 부활하지 않으셨다면, 우리 대제사장이 되실 자격을 얻지 못했을 것이다.

그리스도께서 다시 살아나신 일이 없으면 너희의 믿음도 헛되고 너희가 여전히 죄 가운데 있을 것이요. (고전 15:17)

이 구절에 담긴 의미는 놀랍다. 바울은 그리스도가 죽으시고 부활하지 않았다면 십자가에서 이루신 그 어떤 것도 우리 것이 될 수 없었을 것이라고 말한다. 그리스도의 부활이 없다면 우리는 여전히 죄 때문에 죽었을 것이다. 다시 한번 강조하고 싶다. 만일 예수님이 조롱당하시고 매 맞으시며 침 뱉음과 채찍질 당하시고, 가시면류관을 쓰신 후 십자가에 못 박히셔서 여섯 시간 동안 고통으로 몸부림치시다 죽으시고 지옥에 내려가신 후 부활하지 않으셨다면 우리는 예수님이 갈보리에서 얻기 위해 애쓰신 모든 것을 얻을 수 없다. 예수님이 우리 구원자가 되시려면 부활하셔야만 했다.

우리도 마찬가지이다. 징계를 통해 부르심을 이루는 다음 과제를 위한 자격을 얻으려면, 우리는 부활해야 한다. 부활은 단순히 바람직한 것이 아니라 본질적이고 필수적이다. 하나님이 우리를 치유하시고 세우실 때, 우리가 수년간 징계받으면서 애쓴 모든 것이 그리스도의 몸에 유익을 끼치며 우리는 하나님의 종이 되어 이전보다 더 내려놓을 수 있는 자격을 얻을 것이다.

새로운 임무의 DNA

우리가 겪는 시련에 우리가 맡을 더 큰 임무의 DNA가 들어 있다. 여러분이 주님께 징계받을 때 그 시련이 어떤 것이었는지 주의 깊이 생각해 보라. 징계가 재정과 관련이 있다면 우리 다음 임무는 다른 사람들이 겪는 재정적인 어려움을 극복하도록 돕는 것일 수 있다. 징계가 육신의 질병과 관련이 있다면 여러분이 병 고침 받은 후, 다른 사람이 하나님 안에서 치유를 얻도록 돕는 것일 수 있다. 혹은 정신건강과 관련이 있다면 여러분이 그 징계를 극복하고 정신적 고통을 받는 다른 사람들이 평안과 온전함을 찾도록 돕게 될 것이다. 혹은 여러분의 위기가 자녀와 관련이 있다면 시련을 통해 다른 부모와 자녀들을 돕는 권세와 이해력을 얻게 될 것이다. 여러분의 시련이 결혼과 관련 있다면 하나님은 때가 되어 여러분이 다른 사람의 결혼을 돕도록 예비하실 것이다.

우리 앞에 놓인 도전은 자격을 얻기 위한 예선전과 같다. 우리가 이 업적이나 위업을 달성한다면 더 큰 권세와 이해력으로 비슷한 도전에 직면한 다른 사람들을 위해 더 큰 섬김으로 우리 삶을 바칠 수 있는 자격을 얻을 것이다.

사가랴의 예

하나님은 사가랴를 세례 요한의 좋은 아버지가 되도록 징계하셨다. 나는 사가랴의 이야기가 우리 마음을 소망으로 가득 채울 것이라고 믿으며 이 이야기를 나눈다. 천사 가브리엘이 사가랴에게 나타나 아내 엘리사벳이 아들을 낳을 것이라고 말했을 때, 사가랴는 믿을 수 없었다. 아내는 나이가 많았고, 불임이었기 때문에 갑절로 비관적인 상황이었으므로 사가랴에게 가브리엘의 메시지는 꿈같은 이야기였다. 그러자 가브리엘이 말했다. "보라 이 일이 되는 날까지 네가 말 못 하는 자가 되어 능히 말을 못 하리니 이는 네가 내 말을 믿지 아니함이거니와 때가 이르면 내 말이 이루어지리라 하더라"(눅 1:20).

하나님은 사가랴를 열 달 동안 침묵으로 몰아넣으셨다. 이것은 징계였다. 어떤 사람들은 사가랴의 침묵을 하나님의 처벌로 이해한다. 마치 하나님이 이렇게 말씀하신 것처럼 말이다. "사가랴야 너는 나를 믿지 않았으니 내가 너를 처벌할 것이다. 네 아들이 태어날 때까지 너는 말을 할 수 없는 좌절감을 느낄 것이다. 너의 불신이 나를 얼마나 불쾌하게 했는지 똑똑히 가르쳐주마."

나는 사가랴의 침묵에 처벌의 요소가 있었는지 알 수 없지만, 핵심은 징계가 아니라 사가랴가 영적인 아버지의 자격을 갖추는 것이라고 생각한다. 사가랴는 하나님의 신실한 제사장으로서 경건하고 흠 없으며 독실했고, 타협하지 않았으며 겸손히 최선을 다해 하나님을 섬기는 사람이었다.

사가랴의 문제는 반항이 아니라 불신에 있었다. 사가랴는 어쩌다 불신에 빠졌을까? 나는 깊은 실망과 상심 때문이라고 생각한다. 사가랴는 하나님께 수십 년간 아들을 달라고 부르짖어 기도했지만, 응답받지 못했다. 세월이 흐르면서 사가랴의 마음과 영혼은 옛 가죽 부대처럼 단단해졌다. 천사 가브리엘이 찾아와 놀라운 소식을 전했지만, 이미 사가랴의 마음은 실망과 상심으로 단단히 굳어버렸기 때문에 믿음으로 응답할 수 없었다. 사가랴는 너무 많은 세월을 무너진 꿈과 이루어지지 않은 소망 속에 살았다.

50년간 이루어지지 않은 소망을 품고 사는 삶이 너무 힘들었던 사가랴는 가브리엘의 엄청난 선포에도 믿음으로 응답할 수 없었다. 나는 하나님이 사가랴를 보며 이렇게 생각하셨을 것 같다.

"사가랴, 우리 이제 신속하게 일을 처리하자. 앞으로 태어날 세례 요한에게는 예언적인 아버지가 필요한데, 네가 그런 아버지가 되려면 앞으로 10개월밖에 남지 않았어. 네 옛 가죽 부대를 회복해야겠구나. 나는 너를 내 가속 프로그램인 질병의 감옥에 넣을 거야. 지하 감옥이 요셉을 빠르게 성장시킨 것처럼 질병은 네가 나와 함께 새로운 길을 찾게 할 거야. 이 강한 시련이 네가 이전과 다르게 나를 추구하도록 만들 것이다. 나는 너에게 자비를 베풀어 변화할 기회를 주는 것이란다. 그러니 이제 안전띠를 단단히 매렴. 너는 아주 힘든 시련을 견뎌야 할 거야. 나는 너를 귀 멀고[18] 말하지 못하게 만들 거란다."

징계는 효과적으로 사가랴를 변화시켰다. 약 10개월이 지나 요한이 태어나자 사가랴는 유명한 문장, "그의 이름은 요한이다"를 쓰고 즉시 혀가 풀렸으며 의심과 불신의 말이 아니라 불같은 예언의 선포가 터져 나왔다. 사가랴는 분명한 통찰력과 담대한 믿음으로 울려 퍼지는 예언을 했다. 사가랴는 10개월 전과 완전히 다른 사람이 되었다. 도대체 사가랴에게 무슨 일이 일어난 것인가?

한 마디로, 징계이다. 하나님은 침묵이라는 감옥을 사용하시어 사가랴의 영혼에 강력한 변화를 일으키셨다. 사가랴의 옛 가죽

---

18. 눅 1:62을 보면 사람들이 사가랴와 소통하기 위해 몸짓을 했기 때문에 사가랴는 말만 못 한 것이 아니라 귀도 멀었음을 알 수 있다.

부대같이 단단한 마음이 10개월의 침묵을 통해 완전히 새롭게 변했으며, 하나님의 구속사적 목적을 예언적으로 깨닫는 동시에 침묵이라는 시련에서 벗어났다. 하나님의 징계 후에 사가랴가 선포한 영광스러운 예언을 함께 보자.

> 67 그 부친 사가랴가 성령의 충만함을 받아 예언하여 이르되 68 찬송하리로다 주, 이스라엘의 하나님이여 그 백성을 돌보사 속량하시며 69 우리를 위하여 구원의 뿔을 그 종 다윗의 집에 일으키셨으니 70 이것은 주께서 예로부터 거룩한 선지자의 입으로 말씀하신 바와 같이 71 우리 원수에게서와 우리를 미워하는 모든 자의 손에서 구원하시는 일이라 72 우리 조상을 긍휼히 여기시며 그 거룩한 언약을 기억하셨으니 73 곧 우리 조상 아브라함에게 하신 맹세라 74 우리가 원수의 손에서 건지심을 받고 75 종신토록 주의 앞에서 성결과 의로 두려움이 없이 섬기게 하리라 하셨도다 76 이 아이여 네가 지극히 높으신 이의 선지자라 일컬음을 받고 주 앞에 앞서가서 그 길을 준비하여 77 주의 백성에게 그 죄 사함으로 말미암는 구원을 알게 하리니 78 이는 우리 하나님의 긍휼로 인함이라 이로써 돋는 해가 위로부터 우리에게 임하여 79 어둠과 죽음의 그늘에 앉은 자에게 비치고 우리 발을 평강의 길로 인도하시리로다 하니라 (눅 1:67~79)

하나님은 징계로 사가랴를 정화하고 변화시키셨지만, 더 중요한 것은 징계로 사가랴가 하나님이 계획하신 자격을 얻게 하셨다는 점이다. 사가랴는 신실하게 시련을 통과하여 세례 요한의 육신의 아버지 역할 뿐만 아니라 영적인 아버지로 섬길 수 있었다.

　얼마나 우리에게 큰 힘과 격려를 주는 이야기인가! 하나님은 징계로 우리에게 하나님 나라의 더 큰 것을 섬길 자격을 주신다.

16 윈 형제의 탈옥

BROTHER YUN'S PRISON BREAK

12 그러므로 피곤한 손과 연약한 무릎을 일으켜 세우고 13 너
희 발을 위하여 곧은 길을 만들어 저는 다리로 하여금 어그러
지지 않고 고침을 받게 하라 (히 12:12~13)

이제 우리는 히 12:12~13의 설명을 마쳤다. 2부에서는 주님의
징계와 관련한 추가적인 문제와 다소 논쟁의 여지가 있는 질문들
을 검토할 것이다. 2부로 넘어가기 전에 먼저 히 12:12~13과 관
련한 강렬한 간증 하나를 나누고 싶다. 감옥에서 기적적으로 탈
출한 윈 형제라는 중국인 성도의 이야기이다. 윈 형제의 책[19]에 나
오는 이 탈출 이야기에 귀 기울이길 바란다.

1997년 3월, 11명의 가정교회 지도자가 중국 허난성의 정저우
시에 모였다. 윈 형제는 이 모임에 참석하기로 한 지도자 중 한 명
이었다. 정부 공안 요원이 은밀히 이 모임에 가는 누군가를 미행하
여 지도자들을 모두 체포했고 윈 형제가 아파트에 도착하기 전에
미리 숨어 있다 윈 형제가 현관에 들어서자 체포 사실을 통보했다.

---

19. 하늘에 속한 사람, 윈 형제, 폴 해터웨이 지음, pp.275~300. 홍성사, 2004.

윈 형제는 체포당하지 않으려고 즉시 몸을 돌려 창밖으로 뛰어내렸지만, 추락의 결과로 발을 심하게 다쳤으며 1층에서 잠복 중이던 공안 여러 명이 즉시 윈 형제에게 달려들어 때리고 발로 차기 시작했다. 그들은 윈 형제가 의식을 잃을 때까지 짓밟고 권총으로 마구 때리며 전기충격봉으로 고문했지만 놀랍게도 윈 형제는 죽지 않았다.

체포된 모든 지도자가 끔찍한 고문을 당했다. 정부는 윈 형제의 고향인 난양으로 공안을 급파해 윈 형제의 아내와 교회의 다른 신자들까지 체포했다. 법정 심리에서 판사는 윈 형제의 간증 활동과 구류에서 여러 번 탈출한 것을 두고 질책했다. 판사가 질문했다. "윈, 말해보시오. 또 탈출할 기회가 있다면 그렇게 할 겁니까?" 윈 형제는 정직하게 대답하기로 결심하고 그럴 것이라고 말했다. 윈 형제는 중국 전역에 복음을 전하는 소명을 완수하고 싶었다.

윈 형제의 단호한 대답을 들은 모든 관리가 크게 격분했고 판사는 이렇게 말했다, "우리는 당신의 다리를 완전히 부러뜨려서라도 다시는 탈출하지 못하게 할 것이오!" 윈 형제는 어떤 방으로 끌려갔다. 한 남자가 봉을 들고 윈 형제의 다리 무릎 아래를 내려치기 시작했다. 그는 윈 형제가 바닥에서 비명을 지를 때까지 다리를 산산조각 냈고 윈 형제의 다리 무릎 아래는 완전히 검게 변했다. 윈 형제는 다른 지도자들이 갇혀있는 정저우시 공안청 최고 보안 감옥 독방에 감금당했다.

윈 형제는 처음 36시간 동안 쉬지 않고 맞으면서 계속 심문당했으며 이후에는 하루걸러 고문과 함께 심문당했다. 그들은 특히 지도자들의 머리와 손과 다리를 때렸다. 윈 형제는 하나님의 약속을 붙들고 목청껏 성경 말씀을 외치며 밤낮으로 크게 찬양했다. 고문 후 원 형제는 자기 힘으로 걸을 수 없었기 때문에 3명의 기독교 지도자들이 원 형제가 감방과 고문실과 화장실을 오갈 때마다 부축했다. 그중의 한 명은 수 형제라는 중국의 유명한 기독교 지도자였다. 수 형제의 방에는 정보원 한 명이 배치되어 감시했다.

어느 날 정보원이 심하게 아프자 원 형제는 "안마" 해주겠다며 수 형제에게 자신을 정보원 가까이 데려다 달라고 부탁했다. 원은 정보원을 위해 기도했고 그는 즉시 회복했다. 수 형제는 원 형제에게 기회가 있으면 탈출해야 한다고 암시했다.

몇 주간 원 형제의 우울증이 심해졌다. 매일 밤 원은 고통을 조금이라도 줄이기 위해 불구가 된 다리를 벽에 걸쳐 놓곤 했다. 원의 아내는 여자 감옥에 수감 중이었으며 두 아이는 어떻게 됐는지 전혀 알 방도가 없었다. 당시 원 형제는 39세였고 인생에서 가장 힘든 순간을 보내고 있었다. 수 형제는 계속해서 원에게 탈출하라고 제안했다. 원 형제는 불만을 터뜨렸다. "제 다리는 박살났고 제 방은 철문으로 잠겨있습니다. 저는 걸을 수 없단 말입니다! 제가 어떻게 탈출할 수 있습니까?"

1997년 5월 4일, 지난 6주간 여느 저녁처럼 원은 고통스럽게 다리를 벽에 걸쳐 놓았다. 피가 역류하며 다리에 감각이 없어지자 고통이 조금씩 줄어들었다. 원은 주님께 버림받았다고 느끼며 자신은 감옥에서 썩을 것이라고 생각했다. 다음 날 아침 주님은 렘 14장과 15장, 히 10:35의 말씀으로 원에게 용기를 주셨다.

원은 예레미야서의 말씀을 확인하면서 흐느껴 울었고 그때 성령님이 원의 마음에 속삭이셨다. 갑자기 자신이 아내와 함께 있고 아내가 자신의 상처를 치료해주는 환상이 보였다. 환상에서 아내가 윈에게 물었다, "철문을 열지 그러세요?" 그러자 주님이 윈에게 말씀하셨다, "네가 구원받을 시간이 되었다." 윈은 즉시 탈출을 시도해야 한다는 것을 깨달았다.

윈은 옆방의 수에게 벽을 두드려 신호를 보내면서 기도를 부탁했다. 그리고 간수를 불렀다, "지금 당장 화장실에 가야겠어요." 간수는 수의 감방문을 열고 수에게 윈을 화장실로 데려가라고 말했다. 수감자들이 자신의 방에서 나올 때마다 탈출을 막기 위해 복도의 철문이 잠긴다. 각 층은 간수들이 서 있는 철문으로 막혀있다. 윈이 탈출하려면 3개의 철문을 지나 6명의 무장 경비원들을 통과해야 한다.

수 형제가 윈의 감방문 앞에 와서 말했다. "형제님, 반드시 탈출해야 합니다!" 윈은 바지를 잡아당겨 허리춤의 벨트에 성경 구절을 써놓은 화장지 여러 장을 꽂아 넣었다. 윈은 기도했다, "주님은 제가 이 감옥을 빠져나가야 한다는 것을 보여주셨습니다. 이 시간 주님께 순종하여 탈출을 결행하겠습니다. 만약 간수들이 제게 총을 쏜다면 주님이 제 영혼을 하늘 처소로 들여 주시옵소서."

1997년 5월 5일 오전 8시, 여기저기 사람들이 움직였고 모든 간수와 경비원이 자기 자리를 지켰기 때문에 이 시간은 탈출을 시도하기에 최악이었다. 하지만 윈은 무조건 순종하기로 선택했다. 윈은 자기 감방에서 나와 발을 질질 끌며 복도의 철문을 향해 갔다. 윈은 앞을 바라보며 기도할 뿐이었다.

윈이 문에 도착한 순간, 또 다른 믿음의 수감자인 무성 형제가 허드렛일을 마치고 독방으로 오기 위해 문이 열렸다. 윈은 무성 형제에게 말했다. "잠깐! 문을 닫지 마세요." 그리고 걸음을 늦추지 않고 문을 통과해 직진했다. 무성 형제와 함께 있던 경비원은 복도에서 울리는 전화벨 소리를 듣고 전화를 받으러 달려갔기 때문에 윈을 전혀 보지 못했다.

윈은 벽에 기대어 있는 빗자루를 들고 계단으로 2층까지 내려갔다. 두 번째 철문과 마주한 책상에 무장 경비원이 앉아 있었다. 그 문은 항상 경비원이 지키고 있었기 때문에 가끔 열려 있었다. 성령님이 윈에게 말씀하셨다. "지금 가라! 베드로의 하나님이 곧 너의 하나님이다!"

마치 경비원의 눈이 먼 것 같았다. 그는 멍한 표정으로 윈을 정면으로 바라보았다. 윈은 그저 앞만 보고 걸었다. 당장이라도 등에 총을 맞을 수 있다는 것을 알았지만 총알은 날아오지 않았다. 윈이 계단을 내려갔지만 아무도 그를 막지 않았고 어떤 경비원도 그에게 말 한마디 하지 않았다. 안뜰로 나가는 중앙 철문에 도착했을 때, 윈은 그 문이 이미 열려 있음을 발견했다.

중앙 철문은 가장 삼엄하게 지키는 문이었기에 항상 두 명의 경비원이 상주했지만 매우 이상하게도 아무도 보이지 않았다. 윈은 손에 든 빗자루를 버리고 문을 통과해 안뜰로 나갔다. 밝은 아침 햇살에 눈이 찡그려졌다.

여러 명의 경비원을 지나쳤지만 아무도 윈에게 말을 걸지 않았다. 그리고 윈은 역시나 어떤 설명할 수 없는 이유로 약간 열려 있는 감옥 정문을 통과했다. 윈의 온몸에 아드레날린이 솟구쳤다. 윈은 정저우시 최고 보안 감옥 밖의 거리에 서 있었다. 지금까지 이 감옥을 탈출한 사람은 아무도 없었다!

곧바로 택시 한 대가 윈 앞에 서더니 젊은 운전사가 나와 조수석 문을 열어주면 어디로 가는지 물었다. 차에 탄 윈이 말했다. "내 사무실로 급히 가야겠습니다. 최대한 빨리 가십시다." 윈은 기사에게 자신이 알던 한 기독교 가정의 주소를 알려 주었다. 도착하자마자 윈은 택시비를 내기 위해 아파트 3층까지 계단으로 올라갔다. 그 가족의 딸 중 한 명이 윈에게 택시비를 주었고 윈은 재빨리 계단을 내려와 운전사에게 돈을 주었다.

아파트로 돌아오자 딸 중 한 명이 윈에게 말했다. "온 교회가 형제님과 동역자들을 위해 일주일 넘게 금식하며 기도하고 있었어요. 그런데 어제 성령님이 우리 엄마에게 이렇게 말씀하셨는데요, '내가 윈을 빼내기로 했다. 그러면 윈은 제일 먼저 네 집으로 찾아올 것이며, 잠깐 머무르는 동안 너와 함께 기도하게 될 것이다.'" 그들은 윈이 숨을 곳을 마련했다. 기도 후에 윈은 그들이 준비한 자전거를 타고 떠났다. 가족 중 한 명이 은신처를 알려주기 위해 자전거 뒤에 탔다.

윈이 자전거 페달을 밝는 순간, 산산조각이 난 자신의 다리와 발이 완전히 치유되었음을 갑자기 깨달았다. 윈은 예상치 못한 탈출에 집중하느라 자기 다리와 발이 치유된 것도 알아차리지 못한 것이다. 이후 무성 형제는 윈이 3층에서 자신을 지나쳐갈 때 정상적으로 걷는 것을 보고, 윈 형제가 감방을 나오자마자 주님이 치유하셨음을 깨달았다고 말해주었다. 윈은 자전거를 타면서 히 12:13의 말씀이 떠올랐다. "너희 발을 위하여 곧은 길을 만들어 저는 다리로 하여금 어그러지지 않고 고침을 받게 하라." 윈은 이 말씀의 성취를 경험하고 기뻐 뛸 것만 같았다.

수 형제는 후에 이렇게 기록했다. "나는 하나님이 윈을 특별한 방식으로 탈옥시키신 데에는 그만한 이유가 있다고 생각합니다. 그것은 감옥 당국이 윈 형제의 다리를 으깨면서 주님과 윈 형제를 조롱했기 때문이죠. 그들은 우리를 때리며 이렇게 말했습니다. '어디 탈출할 테면 지금 해 봐라!' 주님은 도전하는 자를 절대로 지나치지 않으시고 그 도전을 받아들이는 분입니다".

●

●

●

여러 계시를 받은 것이 지극히 크므
로 너무 자만하지 않게 하시려고 내
육체에 가시 곧 사탄의 사자를 주셨
으니 이는 나를 쳐서 너무 자만하지
않게 하려 하심이라.

(고후 12:7)

●

●

●

2부

바울의 가시와 질문들

PART 2 Paul's Thorn and Other Questions

17 하나님이 악을 행하실 수 있는가?

IS GOD CAPABLE OF EVIL?

하나님은 언제나 선하시다! 하나님이 하시는 모든 것이 무한한 선하심INFINITE GOODNESS에서 나오기 때문이다. 이제 우리에게 중요한 질문이 하나 있다. 하나님이 선하시다면, 하나님은 악을 행하실 수 있는가? 징계 중에 사용된 어떤 방법은 아주 악해 보이는데, 어떻게 그것이 하나님에게서 나왔다고 할 수 있는가? 이것은 논란의 여지가 많은 질문이지만 지금까지 우리가 본 것처럼, 이 책은 논쟁을 피하지 않고 이 질문을 다룰 것이다.

이 질문에 관한 내 깨달음을 설명하기에 앞서, 내 견해와 완전히 다른 어떤 사람의 말을 인용하고 싶다. 한 문제를 놓고 양측이 어떻게 말하는지 주의 깊게 관찰하고 생각하는 것이 중요하기 때문에 나는 그의 관점을 정확히 표현하고 싶어서 조금 길지만, 그의 말을 그대로 인용하려 한다.

아래 인용문은 일리노이주 시온성의 설립자인 존 알렉산더 도위JOHN ALEXANDER DOWIE의 설교문을 그대로 옮긴 것이다. 도위는 100년 전에 살았던 위대한 믿음의 사람이며 기사와 이적과 표적, 병 고침으로 하나님께 강력히 쓰임 받았다. 나는 도위의 사역을 사랑한다.

하나님의 치유에 열정이 있는 사람을 만날 때마다 나는 강한 친밀감과 유대감을 느낀다.

하지만 도위처럼 치유 사역으로 강하력게 쓰임 받은 이들의 징계 견해는 내 견해와 크게 다른데, 나 역시 하나님의 치유 기적과 권능을 확신하고 받아들이기 때문에 참 마음이 아프다.

아래 도위의 긴 인용문을 양해해주길 바라며 여러분에게 도움이 되기를 소망한다. 나는 도위의 말에 동의하는 부분도 있고 동의하지 않는 부분도 있음을 강조하고 싶다. "아멘"이라는 언급은 도위의 설교를 듣는 회중의 확고한 반응을 보여준다.

종교개혁 이후 하나님의 말씀에 관한 가장 큰 거짓말은 기독교 신학에 있습니다. 교회를 더럽히고 교회가 교회 되지 못하게 만든 가증한 거짓말은 바로 하나님이 죄나 질병을 일으키시거나 기꺼이 허락하신다는 주장입니다. 이 거짓 주장은 하나님을 칼빈주의적 거짓말쟁이로 만들어버립니다. 정말 어이없는 말입니다!

제 입에서 쓴 말이 나올 것 같습니다. 제가 어린 시절에 들은 지옥 같은 거짓말, 즉 하나님이 악인의 형벌을 미리 정하시고 창조하셨다는 말을 생각하면 제 마음이 쓰라리기 때문입니다. 하나님이 악인을 복수의 대상인 "진노의 잔"으로 창조하셨으므로 그들은 덕이나 거룩을 갖출 수 없다는 것입니다. 오, 이것은 정말 엄청난 거짓말입니다! 두 번째 거짓말은 지혜가 무한하신 아버지 하나님이 자녀들을 질환과 각종 질병과 결함의 희생자가 되도록 허락하셨으며 이를 통해 하나님이 자녀들의 마음을 정화하시고 자신에게 이끄신다는 주장입니다. 이것은 지긋지긋한 거짓말입니다! (아멘, 아멘)

그리스도가 언제, 어디서 그렇게 말씀하셨습니까? 만일 예수님이 그렇게 말씀하셨다면 나는 왜 그렇게 말씀하셨는지 물어볼 것입니다. 하지만 예수님은 절대 그러지 않으셨습니다. 예수님이 고통당하는 사람들의 얼굴을 보시며 "나한테 치유해달라고 구하지 말아라. 너희 하늘 아버지께서는 너희에게 무엇이 좋은지 아신다. 하나님의 무한한 사랑과 자비로, 너희에게 고난과 고통의 손을 내리사 너희 몸을 병들게 하시어 너희 영혼을 깨끗케 하시리라"라고 말씀하셨습니까?

절대로 아닙니다! (아멘) 하나님의 아들이 나타나신 것은 마귀의 일을 멸하려 하심이라고 분명히 말씀하셨습니다. 예수님이 어떤 일을 멸하셨습니까? 백부장 고넬료의 집에서 사도 베드로는 그리스도의 공생애를 이렇게 설명합니다. "하나님이 성령과 권능으로 예수님께 기름 부으셨다. 그래서 선한 일을 행하시고 모든 눌린 사람을 치유하셨다."

예수님이 하나님의 일을 멸하셨습니까? 아닙니다! 그러면 사탄의 일을 멸하셨습니까? 그렇습니다! 왜? 하나님이 예수님과 함께하셨기 때문입니다. 이해하십니까? 지난 주일 오후에 인용했던 마 4:23을 보겠습니다. "예수께서 온 갈릴리에 두루 다니사 그들의 회당에서 가르치시며 천국 복음을 전파하시며 사람 중의 모든 병과 모든 약한 것을 고치시니."

베드로는 예수님이 치유하신 모든 사람이 사탄에 잡혀있었다고 선포했습니다. 만일 이것이 사실이라면 19세기 전의 모든 아픔과 질병은 사탄의 소행인 것이 맞습니까? 아픔과 질병을 일으키는 것이 오늘날 하나님이 하시는 일입니까? "아니요." 누구의 일입니까? "사탄"입니다. 19세기 전에 사탄이 하던 일을 현대에 하나님이 하신다는 것을 완벽히 증명하지 않는 한 이것은 변함없는 사실입니다. 지금 하나님이 질병을 원하신다는 거짓말이 교회에 스며들어 노랫말이 되었고, 강단은 하나님이 그 손을 펼치사 사람들을 아프게 함으로써 인류를 축복하신다는 거짓말로 가득 차 있습니다.

이 시대 하나님의 사역자로서 제가 말하건대, 하나님이 하실 수 없는 일이 있습니다. 전능하신 하나님께 불가능한 것이 있는 이유는 그 일이 악하기 때문입니다. 하나님이 사람을 아프게 하는 것은 불가능합니다. 하나님의 손으로 질병을 퍼트리는 것은 불가능합니다. 왜? 하나님은 선하시기 때문입니다. 하나님은 썩지 않으시고 순전하시며 악을 전달하실 수 없습니다. 그러므로 썩지 않으신 분이 부패한 오염을 전달하실 수 없습니다. (아멘)

병이 없는 존재가 병을 전달하는 것은 불가능합니다. 하나님이 사람을 아프거나 부정하거나 비참하게 만드는 것은 불가능합니다. 만일 그렇게 하신다면, 그분이 죄와 질병의 근원이 되시기 때문입니다.

어떤 질병도 하늘로부터 올 수 없습니다. 천국에는 죄도 질병도 죽음도 지옥의 권세도 없으므로 이런 것이 천국에서 오는 것은 불가능합니다. 하나님이 질병의 지휘자이실 가능성은 전혀 없습니다.

어떤 이들은 이렇게 말합니다, "아, 잠시만요! 도위 박사님, 하나님의 말씀에 '주님께서 사랑하시는 자를 징계하시고 그가 받아들이시는 모든 아들을 채찍질하신다'를 못 보셨나요? 이 말은 하나님이 사람을 병으로 징계한다는 의미라는 것을 모르시나요?" 저는 모릅니다. 사탄은 더럽히는 자이고 그리스도는 치유자이시기 때문입니다. 그러나 저는 이 구절의 해석을 마땅히 더 잘 알아야 하는 성직자들이 한 것임을 압니다. 그들은 분명히 징계에 해당하는 헬라어 "파이데이아^{PAIDEIA}"를 모르는 것 같습니다.

이 단어는 어린아이를 의미하는 "파이스^{PAIS}"에서 나왔으며, 아이들의 교사를 의미하는 페다고그^{PEDAGOGUE}의 어원입니다. "파이데이"라는 단어는 지시, 교육, 아이를 훈육하는 것, 능력과 영과 혼과 육의 교육을 의미합니다. 아이를 조심스럽게 양육하고 건강하게 지키며 악한 모든 것으로부터 분리하여 아이를 깨끗하고 건전하고 순수하고 거룩하며 모든 면에서 강하게 만드는 것을 의미합니다.

"대저 여호와께서 그 사랑하시는 자를 키우시고 교육하시고 튼튼하게 하시기를 마치 아비가 그 기뻐하는 아들을 양육함 같이 하시느니라"가 원문을 정당하게 번역한 것입니다. 아프게 하는 것과는 전혀 관계없으며 오히려 반대입니다. 아이가 아프지 않다면 불완전한 교육이라는 말이 옳습니까?

자녀를 대학에 보낼 때 여러분은 이렇게 말씀하시나요? "자, 존스 씨. 당신께 제 아들을 보냅니다. 잘 가르쳐주세요. 하지만 분기마다 정기적으로 아이가 아픈지 확인해주세요. 필요하다면 눈을 때려주시고 결핵, 장티푸스나 적절한 질병을 자주 주세요. 아니면 다리를 부러뜨리세요. 존스 씨 아이를 사랑하신다면 주님이 자녀에게 하시듯 아이를 징계해주세요. 주님은 사랑하는 자를 병들게 하시니까요." 만일 이게 사실이라면 저는 "주님, 저를 사랑하지 마세요"라고 말하겠습니다.

아픔과 질병은 죄의 결과이며 죄가 없다면 이 세상에 존재하지 않았을 것입니다. 병을 하나님의 계획이나 목적의 일부라고 말하는 것은 하나님을 죄의 아버지로 만들고, 사탄으로 바꾸는 것입니다. 이 거짓말이 찬양과 기도, 설교에 너무도 깊이 박혀 있습니다. 누군가는 이렇게 말합니다, "오, 하지만 질병이 때로는 사람을 더 낫게 만든다는 것을 모르시나요? 사람이 병에 걸리면 하나님께 나아온다는 것을 모르세요?"

저는 이 말을 거부합니다. 이 말보다 더 거짓된 표현은 없다고 생각합니다. 지인 중에 아픈 사람이 몇 명 있습니다. 작년에 저는 병자에게 오만 번 이상 안수했습니다. 저는 시온의 장막과 가정에서 일주일에 천 명에서 천 오백 명의 환자를 만나며 처음 보는 수천 명을 위해 기도합니다. 저는 거의 20년간 병원을 방문했고 여러 나라에서 고통당하는 사람들을 위해 사역하며 예수님을 믿는 믿음으로 병자를 치유하는 사역에 쓰임 받았습니다.

제가 아는 것을 말씀드리겠습니다. 질병은 사람들을 하나님께 인도하지 않으며 오히려 하나님에게서 멀리 떨어지게 합니다. 사람이 아프든 건강하든 하나님께 인도하는 것은 성령님이십니다. 오늘 여기 앉아 있는 분들에게 묻겠습니다, 그렇지 않습니까? "네." 아픔과 질병이 하나님께 가까이 인도한다면, 잠깐 생각해보십시오. 제가 목사로서 여러분을 하나님께 더 가까이 인도하기 위해 고급스러운 질병 보관함에서 장티푸스나 폐결핵 혹은 콜레라를 꺼내 여러분에게 퍼트리겠다고 말하거나 눈을 때리고 다리를 부러뜨리겠다고 말하면서 이 모든 것이 여러분을 하나님께 더 가까이 인도하며 하나님이 여러분을 사랑하시는 것을 보여주기 위함이라고 말한다면 어떠시겠습니다?

저는 아비 사탄과 어미 죄에서 나온 부패한 오염물인 질병이 사람들을 하나님께 인도한다는 가르침과 정반대를 경험했습니다. 하나님과 가장 가까이 살았던 사람들의 믿음이 질병 때문에 약해지고 영혼을 우울하게 하며 짙은 흑암 속에 떨어집니다. 그리고 질병에 걸린 사람의 가족들은 하나님이 질병을 보내서 사랑하는 사람들을 데려갔다는 결코 지울 수 없는 불신의 그림자 속에 살아갑니다.[20]

나는 도위의 의견에 많은 부분 동의한다. 대부분 질병은 사람을 더 좋게 만들기보다는 속박한다. 사탄은 인류를 질병, 아픔, 병약함이라는 감옥에 가두지만 예수님은 "두루 다니시며 선한 일을 행하시고 마귀에게 눌린 모든 사람을 고치셨으니 이는 하나님이 함께"(행 10:38) 하셨다. 질병은 사람의 불순종의 결과이며 사탄은 인류 전체에 죄의 끔찍한 결과를 조장하는 것을 과업으로 삼는다.

---

20. 존 알렉산더 도위, Jesus the Healer, Tucson, AZ: Zion Restorationists, pp. 20-23.

죄는 연약함, 질병, 아픔을 포함한 모든 끔찍한 결과를 스스로 초래하기 때문에 사탄은 항상 우리가 죄짓도록 유혹한다. 그러나 예수님은 우리를 죄의 결과에서 해방하기 위해 오셨다. 요일 3:8에서 보듯, "하나님의 아들이 나타나신 것은 마귀의 일을 멸하려 하심이라."

나는 이 부분에서 도위의 주장에 동의하지만 다른 몇 가지 부분에서 의견이 다르다. 도위는 하나님이 자녀를 정결케 하시기 위한 목적으로 결코 질병과 연약함을 사용하지 않으신다고 했다. "하나님이 하실 수 없는 것이 있습니다." 또 이렇게 주장했다. "하나님이 사람을 병들게 하실 수 없습니다."

나는 다르게 생각한다. 이번 장에서는 이 주제가 제기하는 한 가지 질문, '하나님이 악을 행하실 수 있는가?'만을 다루도록 하겠다. 여러분이 스스로 이 주제를 연구하고 결정하도록 몇 가지 성경 구절을 제시하면서 성경이 이 주제에 뭐라고 말씀하시는지 나눌 것이다. 자세한 내 견해는 이 책의 관점에 반대하는 질문과 의견에 최대한 성실히 응답하는 23장에서 깊이 나누겠다.

나는 단호하게 선언한다. 하나님은 선하시며 그에게는 어둠이 조금도 없으시다(요일 1:5). 약 1:16~17은 우리가 받는 선한 것은 다 하늘에서 왔다고 말한다. "온갖 좋은 은사와 온전한 선물이 다 위로부터…내려오나니." 하지만 야고보는 사탄에게서 악한 것이 온다고 말하지 않았다. 왜 그럴까? 이제 보겠지만 종종 하나님에게서 악한 것이 오기 때문이다. 때때로 하나님의 임재에서 나오는 하나님의 심판의 모습이 악해 보일 때가 있다. 하나님은 이것을 이렇게 설명하신다.

주 여호와께서 이같이 이르시되 내가 나의 네 가지 중한 벌 곧 칼과 기근과 사나운 짐승과 전염병을 예루살렘에 함께 내려 사람과 짐승을 그중에서 끊으리니 그 **해**가 더욱 심하지 아니하겠느냐. (겔 14:21)

해^{SEVERE}는 히브리어 형용사 "라^{RAG}"의 번역이다. 히브리어 "라"는 악을 의미하며 창세기 2:9까지 거슬러 올라가 "선악을 알게 하는 나무"에서 사용된, 악을 의미하는 가장 일반적인 단어이다. 나는 겔 14:21에서 중한 벌을 악한 심판으로 번역한 번역자가 거의 없다는 사실이 무척 흥미롭다. 분명히 "라^{RAG}"는 사용하는 문맥을 따라 다양한 면을 강조한다. 번역본 대부분이 악^{EVIL} 대신 화가 난^{SORE}, 심각한^{SEVERE}, 끔찍한^{DREADFUL}, 무시무시한^{FEARSOME}, 치명적인^{DEADLY}, 불행한^{CALAMITOUS}, 슬픈^{GRIEVOUS}, 처참한^{DISASTROUS}, 쓰라린^{BITTER}, 지독한^{TERRIBLE} 같은 형용사를 사용한다.

왜 성경 번역자들은 원어의 가장 일반적인 뜻인 악이 아닌 다른 단어를 선택했을까? 아마도 하나님이 악하게 심판하신다는 표현을 불편하게 여기는 신학적 편견에 따른 선택이었을 것이다. 그러나 실수하지 말라. 이 구절에서 하나님은 친히 악을 불러내셨으며 악한 심판의 가해자가 되기로 작정하셨다. 다음은 악한 가해자로서 하나님의 모습을 보여주는 성경 구절들이다.

나는 빛도 짓고 어둠도 창조하며 나는 평안도 짓고 환난^{RAG}도 창조하나니 나는 여호와라 이 모든 일을 행하는 자니라 하였노라 (사 45:7)

화^{RAG}와 복이 지존자의 입으로부터 나오지 아니하느냐. (애 3:38)

땅이여 들으라 내가 이 사람에게 재앙^{RAG}을 내리리니 이것이 그들의 생각의 결과라. 그들이 내 말을 듣지 아니하며 내 율법을 거절하였음이니라. (렘 6:19)

바알에게 분향함으로 나의 노여움을 일으킨 이스라엘 집과 유다 집의 악^{RAG}으로 말미암아 그를 심은 만군의 여호와께서 그에게 재앙^{RAG}을 선언하셨느니라. (렘 11:17)

그러므로 이제 너는 유다 사람들과 예루살렘 주민들에게 말하여 이르기를 여호와의 말씀에 보라 내가 너희에게 재앙^{RAG}을 내리며 계책을 세워 너희를 치려 하노니 너희는 각기 악한^{RAG} 길에서 돌이키며 너희의 길과 행위를 아름답게 하라 하셨다 하라. (렘 18:11)

말하기를 너희 유다 왕들과 예루살렘 주민아 여호와의 말씀을 들으라. 만군의 여호와 이스라엘의 하나님이 이같이 말씀하시되 보라 내가 이곳에 재앙^{RAG}을 내릴 것이라. 그것을 듣는 모든 자의 귀가 떨리니 (렘 19:3, 또한 렘 11:11,23; 19:15; 23:12; 26:19; 36:3, 스 14:22, 단 9:12, 미 1:12 참조)

왜 하나님은 자기 심판을 악하다고 말씀하시는가? 칼, 기근, 역병은 이것을 경험하는 사람에게 악하기 때문이다. 하나님이 주님 나라의 궁극적인 선을 위해 지옥을 만드셨지만, 지옥에 있는 사람들은 지옥을 우주에서 가장 큰 악이라고 생각할 것이다. 악^{RAG}의 언급은 하나님이 때로 사람들에게 해를 입히시는 것을 의미하므로 나는 하나님이 악^{RAG}을 행하실 수 있다고 단언한다.

징계를 포함한 하나님의 심판을 겪는 사람들은 심판 자체를 악한 것으로 경험하지만, 하나님이 하시는 일은 결코 악한 마음에서 나오지 않는다. 하나님은 악한 마음이 없으시며 전적으로 선하시고 하나님의 모든 심판은 하나님의 선하심에 근거한다. 즉, 하나님은 악한 행위를 하실 수 있지만 악한 동기는 없으시다. 하나님의 모든 악한 심판에 주님의 선하심이 깃들어 있다(시 119:39).

예를 들어, 이스라엘이 바벨론의 침략으로 악한 징계를 받고 바벨론으로 잡혀갔을 때 예레미야는 포로기에 담긴 하나님의 동기를 드러냈다. "여호와의 말씀이니라 너희를 향한 나의 생각을 내가 아나니 평안이요 재앙^{RAG}이 아니니라 너희에게 미래와 희망을 주는 것이니라"(렘 29:11).

예루살렘 멸망은 이스라엘 민족에게는 상상조차 할 수 없는 최악의 일이었지만 그 안에 담긴 하나님의 의도는 선했다. 렘 32장에서 주님은 이렇게 말씀하신다, "여호와께서 이와 같이 말씀하시니라 내가 이 사람에게 이 큰 재앙^{RAG}을 내린 것 같이 허락한 모든 복을 그들에게 내리리라"(렘 32:42).

우리는 이 세상에 있는 대부분의 악의 근원이 악한 영이라고 해서 악한 재앙이 하나님의 주권과 권능 밖에 있다고 가정하면 안 된다. 이 부분이 내가 알렉산더 도위의 의견에 반대하는 부분이다. 하나님은 하나님이시기에 악하고 끔찍한 일을 하실 권리가 있으시다. 하나님의 심판은 무섭고 두렵다.

하나님이 사람에게 해^{RAG}를 입힐 수 있다는 것을 이해하면 우리는 하나님을 향한 건강한 두려움이 생길 것이다. "살아 계신 하나님의 손에 빠져들어 가는 것이 무서울진저"(히 10:31). 죄인들은 회개하지 않는 불신자를 벌하시는 하나님을 두려워해야 한다. 성도들도 자기 자녀를 훈계하시는 하나님(히 12:6)을 두려워해야 한다.

성경은 참된 신, 진짜 신은 선과 악 모두를 행할 수 있다고 가정한다. 예를 들어 하나님은 이스라엘 자손의 거짓 신을 조롱하시면서 이렇게 말씀하신다. "뒤에 올 일을 알게 하라 그리하면 너희가 신들인 줄 우리가 알리라 또 복을 내리든지 재난을 내리든지 하라 우리가 함께 보고 놀라리라"(사 41:23).

하나님은 예레미야를 통해 이스라엘에게 거짓 신들을 비유로 똑같은 점을 강조하신다. "그것이 둥근 기둥 같아서 말도 못 하며 걸어 다니지도 못하므로 사람이 메어야 하느니라 그것이 그들에게 화를 주거나 복을 주지 못하나니 너희는 두려워하지 말라 하셨느니라"(렘 10:5). 하나님은 선과 악을 모두 행하실 수 있다고 넌지시 드러내셨다. 그러므로 오직 하나님만 예배와 경외의 대상이시다.

하나님은 질병의 지휘자이신가?

존 알렉산더 도위는 동의하지 않지만, 나는 하나님이 때때로 질병의 가해자임을 보여주는 성경 구절을 발견했다. 출 4:11에서 하나님은 사람들을 말하지 못하게 하시거나 귀를 멀게 하시고 눈이 밝아지거나 못 보게 하시는 분이라고 한다. "여호와께서 그에게 이르시되 누가 사람의 입을 지었느냐 누가 말 못 하는 자나 못 듣는 자나 눈 밝은 자나 맹인이 되게 하였느냐 나 여호와가 아니냐."

미 6:13에서 하나님은 자기 사람들을 병들게 하신다고 말씀하신다: "그러므로 나도 너를 쳐서 병들게 하였으며 네 죄로 말미암아 너를 황폐하게 하였나니." 하박국은 이렇게 기록했다. "역병이 그 앞에서 행하며 불덩이가 그의 발밑에서 나오는도다"(합 3:5). 다시 한번 하나님에게서 전염병이 온다고 이야기한 겔 14:21을 인용한다. "주 여호와께서 이같이 이르시되 내가 나의 네 가지 중한[RAG] 벌 곧 칼과 기근과 사나운 짐승과 전염병을 예루살렘에 함께 내려 사람과 짐승을 그중에서 끊으리니 그 해가 더욱 심하지 아니하겠느냐."

사전은 전염병[PESTILENCE]을 "림프절 페스트처럼 전염성이 강한 질환의 유행"[21]이라고 정의한다. 하나님은 자신이 이런 전염병을 일으키실 수 있다고 말씀하신다. 연약한 내 마음으로는 내가 사랑하고 섬기는 좋으신 하나님이 질병과 허약함을 주신다는 생각 자체가 불쾌하지만 나는 다음과 같이 말씀하신 하나님의 증언을 부인할 수 없다. "이제는 나 곧 내가 그인 줄 알라 나 외에는 신이 없도다. 나는 죽이기도 하며 살리기도 하며 상하게도 하며 낫게도 하나니 내 손에서 능히 빼앗을 자가 없도다"(신 32:39).

나는 마귀에게서 질병과 허약함이 온다는 존 알렉산더 도위의 말에 동의한다. 하지만 항상 마귀에게서만 질병과 허약함이 온다는 말에는 동의하지 않는다. 도위는 하나님이 악을 행하실 수 없다고 말했지만, 성경에서 하나님은 악을 행하실 수 있다고 말씀하신다.

---

21. 마이크로소프트 엔카르타 세계 영어 사전 ©1999 Microsoft Corporation. All rights reserved. 1993년부터 2009년까지 출시한 디지털 멀티미디어 백과사전.

하나님은 자연재해의 지휘자이신가?

한 자료에 따르면, 전 세계에서 하루 한 건의 자연재해가 발생한다. 하나님은 자연재해에 책임이 있으신가? 나는 인터넷에 "날씨를 향한 하나님의 주권"이라는 문장을 검색한 적이 있다. 약 50개의 성경 구절이 화면에 나타났다. 여기 하나님이 날씨를 지휘하시는 모습을 보여주는 세 가지 예가 있다.

> 22 네가 눈 곳간에 들어갔었느냐 우박 창고를 보았느냐 23 내가 환난 때와 교전과 전쟁의 날을 위하여 이것을 남겨 두었노라. (욥 38:22~23)

> 불과 우박과 눈과 안개와 그의 말씀을 따르는 광풍이며 (시 148:8)

> 안개를 땅끝에서 일으키시며 비를 위하여 번개를 만드시며 바람을 그 곳간에서 내시는도다. (시 135:7)

폭풍, 홍수, 가뭄, 태풍, 허리케인, 쓰나미, 지진, 이 모든 것을 하나님이 지휘하신다. 보험 회사들은 때때로 자연재해를 "불가항력AN ACT OF GOD"이라는 범주에 넣는데, 대체로 옳은 표현이다. 우리는 욥을 통해 사탄도 제한적으로 폭풍을 일으킨 것을 안다. 사탄은 번개를 보내 욥의 양과 종들을 불태웠고(욥 1:16) 회오리바람을 보내 욥의 집을 무너뜨려 욥의 자녀를 모두 죽인다(욥 1:19). 그러나 이 능력은 하나님이 사탄에게 예외적으로 위임하신 것이며, 하나님의 허락 없이 사탄이 임의로 날씨를 조종할 수는 없다(욥 1:12).

어떤 사람들은 막 4:35~41의 폭풍우가 예수님이 새로운 지역으로 가시는 것을 막으려고 사탄이 일으킨 것이라고 주장한다. 그러므로 우리는 종종 사탄이 날씨에 제한적인 능력을 행사하기도 한다는 것을 알 수 있다. 이 말은 곧 사탄이 주도적으로 자연재해를 일으킬 수 있다는 의미인가? 성경은 그렇지 않다고 말한다. 성경의 일관된 증언은 하나님이 자연계를 통제하신다는 것이다. "여호와께서 명령하신즉 광풍이 일어나 바다 물결을 일으키는도다"(시 107:25). 반대로 날씨에 영향을 미치는 사탄의 능력은 아주 제한적이어서 만일 사탄이 날씨에 영향을 끼치려면 미리 하나님의 허락을 받아야 하는 것으로 보인다. 그러므로 내 견해는 자연재해는 하나님의 주권 아래 있다는 것이다.

2005년 8월 허리케인 카트리나가 루이지애나주 뉴올리언스를 황폐하게 만들었을 때 나는 암 3:6의 말씀을 유심히 보았다: "성읍에서 나팔이 울리는데 사람이 어찌 두려워하지 아니하겠으며 여호와의 행하심이 없는데 재앙이 어찌 성읍에 임하겠느냐."

나는 자연재해가 하나님, 사탄(하나님이 특별히 허락하시는 경우), 자연적이라는 세 가지 원인으로 발생한다고 생각한다. 자연적 원인은 지구의 기상 흐름이 바뀌면서 생기는 자연스러운 결과를 의미한다. 지구의 자연계는 사람이 지은 죄의 저주로 악영향을 받아 탄식하며 신음한다(롬 8:22). 그러므로 내 개인적 결론은 하나님이 모든 자연재해를 일으키시지는 않지만, 일부는 지휘하시며, 사람들은 그 재해를 악하고[RAG] 슬픈 것으로 경험한다는 것이다.

요한계시록은 하나님이 마지막 때 이 땅에 심판을 풀어놓으신다고 말한다. 이 심판은 지진(계 6:12), 우주적 혼란(계 6:12), 운석 같은 천체와의 충돌(계 8:10), 폭염(계 16:8~9), 거대한 우박(계 16:21) 그리고 많은 자연재해를 포함한다. 마지막 때의 심판은 천사들이 집행할 것이다. 마지막 때에 천재지변을 통한 하나님의 심판은 적그리스도와 그 군대들의 눈에는 악해 보일 것이다. 그러나 우리는 다윗과 더불어 단언한다, "여호와의 심판(개역개정에는 '법'으로 번역했다-역주)도 진실하여 다 의로우니"(시 19:9).

이번 장에서 내 요점은 이것이다. 우리가 살면서 악하고 나쁜 상황을 경험할 때, 자동으로 악하고 나쁜 상황이 항상 마귀에게서 왔다고 추정하면 안 된다. 때때로 하나님에게서 우리 눈에 악해 보이는 재해가 온다. 만일 하나님이 우리가 직면하는 어려운 상황에 관여하신다면, 하나님이 우리를 징계하시는 것일 수도 있다는 가능성을 고려해야 한다.

18 문제의 다섯 가지 원인

FIVE CAUSATIONS OF TROUBLE

히 12:11은 우리 삶에 임한 주님의 징계를 "고통스러운 것"으로 묘사한다. 하지만 우리에게 고통스러운 일이 일어날 때마다 우리가 징계받는다는 의미는 아니다. 많은 이유로 우리 삶에 문제가 찾아온다. 우리 삶에 문제가 일어나는 이유를 이해하려면 고통스러운 상황 뒤에 있는 다섯 가지 원인 요소를 분별하면 도움이 된다. 이제 이미 앞에서 다룬 것에서 내용을 더 확장하여 이 다섯 가지 원인 요소가 어떻게 상호 관련이 있는지 탐구해 보자.

1. 하나님이 재앙을 일으키신다

종종 하나님에게서 문제와 어려움이 온다. 이전 장에서 말한 것처럼, 하나님에게서 오는 문제가 어떤 것이든 그 동기는 주님의 선하심과 인자하심이다. 그러므로 하나님이 재앙을 내리실 때도 하나님의 마음은 무한한 선하심으로 충만하시다. 누군가가 "가끔 하나님이 우리에게 재앙이 일어나도록 허락하신다"라고 말한다면, 아마도 기독교인 대부분이 이 말에 동의할 것이다.

그러나 누군가가 "가끔 하나님이 우리가 경험하는 재앙을 일으키신다"라고 말한다면, 단순한 동의를 넘어 격렬한 논쟁이 일어난다. 모든 기독교인은 하나님이 실제로 우리에게 고통스러운 재앙이나 위기가 일어나게 하신다고 믿지 않는다. 그리스도인들은 지식으로 사탄이 우리에게 악한 짓을 하도록 허락하시는 하나님을 알지만, 하나님에게서 문제와 위기와 고통스러운 상황이 온다는 사실을 받아들이는 것을 무척 힘들어한다.

하지만 지난 장에서 말한 것처럼, 주님의 증거는 매우 분명하다. "나는 죽이기도 하며 살리기도 하며 상하게도 하며 낫게도 하나니 내 손에서 능히 빼앗을 자가 없도다"(신 32:39). 하나님은 포로가 된 이스라엘에게 이렇게 말씀하셨다. "만군의 여호와 이스라엘의 하나님께서 예루살렘에서 바벨론으로 사로잡혀 가게 한 모든 포로에게 이와 같이 말씀하시니라"(렘 29:4).

하나님은 이스라엘이 포로가 되도록 허락하셨을 뿐만 아니라 재앙을 일으키셨다. "나는 빛도 짓고 어둠도 창조하며 나는 평안도 짓고 환난도 창조하나니 나는 여호와라 이 모든 일을 행하는 자니라 하였노라"(사 45:7). 주님은 재앙을 허락하실 뿐만 아니라 실제로 재앙을 일으키신다. 종종 이 땅에 일어난 재앙을 설계한 하늘의 설계자가 있다. 어떤 사람들은 이 관점이 신성모독이라고 생각하며 이해하기 어렵겠지만 모두 사실이다. 또한 나는 이것을 17장 "하나님이 악을 행하실 수 있는가?"에서 자세히 다루었다.

하나님에게서 재앙이 와도 우리는 "주님은 선하시며 주님의 자비는 영원하시다"라고 선포해야 한다. 재앙 중에도 여전히 예수님의 지도력과 사랑이 온전하시며 그 지혜가 절대 틀리지 않으신다.

그러므로 다른 사람들이 주님의 지도력에 분노할 때도 우리는 우리 삶을 향한 주님의 온전한 계획과 방법을 확신해야 한다.

2. 사탄이 문제를 일으킨다

우리가 경험하는 악한 일들의 일부는 사탄이 직접 일으킨다. 사탄은 우리를 고소하는 원수이자 적이다. 사탄은 항상 하나님의 사람들을 방해하고 고통과 재앙으로 인류를 괴롭히기 위해 자기 힘으로 할 수 있는 모든 것을 하려 애쓴다. 예수님은 사탄의 사명을 이렇게 설명하셨다. "도둑이 오는 것은 도둑질하고 죽이고 멸망시키려는 것뿐이요…"(요 10:10A).

이 세상에 악한 일이 일어날 때 우리 첫 번째 의심은 사탄과 그의 군대를 향해야 한다. 바울이 증언한 것처럼, "우리의 씨름은 혈과 육을 상대하는 것이 아니요 통치자들과 권세들과 이 어둠의 세상 주관자들과 하늘에 있는 악의 영들을 상대함이라"(엡 6:12).

베드로는 우리에게 마귀에 관해 이렇게 경고했다. "8 근신하라 깨어라 너희 대적 마귀가 우는 사자 같이 두루 다니며 삼킬 자를 찾나니 9 너희는 믿음을 굳건하게 하여 그를 대적하라 이는 세상에 있는 너희 형제들도 동일한 고난을 당하는 줄을 앎이라"(벧전 5:8~9).

3. 사람이 문제를 일으킨다

때로는 사람 때문에 안 좋은 일이 일어난다. 어떤 경우, 다른 사람의 악의 없는 부주의함이 우리에게 상처를 준다. 또 다른 경우에는 술 취한 운전자가 교통사고를 일으켰을 때처럼 사람들이 우발적으로 우리를 다치게 한다. 또 다른 경우 어떤 사람들은 고의로 우리에게 상처를 준다. 우리를 향해 거짓말하고 직장에서 사직을 강요하며 명예를 훼손하고 우리를 배척한다. 그리고 극단적으로 악한 사람들이 강도, 강간, 납치, 자살폭탄, 전쟁과 같은 악의적인 방법으로 우리에게 해를 입힌다. 우리는 죄 많은 인류의 일부이기에, 불가피하게 주변 사람을 통해 고통을 경험한다.

4. 우리 스스로 문제를 일으킨다

우리가 경험하는 고통스러운 시련의 일부는 우리 자신의 부주의와 잘못된 선택, 실수, 또는 죄 때문이다. 죄는 결과를 동반한다, "너희 죄가 반드시 너희를 찾아낼 줄 알라"(민 32:23b). "죄의 삯은 사망이요"(롬 6:23). 우리는 다양한 방법으로 스스로 문제를 일으킨다. 예를 들면, 우리가 탈세한 결과로 고통받을 수 있다. 또 고의 없는 실수로도 고생할 수 있다. 그리고 졸음운전 같은 "인간적인" 실수 때문에 참혹한 일이 일어나기도 한다.

우리 스스로 문제를 일으키는 방법은 수백 가지가 있으며 결국 우리 자신의 책임이다. 그러나 우리에게 일어난 모든 일이 우리 잘못 때문만은 아니다. 이 문제를 해결하는 데 도움을 주는 성경 이야기가 있다. 한 번은 예수님이 태어날 때부터 눈먼 사람을 보셨는데 제자들이 물었다, "2 제자들이 물어 이르되 랍비여 이 사람이 맹인으로 난 것이 누구의 죄로 인함이니이까 자기니이까 그의 부모니이까 3 예수께서 대답하시되 이 사람이나 그 부모의 죄로 인한 것이 아니라 그에게서 하나님이 하시는 일을 나타내고자 하심이라"(요 9:2~3).

예수님은 눈먼 사람이 자기 죄나 다른 사람의 죄 때문에 눈먼 것이 아니라고 분명히 말씀하셨다. 그러므로 우리는 다른 사람에게 일어난 문제가 그들이 죄지었음을 의미한다고 쉽게 가정하면 안 된다. 우리가 직면하는 모든 시련이 우리 때문은 아니다. 하지만 우리가 어떤 문제를 마주하면 적어도 자신에게 이렇게 질문할 수 있어야 한다. "내가 이 문제를 일으킬 행동을 했는가?" 왜냐하면 우리 자신이 우리 삶에 일어나는 문제의 다섯 가지 이유 중 하나이기 때문이다.

5. 깨진 창조 질서가 문제를 일으킨다

때때로 우리가 삶에서 경험하는 문제의 원인은 단순히 우리가 원죄의 결과로 깨어진 세상에서 살기 때문이다. 겨울이라고 가정해보자. 여러분이 미처 바닥이 얼어있는 것을 알지 못하고 발을 내디딘 결과 헛디뎌 뒤로 넘어져 시멘트 바닥에 머리를 박았다. 순식간에 일어난 일이라 상황 파악도 제대로 할 수 없었다.

우리는 이것을 사고라고 부른다. 왜냐하면 계획하거나 예상한 것이 아니기 때문이다. 만일 여러분이 이 사고를 막을 수 있었다면 막았을 것이다. 하지만 여러분은 이 일이 일어날 것이라고 예상하지 못했기 때문에 우리는 이것을 사고라고 부른다. 종종 어떤 사고는 우리 삶에 엄청난 고통을 준다.

우리는 아담과 하와가 죄를 지어 "허무한 데 굴복"(롬 8:20)한 결과 타락하고 깨진 세상에 산다. 죄가 우리 세상에 끼친 부정적인 영향 때문에 모든 피조물이 "함께 탄식하며 함께 고통을"(롬 8:22) 겪는다. 자, 이제 모든 것이 어느 정도 흠이 있어 보인다.

전자제품이 제대로 작동하지 않고 부품이 고장 나며, 건물이 낡고 사고가 일어나며, 동물들이 공격하고 질병이 퍼지며, 날씨는 종잡을 수 없고 음식이 상하며, 늘 일이 꼬이는 것이 세상이다. 종종 우리는 단순히 망가진 세상에 살기 때문에 어려움을 겪는다.

이상 우리는 상처 받는 다섯 가지 이유인 하나님, 사탄, 사람, 우리 자신, 그리고 깨어진 창조 질서를 알아보았다. 이따금 이 요소 중 하나만으로도 문제가 생기지만, 어떤 때에는 두 가지에서 다섯 가지가 복합적으로 문제를 일으킬 때도 많다. 어떤 사람들은 자신의 시련을 지나치게 단순화하여 모든 것을 사탄 같은 한 가지 근원에만 돌리는 경향이 있는데, 어떤 시련은 한 가지 이상의 복합적인 요인으로 일어난다.

복합적인 요인과 비율

한 재앙이나 시련 뒤에 하나 이상의 요인이 인과 관계로 있는 경우 각 원인 요소가 다른 비율로 상황에 영향을 준다. 내가 비율이라는 단어를 사용하는 이유는 사 27:8 "주께서 사람을 적당하게 견책하사 쫓아내실 때에 동풍 부는 날에 폭풍으로 그들을 옮기셨느니라"에 나오는 "적당하게IN MEASURE"의 원칙을 따른 것이다. 이제 이 구절을 좀 더 설명하겠다.

하나님은 이스라엘 민족의 반역을 다루시기 위해 바벨론의 포로로 보내셨다. 하지만 하나님만이 이스라엘의 바벨론 유배 생활에 유일한 요인이 아니었다. 하나님은 적당한, 즉 어떤 정도 또는 비율만큼의 원인 요소이셨으며 다른 원인 요소가 다양한 비율로 이스라엘의 포로 생활과 관련이 있었다.

사 27장은 특정한 침략 사건을 언급한 것이 아니므로 사 27:8의 원칙은 원수가 침략하여 하나님의 사람들을 포로로 잡는 모든 경우에 적용할 수 있다. 문제가 우리 삶을 침공할 때마다 원인 요소 사이에 비율이 혼합되어있다. 예를 들어 문제가 우리 허리를 찌를 때 하나님은 인과 관계에 단 5%만 관여하시고 사탄은 50%의 책임이 있으며 다른 사람은 35% 개입하고 우리 자신은 10%의 책임이 있을 수 있다. 왜냐하면 우리는 모든 것을 완벽하게 처리하지 못하기 때문이며, 이렇게 뒤섞인 원인 요소가 인과 관계를 분별하고 진단하는 것을 어렵게 한다.

사실 원인 요소의 비율을 정확하고 치밀하게 확인하고 계산하기는 불가능하므로 우리가 특별한 하나님이 주시는 정보를 받기 전에는 재앙의 원인을 분별하는 것이 매우 어렵다. 재앙이나 어려운 일이 생기면 대부분 우리는 혼란에 빠지지만, 하나님은 그렇지 않으시다. 다윗은 하나님께 이렇게 고백했다, "나의 대적자들이 다 주님 앞에 있나이다"(시 69:19). 원수들 앞에서 혼란에 빠진 다윗은 자신에게 닥친 모든 일의 원인을 하나님이 아시기 때문에 자신을 변호해 주실 수 있다는 것을 깨달았다.

만일 우리가 겪는 시련이 징계라면, 하나님의 자녀들을 징계하시는 것은 하나님이므로 하나님이 시련과 관련이 있다는 의미이다. 그러나 많은 경우 하나님이 징계의 유일한 원인은 아니다. 사 10장에 앗수르가 이스라엘을 침공한 사건을 예로 들어보자. 하나님은 자기 사람을 징계하시기 때문에 이 침공과 관련이 있으셨다. 사탄이 악한 분노로 앗수르를 선동했기에 때문에 역시 관련이 있다. 그리고 앗수르 민족은 실제로 이스라엘을 침략했기 때문에 관련이 있다. 마지막으로 어떤 면에서는 이스라엘 민족이 하나님을 향한 반항과 죄로 스스로 침략을 초래했다. 따라서 적어도 네 가지 원인이 앗수르의 이스라엘 침공과 관련이 있다. 하지만 누구도 각 요소의 정확한 비율은 알 수 없다.

바울의 육신의 가시는 하나님의 징계이므로 하나님이 관련이 있다. 만일 바울이 육신의 가시를 단순히 마귀의 공격이라고 생각했다면 이렇게 말했을 것이다. "나는 육신의 가시로 사탄의 방해를 받았다." 하지만 오히려 바울은 이렇게 기록했다, "내 육체에 가시⋯를 주셨으니"(고후 12:7).

육신의 가시는 사탄의 편에서는 사도를 공격한 것이지만 하나님의 편에서는 하나님이 사도에게 주신 것이다. 바울은 "하나님이 주셨으니"라고 말함으로써 육신의 가시의 거룩한 근원을 인정하면서 "너무 자만하지 않게 하시려고⋯사탄의 사자를 주셨으니"라고 말하는데, 이것은 바울이 겪은 육신의 고통이 마귀의 직접적인 선동과 실행이었음을 의미한다.

정말 불가사의한 일이지만 하나님이 바울에게 마귀의 가시를 주셨다. 그러므로 바울의 가시의 경우, 두 가지 원인 요소인 하나님과 사탄이 관련이 있다. 그러나 역시 우리는 두 요소의 정확한 비율은 알 수 없다. 50대 50이었을까? 우리 고통 뒤에 하나님과 사탄이 모두 존재한다면, 우리에게 다가오는 모든 것의 근원을 정확히 분별하기는 매우 어렵다. 그러나 성경에는 다른 원인 요소 없이 100% 하나님이 일으키신 징계의 예가 몇 가지 있다.

가장 먼저 다리를 절게 된 야곱이 있다. 야곱은 예수님과 씨름하다 예수님의 손에 맞아 다리를 절었다. 직설적으로, 사탄이나 사람은 전혀 관련이 없이 예수님이 야곱의 고관절을 걷어차셨다. 두 번째 예는 말하지 못했던 사가랴이다. 이 사건은 다른 근원이 아닌 오직 하나님에게서 온 천사 가브리엘을 통해 실현되었다. 또 다메섹 도상에서 바울이 경험한 눈먼 사건도 다른 근원이 아닌 하나님에게서 왔다.

이 목록에 특정한 죄로 하나님의 심판을 받은 성경 인물들을 추가할 수 있다. 하나님이 미리암과 웃시야, 게하시를 나병으로 치셨고, 여로보암의 손을 마르게 하셨으며, 엘루마의 눈을 멀게 하셨고, 롯의 집을 공격한 사람들의 눈을 멀게 하셨으며, 엘리사를 잡기 위해 도단에 이른 아람 군대의 눈도 멀게 하셨다. 이런 예는 계속 이어진다. 그러므로 종종 하나님은 다른 요인의 개입 없이 직접 사람을 징계하신다.

다섯 가지 원인 요소를 모두 포함할 때도 있다. 욥의 징계가 그렇다. 하나님, 사탄, 사람이 관여했으며 번개와 회오리바람으로 자연도 관여했다. 그리고 욥 자신도 하나님께 무언가를 구했기 때문에 부분적인 책임이 있다(욥 12:4). 하지만 흥미롭게도 욥기의 마지막 장은 이 모든 시련을 하나님께 돌린다. "이에 그의 모든 형제와 자매와 이전에 알던 이들이 다 와서 그의 집에서 그와 함께 음식을 먹고 여호와께서 그에게 내리신 모든 재앙에 관하여 그를 위하여 슬퍼하며 위로하고"(욥 42:11). 왜 다섯 가지 원인이 분명하게 나타난 고난의 책임을 주님께 돌리는가?

내 해답은 이것이다: 하나님은 아주 크신 분이므로 만일 하나님이 아주 작게라도, 단 1%라도 관련이 있다면 99%의 나머지 모든 원인보다 더 크게 다가오기 때문이다.

주님이 미가 선지자를 통해 선포하셨다. "너희는 매가 예비되었나니 그것을 정하신 이가 누구인지 들을지니라"(미 6:9). 주님이 "매가 예비되었나니…들을지니라"라고 말씀하신 것은 이스라엘의 주의를 끌기 위해 매를 사용하신다는 의미였으며 이스라엘이 주님의 말씀을 분별하고 이해하기를 원하신다는 뜻이다. 그리고 "그것을 정하신 이가 누구인지 들을지니라"라고 말씀하신 것은 이스라엘이 영적 분별력을 사용하여 재앙의 원인을 파악하라는 뜻이다.

하나님은 이스라엘이 다섯 가지 원인 중 무엇이 자신의 상황에 작용하는지 분별하기를 원하셨다. 정확한 분별력은 이스라엘이 자기 뜻을 내려놓고 하나님의 목적에 협력하는 데 꼭 필요한 것이었다. 즉, 하나님은 우리가 이렇게 질문하기를 원하신다, "하나님, 왜 이 일이 일어났을까요? 아버지, 왜 이런 일이 일어나도록 내버려 두셨나요? 제가 주님께 집중하기를 원하시나요?"

"하나님을 탓하지 마라"

어떤 사람들은 이런 관점이 사탄에게서 오는 것을 하나님의 탓으로 돌리지 않을까 염려하며 이렇게 말한다. "하나님은 선하시고 사탄은 악해. 그러니까 악한 것을 우리 선하신 하나님의 탓으로 돌리지 마!" 나는 성경을 찾아보았지만 이런 염려를 발견할 수 없었다. 나는 성경 어디에도 하나님이 "나는 그 고난과 아무 상관이 없는데 내 탓으로 돌리다니 정말 화가 난다"라고 말씀하신 내용을 찾을 수 없었다. 성경 속 많은 사람이 자신의 고통이나 문제를 하나님께 돌렸지만 단 한 번도 하나님이 "그건 내가 한 일이 아니야. 그 일로 나를 탓하지 말아라"라고 말씀하신 적이 없다.

예를 들어, 나오미가 슬퍼하며, "내가 풍족하게 나갔더니 여호와께서 내게 비어 돌아오게 하셨느니라 여호와께서 나를 징벌하셨고 전능자가 나를 괴롭게 하셨거늘 너희가 어찌 나를 나오미라 부르느냐 하니라"(룻 1:21)라고 고백할 때 하나님은 "너를 괴롭히는 것은 내가 아니야!"라고 말씀하시며 나오미를 교정하지 않으셨다. 마치 하나님의 침묵은 나오미의 관점을 긍정하는 것처럼 보인다. "나오미야, 사실 네 말이 맞아. 너의 고충에 나도 한몫했단다. 내가 여기서 뭔가를 지휘하고 있거든. 그래서 네가 원인과 결과를 나에게 돌리는 것이 완전히 부적절한 건 아니란다"라고 말씀하시는 것처럼 보인다.

하나님은 사람들이 문제를 두고 하나님을 탓할 때 절대 실망하지 않으셨지만, 사람들이 하나님이 집행하신 징계를 이해하지 못하고 하나님의 일 하심으로 인정하지 않을 때는 실망하셨다. 가장 분명한 예가 예레미야에 나온다. "그들이 여호와를 인정하지 아니하며 말하기를 여호와께서는 계시지 아니하니 재앙이 우리에게 임하지 아니할 것이요 우리가 칼과 기근을 보지 아니할 것이며"(렘 5:12).

문맥을 보면, 이스라엘 민족은 하나님이 자신들을 징계하기 위해 바벨론 사람들을 보낸 것이 아니라고 말한다. 그들이 "하나님은 이런 일을 하는 분이 아니야"라고 말했을 때 오히려 하나님은 근심하시고 불쾌하셨다. 하나님은 이스라엘이 주님의 징계를 받아들이지 않고 무시하는 것을 원치 않으시고 이스라엘이 징계를 붙들고 떨며 회개하기를 원하셨다. 그러므로 우리가 징계의 시련을 하나님께 돌리는 것이 잘못이 아니며, 오히려 하나님의 개입을 깨닫지 못하는 것이 잘못이다.

어떤 사람들은 "하나님은 자신의 목적을 이루시는데 결코 결코 사탄을 이용하지 않으신다"라고 주장한다. 하나님이 하박국 선지자를 통해 이스라엘 민족에게 하신 말씀을 보면 그렇지 않다. "5 여호와께서 이르시되 너희는 여러 나라를 보고 또 보고 놀라고 또 놀랄지어다. 너희의 생전에 내가 한 가지 일을 행할 것이라 누가 너희에게 말할지라도 너희가 믿지 아니하리라. 6 보라 내가 사납고 성급한 백성 곧 땅이 넓은 곳으로 다니며 자기의 소유가 아닌 거처들을 점령하는 갈대아 사람을 일으켰나니"(합 1:5~6).

하나님은 직접 갈대아 사람을 일으켜 예루살렘을 침략했다고 말씀하신다. "내가 말해도 믿지 않는 너 이스라엘을 고치기 위해 내가 직접 갈대아 사람을 일으켜 예루살렘을 쳤지만, 여전히 너희는 내 말을 믿지 못할 것이다!" 이스라엘의 불신이 현대 교회에도 계속 존재한다. 어떤 사람들은 하나님이 뜻을 이루시는데 결코 악한 권세를 이용하지 않으신다고 주장하지만 나는 이 책에서 하나님이 그 뜻을 이루시기 위해 악한 권세를 이용하신다고 주장한다.

다양한 시련들

2 내 형제들아 너희가 여러 가지 시험을 당하거든 온전히 기쁘게 여기라 3 이는 너희 믿음의 시련이 인내를 만들어 내는 줄 너희가 앎이라 4 인내를 온전히 이루라 이는 너희로 온전하고 구비하여 조금도 부족함이 없게 하려 함이라 (약 1:2~4)

야고보는 여러 가지 시험이라는 단어로 문제가 발생하는 많은 원인을 함축적으로 표현했다. 여러 가지 시험을 당한다는 의미는 도덕적 실패 같은 유혹이나 죄에 빠지는 것을 의미하는 것이 아니라 예측할 수 없는 재난이나 재앙에 빠지는 것을 의미한다. 재난을 피하거나 멈출 수 있다면 그렇게 하겠지만 대부분의 재난은 우리가 피할 수 없이, 말 그대로 우리를 습격하기 때문에 우리는 재난 때문에 넘어지고 고통받는다.

나는 이번 장에서 문제의 다양한 원인을 다섯 가지로 정리했다. 다양한 시련은 다양한 수준과 다양한 원인이 있다. 야고보는 시련의 출처가 무엇이든 상관없이 우리가 온전히 기쁘게 여겨야 한다고 말한다. 만일 하나님이 우리를 징계하신다면 모든 것을 온전히 기쁘게 여기라. 끔찍한 사고가 일어났다면 모든 것을 온전히 기쁘게 여기라. 사탄이 당신을 공격한다고 해도 모든 것을 온전히 기쁘게 여기라!

왜? 우리가 믿음으로 시련을 인내하면 주님이 우리 삶에 강력하고 놀랍게 역사하셔서 호된 시련이라는 도가니를 완전히 변화한 모습을 벗어날 것이기 때문이다. 인내가 우리 삶에 완벽하게 역사하면 우리는 "온전하고 구비하여 조금도 부족함이 없이" 시련을 이길 것이다.

하나님은 매를 사용하신다

종종 하나님은 매로 자녀를 징계하신다. 하나님은 자기 손이 아닌 다른 수단을 사용하신다. 이것은 잠언에서 솔로몬이 부모들에게 아이를 훈계할 때 매를 사용하라고 조언한 것을 떠올리게 한다(잠 22:15; 23:13~14; 29:15). 하나님은 어떤 매를 사용하시는가? 나는 성경에서 하나님이 자주 사용하시는 세 가지 매를 확인했다. 바로 사람, 사탄, 그리고 환경(상황)이다.

첫 번째, 하나님은 사람을 매로 사용하신다. 예를 들어 주님은 삼하 7:14에서 솔로몬을 아들이라고 부르시며 말씀하신다. "그가 만일 죄를 범하면 내가 사람의 매와 인생의 채찍으로 징계하려니와." 하나님은 솔로몬이 회개하는 데 필요하면 악의에 찬 사람을 매로 사용하시겠다고 말씀하신다. 사 10장에서 하나님은 이스라엘을 훈계하는 매로 앗수르를 사용하신다고 말씀하신다. "앗수르 사람은 화 있을진저 그는 내 진노의 막대기요"(사 10:5). 하나님이 앗수르에 화가 있을 것이라고 말씀하신 이유는 하나님이 앗수르를 이스라엘을 훈계하는 매로 삼으셨지만, 앗수르가 악의를 품고 하나님이 의도하신 것보다 더 심하게 이스라엘을 공격했기 때문이다. 앗수르는 심판을 자초했다. 이 두 경우 모두 하나님은 자녀를 훈계하는 매로 사람을 사용하셨다.

하나님이 우상을 믿는 이교도 민족을 사용하여 이스라엘을 징계하셨을 때, 미가 선지자는 이 나라들을 향해 이렇게 말했다. "그들이 여호와의 뜻을 알지 못하며 그의 계획을 깨닫지 못한 것이라 여호와께서 곡식 단을 타작마당에 모음 같이 그들을 모으셨나니"(미 4:12). 이방 나라들은 이스라엘 공격 허가를 말살 허가로 잘못 이해했다. 공격과 말살은 완전히 다르다. 하나님은 이스라엘을 징계하시려 했지만, 이방 나라는 이스라엘을 말살하려 했다. 그 결과 하나님은 이방 나라들을 심판하시겠다고 말씀하신다. 하나님은 이방 나라를 매로 사용하신 후 버리시고 심판하셨다.

하나님이 사람을 사용하여 우리를 징계하실 때, 우리에게 생기는 첫 충동은 징계에 관련된 사람들을 주목하고 그들을 우리의 원수로 여기며 저항하는 것이다. 차라리 형제들이 자신에게 행한 모든 일 속에서 하나님의 손길을 보았던 요셉의 자세를 취하는 것이 낫다. 요셉은 하나님을 자기 시련의 핵심 요소로 보았기 때문에(물론 형제들 역시 요인이었지만) 쓴 마음 없이 시련에서 벗어나 하나님의 고귀한 목적을 위한 정결한 그릇이 되었다.

두 번째, 하나님은 사탄을 매로 사용하신다. 주님은 앗수르의 침략을 산헤립 왕의 인격으로 개인화하신다. 하나님은 산헤립을 가리켜 이렇게 말씀하신다, "도끼가 어찌 찍는 자에게 스스로 자랑하겠으며 톱이 어찌 켜는 자에게 스스로 큰 체하겠느냐 이는 막대기가 자기를 드는 자를 움직이려 하며 몽둥이가 나무 아닌 사람을 들려 함과 같음이로다"(사 10:15). 하나님은 산헤립이 하나님의 손에 들린 매라고 말씀하신다. 영적으로 적용하면, 우리는 하나님이 이 땅에서 목적을 성취하기 위해 사탄을 매로 사용하신다고 말할 수 있다. 골 2:10은 예수님이 "모든 통치자와 권세의 머리"라고 한다. 이것은 예수님이 모든 마귀의 권세를 완벽하게 다스리신다는 의미이다. 예수님은 사탄을 다스리며 때로는 사용하신다.

사탄은 주님의 손에 들린 매이다. 사탄을 도구로 사용하시는 하나님의 확실한 성경적 예는 사탄이 욥을 공격한 방식에서 볼 수 있다. 사탄은 욥의 생계를 빼앗고 자녀들을 죽이며 종기로 쳐서 괴롭혔지만, 우리는 욥의 삶에 일어난 일들은 하나님이 사탄을 매로 사용하신 일인 것을 안다. 사탄은 스스로 "자유 계약 선수"라고 착각하며 좋아하지만, 그저 하나님이 쓰시는 졸개일 뿐이다.

사탄이 하나님 손에 들린 매와 같다면, 실제로 재앙을 선동하는 것은 누구인가? 사탄인가 하나님인가? 욥은 질문했다, "그렇게 되게 한 이가 그가 아니시면 누구냐"(욥 9:24). 사탄이 욥을 대적해 일어났지만, 욥은 재앙의 원인을 정확히 하나님께 돌렸다. 하나님의 1%가 사탄의 99%보다 더 크기 때문이다.

만일 여러분이 겪는 시련에 하나님과 사탄이 함께 개입한 것 같다는 생각과 씨름하고 있다면, 예수님이 어떻게 가르치셨는지 이해하면 도움을 얻을 수 있다. 예수님은 우리에게 이렇게 기도하도록 가르치셨다, "우리를 시험(유혹)에 들게 하지 마시옵고 다만 악에서 구하시옵소서"(마 6:13).

누가 우리를 시험에 들게 하는가? 하나님이 우리를 시험에 들게 하신다는 말씀인가? 분명히 아니다. 약 1:13은 "사람이 시험을 받을 때에 내가 하나님께 시험을 받는다 하지 말지니 하나님은 악에게 시험을 받지도 아니하시고 친히 아무도 시험하지 아니하시느니라"라고 한다. 그러므로 시험은 사탄이 우리를 악한 욕망의 함정에 빠뜨리려고 유혹할 때 온다(약 1:14).

그렇다면 마 6:13은 무슨 의미인가? 이 구절은 아버지께서 우리를 사탄의 유혹이 있는 길로 인도하실 수도 있고 반대로 유혹에서 보호받는 길로 인도하실 수도 있다는 의미이다. 우리는 하나님 아버지께 후자를 구해야 한다. 사탄이 우리를 유혹하도록 하나님이 허락하시는 성경적 예는 히스기야에서 찾을 수 있다. "그러나 바벨론 방백들이 히스기야에게 사신을 보내어 그 땅에서 나타난 이적을 물을 때에 하나님이 히스기야를 떠나시고 그의 심중에 있는 것을 다 알고자 하사 시험하셨더라"(대하 32:31).

하나님이 히스기야를 떠나시자 사탄이 유혹하여 그 마음의 진짜 욕망이 드러났다. 예수님은 우리에게 마 6:13의 기도를 통해 아버지가 종종 우리를 사탄의 유혹이 있는 길로 이끄시므로, 우리가 그런 길을 모면하도록 겸손히 기도해야 한다고 말씀하신다. 히스기야의 이야기는 예수님이 마 6:13에서 가르치신, 아버지와 사탄 둘 다 시험에 관여할 수 있다는 점을 분명히 보여준다.

세 번째, 하나님은 환경과 상황을 매로 삼으신다. 요셉의 감옥, 다윗의 동굴, 사라와 한나의 불임, 요나의 물고기, 바울의 가시, 야곱의 절뚝거림, 모세의 광야, 이 모든 것이 하나님이 우리를 구원하기 위해 환경과 상황을 사용하시는 여러 예시이다.

하나님이 자녀를 징계하는 방식과 수단에 제한이 없다. 이것은 내가 앞서 하나님이 암과 같은 악한 질병으로 우리를 징계하지 않으신다고 한 말과 충돌하는 것처럼 보이지만, 내 의도는 하나님이 무엇은 하고 무엇은 하실 수 없다고 제한하려는 것이 아니라 하나님이 사용하는 방식을 설명한 것이다. 우리는 하나님을 제한하면 안 된다. 하나님은 자녀를 징계하기 위해 원하시는 것은 무엇이든 사용하실 수 있다. 그것이 병약함, 전염병, 재정적 고난, 관계의 긴장, 사고 등 무엇이든 말이다.

미가는 하나님의 절대 주권을 옹호하며 하나님의 영이 사람을 훈계하기 위해 사용하시는 방법에 제한받지 않으신다고 단언한다. "주의 영이 제약을 받느냐?(개역개정에는 성급하시다 라고 되어 있다-역주) 이 일들이 그가 행한 바냐? 내 말들이 곧바르게 걷는 자에게 선을 베풀지 아니하느냐?(미 2:7 킹흠정). 시편 기자는 기록했다. "오직 우리 하나님은 하늘에 계셔서 원하시는 모든 것을 행하셨나이다"(시 115:3).

하나님이 사람을 사용하시든, 사탄을 사용하시든, 상황을 사용하시든 그저 매일 뿐이며 휘두르시는 분은 하나님이시므로 우리는 어떤 상황에도 우리가 대하는 것이 하나님인 것을 잊으면 안된다. 이것은 "여호와여 내가 알거니와 주의 심판은 의로우시고 주께서 나를 괴롭게 하심은 성실하심 때문이니이다"라는 시 119:75 말씀과 일치한다. 시편 기자의 고난은 다섯 가지 원인이 복합적으로 온 것일 수 있지만, 고난의 원인을 하나님께 돌리면서 하나님을 비난하지 않았다. 고난에 사탄 혹은 사람의 역할도 있었겠지만, 시편 기자는 하나님을 시련의 핵심 책임자로 보며, 하나님께 초점을 맞추고 하나님의 목적이 이루어질 것을 믿었다.

19 하나님인가 사탄인가?

Is this God or the Devil?

우리는 재난이 닥칠 때 종종 "이 재난이 하나님에게서 온 것인가 아니면 사탄에게서 온 것인가 궁금해한다. 이 질문의 답이 우리 반응을 결정하기 때문에 이 질문은 매우 중요하다. 하나님에게서 오는 시련이나 재난에 반응하는 방식과 사탄에게서 오는 것에 반응하는 방식은 아주 다르다. 야고보는 이렇게 말했다.

그런즉 너희는 하나님께 복종할지어다. 마귀를 대적하라. 그리하면 너희를 피하리라. (약 4:7)

우리가 겪는 시련의 원인이 하나님이라면 우리는 하나님과 하나님이 이루실 목적에 복종해야 한다. 반대로 사탄이 원인이라면 우리는 사탄과 그의 모든 악한 책략에 대적해야 한다. 하지만 많은 경우 우리는 사탄에게 복종하고 하나님을 대적하곤 한다. 우리가 시련에 적절하게 반응하려면 무엇이 하나님의 일이며, 무엇이 사탄의 선동인지 분별해야 한다.

어떤 시련은 사탄에게서 직접 오며 하나님은 전혀 관여하지 않으신다. 예를 들어보자. 예수님이 한 회당에서 가르치셨을 때, "열여덟 해 동안이나 귀신 들려 앓으며 꼬부라져 조금도 펴지 못하는 한 여자"(눅 13:11)가 있었다. 예수님은 이 여인이 걸린 병의 원인을 말씀하신다. "그러면 열여덟 해 동안 사탄에게 매인 바 된 이 아브라함의 딸을 안식일에 이 매임에서 푸는 것이 합당하지 아니하냐"(눅 13:16).

예수님은 여인을 아브라함의 딸로서 믿음의 여인이라고 인정하셨지만, 여인은 18년이나 사탄에게 묶여 있었다. 여인의 병약함은 하나님이 여인의 마음을 넓히기 위해 사용하신 것이 아니라 사탄이 여인을 속박하기 위해 사용한 것이었다. 그래서 예수님은 베드로가 증언한 것처럼 여인을 사탄의 속박에서 구원하셨다. "하나님이 나사렛 예수에게 성령과 능력을 기름 붓듯 하셨으매 그가 두루 다니시며 선한 일을 행하시고 마귀에게 눌린 모든 사람을 고치셨으니 이는 하나님이 함께 하셨음이라"(행 10:38). 이 이야기는 우리에게 어떤 고난은 사탄에게서 오므로 대적해야 한다는 것을 알려준다.

하지만 우리가 삶에서 겪는 징계나 시련에 하나님과 사탄이 모두 관련이 있을 때 우리는 어떻게 해야 하는가? 하나님이 사탄을 매로 삼아 우리를 징계하신다면 어떻게 해야 하는가? 이런 경우 종종 우리는 어찌할 바를 몰라 당황한다. 우리는 야고보서 말씀처럼 사탄에게 복종하고 싶지 않기에 이런 징계나 시련을 받아들이고 싶지 않지만, 우리는 하나님을 대적하고 싶지도 않기 때문에 징계를 거역하고 싶지도 않다. 결국 우리는 복종할 수도, 대적할 수도 없는 난처한 상황에 좌절한다.

우리 시련에 하나님과 사탄이 모두 관련이 있다고 해서 하나님과 사탄이 협력관계인 것은 아니다. 빌 존슨의 말처럼, 하나님이 사탄을 장기판 위의 졸로 사용하시는 것으로 보는 관점이 더 낫다. 우리가 복종해야 할지 대적해야 할지 모를 때는 하늘의 열쇠가 있어야 상황을 풀 수 있다. 감사하게도 예수님은 우리에게 하나님 나라의 열쇠를 주시겠다고 약속하셨다(마 16:19).

우리는 매 순간 하나님의 손길과 사탄의 수작을 구별하기 위해 영적인 분별력이 필요하다. 시련의 1회에서 한 가지 일이 일어나고 2회에서는 완전히 다른 일이 일어날 수 있다. 우리는 이사야 선지자를 통해 이 역동성을 확인한다.

15 보라 그들이 분쟁을 일으킬지라도 나로 말미암지 아니한 것이니 누구든지 너와 분쟁을 일으키는 자는 너로 말미암아 패망하리라. 16 보라 숯불을 불어서 자기가 쓸 만한 연장을 제조하는 장인도 내가 창조하였고 파괴하며 진멸하는 자도 내가 창조하였은즉 17 너를 치려고 제조된 모든 연장이 쓸모가 없을 것이라. 일어나 너를 대적하여 송사하는 모든 혀는 네게 정죄를 당하리니 이는 여호와의 종들의 기업이요 이는 그들이 내게서 얻은 공의니라 여호와의 말씀이니라. (사 54:15~17)

이 구절들의 의미를 설명하겠다. 이사야는 이 구절 전에 하나님이 이스라엘을 징계하시려고 이방 민족을 침략자로 사용하신다고 말했다. 그러나 이사야는 이스라엘이 정화되고 회복한 후 다시 세워지면 원수가 다시 맞서 일어날 것이라고 말한다.

1차 공격과 달리 2차 공격은 주님의 징계가 아니었다. 하나님의 뜻은 이것이었다. "보라 그들이 분쟁을 일으킬지라도 나로 말미암지 아니한 것이니." 하나님은 이스라엘을 향한 2차 공격에 전혀 개입하지 않으셨다. 1차는 맞지만 2차는 아니었다. 그러므로 하나님은 2차 공격의 물결이 닥칠 때, 이스라엘을 강력하게 보호하시어 원수가 이스라엘 앞에서 쓰러질 것이라고 확언하셨다.

때때로 원수는 우리에게 2차 총공격을 시도한다. 하나님은 1회에서 상황을 이용하여 우리 마음을 넓히고 변화시키셨다. 하지만 원수는 우리가 좋은 꼴을 보지 못하고 2차 총공격을 가하기로 결심한다. 2차 공격은 주님의 징계가 아니라 명백한 마귀의 공격이므로 하나님은 우리가 어둠의 권세를 쫓아가서 원수와 격렬하게 맞서 싸우기를 원하신다. 하나님은 우리가 원수를 빠르고 단호하게 물리치도록 도우신다.

우리가 처한 상황에 하나님과 사탄이 같이 역사할 때, 마치 그리스도가 잡히실 때의 상황을 오해한 베드로처럼 다른 신자들이 우리 상황을 오해할 수 있다. 악한 사람들이 예수님을 체포하여 가야바에게 끌고 가는 것이 하나님의 뜻이었지만 베드로는 예수님을 "아버지의 잔"에서 구하려고 칼을 꺼내 휘두르기 시작했다. 예수님은 열심히 칼을 휘두르던 베드로에게 말씀하신다. "칼을 칼집에 꽂으라 아버지께서 주신 잔을 내가 마시지 아니하겠느냐"(요 18:11). 베드로는 예수님을 아버지의 잔에서 구하려고 했다.

다른 신자들이 베드로 같은 열심으로 우리를 아버지의 잔에서 구하려고 애쓰더라도 놀라지 말라. 그들은 자기 칼(성경)을 휘두르며 우리가 이런 식으로 고난받으면 안 된다고 설득하지만 안타깝게도 그들의 분별력 없는 열정이 우리 상황을 더 복잡하게 만들고 시련을 더 비참하게 만든다. 그들은 분별없이 하나님이 계획하신 징계와 시련을 성취한 후에 이루어질 약속을 인용하며 우리를 꾸짖을 것이다. 또 그들은 우리가 져야 할 십자가에서 원수가 관여한 작은 부분에만 정신이 팔린 나머지 아버지의 손이 어떻게 십자가를 통해 역사하시는지 깨닫지 못한다.

대비하라, 여러분이 시련에 바졌을 때 어떤 신자들이 여러분을 돕겠다는 명분으로 아버지의 잔에서 구하려고 시도할 것이다.

싸워라!

어떤 사람들은 우리 시련과 징계를 하나님께 돌리고 받아들일 경우, 시련에 일부분 관여한 사탄에게 복종하게 될까 봐 염려한다. 이런 일이 가능한가? 사실 맞다. 어떤 기독교인들은 "하나님의 주권에 복종"한다는 깃발 아래 드러누워 사탄이 자신을 짓밟도록 내버려 둔다. 하지만 나는 하나님의 주권을 인정한다고 해서 우리가 수동적으로 전쟁해야 한다고 생각하지 않는다.

나는 이렇게 생각한다. 주권자이신 하나님이 우리가 겪는 시련에 적극적으로 참여하신다고 인정하는 것은, 우리를 격투장에 사탄과 함께 넣으신 분이 하나님이라고 인정하는 것과 같다. 우리가 악한 세력과 씨름하고 있지만 모든 것을 주관하시는 분은 하나님이시다. 하나님은 십자가를 통해 우리가 이기는 데 필요한 모든 것을 주셨다. 지금은 일어나 싸워야 할 때다!

이것의 본보기는 그리스도의 십자가이다. 사 53:10은 하나님

이 그리스도의 죽음을 지휘하셨음을 보여주며,[22] 눅 22:3은 사탄
이 예수님을 죽이려고 계획했음을 보여준다.[23] 그러므로 하나님
과 사탄 모두 그리스도의 십자가형에 관여했다. 예수님은 자신이
우주적인 차원의 전쟁에서 싸운다는 것을 아셨기 때문에 아버지
의 뜻인 십자가에는 순종하시고 사탄은 대적하셨다.

창 3:15에서 십자가가 예수님과 사탄의 우주적 전쟁이었다는
사실을 볼 수 있다. 하나님은 사탄에게 "여자의 후손은 네 머리를
상하게 할 것이요 너는 그의 발꿈치를 상하게 할 것이니라 하시고"
라고 말씀하셨다. 이 구절에서 아버지는 예수님이 십자가에서 사
탄의 머리를 상하게 하실 것이라고 예언하셨다.

십자가에서 예수님과 사탄이 격돌했다. 각자 서로의 머리를
노렸으며 사탄은 예수님의 발꿈치를 상하게 했지만 결국 예수님
이 이기셨다. 예수님은 상처를 입었지만, 사탄은 완전히 파멸했
다. 비록 아버지께서 주권적으로 십자가를 계획하셨지만, 그렇다
고 예수님이 사탄의 모든 궤계에 수동적으로 복종해야 한다는 뜻
은 아니었다. 하나님은 예수님이 싸우기를 바라셨다! 아버지는
예수님이 성령님의 일곱 뿔을 사용하여 어둠의 권세를 무찌르기
를 원하셨다(계 5:5~6). 우리는 십자가에서 하나님께 순종하고 사
탄을 대적하는 예수님을 본다.

우리가 따라야 할 모범은 그리스도의 십자가이다. 혹시 주님
께 징계받는 중인가? 그렇다면 사탄과 맞서 싸워라! 지옥의 권세
와 대결하여 징계와 시련을 극복하고, 하나님이 계획하신 고유한
부르심을 맞이하라.

---

22. "여호와께서 그에게 상함을 받게 하시기를 원하사 질고를 당하게 하셨은즉"(사 53:10).
23. "열둘 중의 하나인 가룟인이라 부르는 유다에게 사탄이 들어가니"(눅 22:3).

왜 하나님의 징계는 간혹 과도해 보이는가?

하나님의 징계는 사례에 따라 매우 가벼운 것에서 가혹해 보이는 것까지 다양하다. 하나님의 손길이 특히 가혹할 때 우리 눈에는 과도해 보일 수 있다. 격렬한 징계와 시련이 불완전한 우리 삶의 문제와 비교할 때 지나치다고 느낄 만큼 균형이 맞지 않을 때 우리는 당혹스러우며, 마치 우리가 하나님의 자비보다 진노 아래 있는 것처럼 느껴진다.

성경을 보면 종종 하나님은 격렬한 시련이 지나쳐 보인다는 것을 인정하셨다. "너희는 예루살렘의 마음에 닿도록 말하며 그것에게 외치라. 그 노역의 때가 끝났고 그 죄악이 사함을 받았느니라 그의 모든 죄로 말미암아 여호와의 손에서 벌을 배나 받았느니라 할지니라 하시니라"(사 40:2). 주님은 예루살렘의 멸망과 바벨론 포로기를 말씀하신다. 왜 하나님은 이스라엘이 지은 죄에 갑절의 벌을 내리셨는가?

언뜻 보기에 이스라엘이 받은 고난의 수준은 부당하고 불공평해 보인다. 사실 사탄은 전혀 공정하지 않기 때문에 사탄이 개입한 고난은 불공평해 보이는 것이 맞다. 그러나 명심하라, 우리 하나님은 공의의 하나님이시다. 불의가 하나님의 자녀를 가로막을 때, 하나님은 회복과 보상과 원수를 응징하심으로 응답하신다. 하나님은 불의를 복수하는데 능하신 하나님이시다. 하나님의 위대한 공의는 선택하신 자녀들이 받은 부당한 고통이 풀리지 않은 채로 내버려 두지 않으신다.[24] 이스라엘이 받은 갑절의 징계를 향한 하나님의 응답은 무엇인가?

---

24. 내 책 〈불굴의 기도〉에서 이것을 상세히 다루었다.

너희가 수치 대신에 보상을 배나 얻으며 능욕 대신에 몫으로 말미암아 즐거워할 것이라. 그리하여 그들의 땅에서 갑절이 나 얻고 영원한 기쁨이 있으리라. (사 61:7)

이스라엘은 자신이 지은 죄보다 갑절로 벌 받았기 때문에 하나님의 공의는 이스라엘이 갑절의 영광, 갑절의 소유와 영원한 기쁨을 얻도록 명령하셨다.

그리스도가 십자가에 못 박히실 때 같은 일이 일어났다. 십자가는 과도했다. 예수님이 받으셔야 할 인류가 지은 죄의 보응에 비해 넘치는 결과였다. 예수님은 우리 구원과 치유를 위해 충분한 고난을 받으신 것이 아니라 넘치는 고난을 받으셨다. 예수님은 너무 많은 값을 치르셨다. 하나님 아버지는 예수님의 과도한 십자가 형벌을 통해 모든 민족에게서 자기 자녀들을 모으시고, 결국 예수님의 이름을 모든 이름 위에 높이시어 영화롭게 하실 것이다. 약속하건대, 하나님의 아들이 십자가에서 갑절의 대가를 치르신 만큼 갑절의 영광을 받으실 것이다!

우리도 마찬가지이다. 하나님이 우리가 지은 죄 때문에 갑절의 벌을 주신다면, 우리에게 갑절의 영광과 존귀로 관을 씌워 주실 것이다. 바울은 "우리가 잠시 받는 환난의 경한 것이 지극히 크고 영원한 영광의 중한 것을 우리에게 이루게 함이니"(고후 4:17)라고 기록했다. 때로 우리는 이 땅의 삶에서 하나님의 영광의 일부를 경험하지만, 영원한 나라에서 가장 위대한 영광을 우리에게 아낌없이 베푸실 것이다. 우리 징계를 천국의 관점에서 보면, 하나님께 받을 영광의 무게와 비교할 수 없는 "가벼운 것"임을 깨닫게 된다.

사탄은 항상 자기 역량을 과시한다

종종 하나님의 징계가 과도해 보이는 또 다른 이유는 사탄이 항상 자기 역량을 과도하게 사용하는 경향이 있기 때문이다. 사탄은 하나님의 "허가증"을 이용하여 하나님이 의도하신 것보다 더 큰 문제를 일으킨다. 사탄은 하나님과 그분의 사람을 향한 악한 증오심 때문에 항상 도를 넘는다. 사탄의 과도한 공격은 우리 삶을 향한 하나님의 훈계가 지나쳐 보이게 한다.

사탄의 과도함은 옛 원수들이 이스라엘과 대립한 방식을 통해 비유적으로 설명할 수 있다. 이사야와 하박국 같은 선지자들은 하나님이 악한 나라들로 이스라엘 땅을 침략하게 허락하심으로써 자기 사람들을 징계하셨다고 이야기한다(왕하 18:25). 그러나 악한 나라들은 하나님이 정하신 범위 이상으로 이스라엘을 악의적으로 공격하여 멸망시켰다.

사탄의 과도함에 하나님은 어떻게 응답하시는가? 하나님은 이스라엘을 치는 매로 사용하신 악한 나라를 심판하셨다. 이스라엘을 압제한 나라인 애굽과 앗수르, 바벨론이 하나님의 심판을 받았다. 그리고 사탄과 그의 세력도 마찬가지이다. 하나님이 사탄을 주님의 사람들을 징계하는 매로 사용하실 때마다 사탄은 도를 넘겠지만, 하나님은 주님의 자녀들의 징계가 끝난 후 반드시 사탄을 심판하신다.

하나님은 사탄을 어떻게 심판하실까? 사탄이 괴롭힌 주님의 자녀들에게 어둠의 권세를 이기는 위대한 승리를 주시는 방법으로 사탄을 심판하신다! 교회는 일어나 승리할 것이다! 사탄의 악랄한 횡포에 맞서 하나님이 보상하실 갑절의 영광을 소망하라!

비난 없는 중보기도

지금까지 나는 우리가 겪는 고난에 하나님과 사탄 모두 관여할 수 있음을 보여주기 위해 노력했다. 그런데 이는 매우 중요한 한 가지 질문으로 이어진다. "하나님이 우리가 직면한 불같은 시련에 부분적인 책임이 있는 것이 확실할 때, 우리 마음을 참소와 비난에서 어떻게 지켜야 하는가?" 사탄은 우리가 하나님을 향해 쓴 마음을 품고 하나님이 우리를 부당하게 괴롭히신다고 비난하고 우리 영적 유산을 빼앗기기를 원하기 때문에 이 질문은 매우 중요하다. 같은 질문을 이렇게 할 수도 있다. "우리가 겪는 큰 고난에 하나님이 부분적인 책임이 있다는 것을 알았을 때 우리는 하나님과 어떻게 관계해야 하는가?"

이 질문의 답이 에스더서에 우아한 비유로 나온다. 이어질 이야기에서 바사 왕은 하나님을, 하만은 사탄을, 에스더(신부)는 신자를 상징한다. 하만은 유대인을 몹시 미워한 결과 땅에서 모두 없애버리기로 결심했다. 하만은 바사 왕을 교활하게 선동하여 유대인에 반감을 품게 했으며 특정한 날에 몰살하도록 명령하는 법을 통과시켰다. 이 이야기에서 유대인의 진짜 원수는 바사 왕이 아니라 하만이었다.

에스더는 유대인이면서 왕후였다(왕은 에스더가 유대인인지 몰랐다). 에스더는 이 끔찍한 법안을 취소할 방법을 찾기 위해 노력했지만, 상황이 복잡했다. 에스더의 남편인 바사 왕이 이 음모의 공모자였기 때문에 남편이 유대인에 맞서 서명한 법을 뒤집어야 했다. 상황이 복잡했던 진짜 이유는 바로 왕을 향한 부정적 태도 때문에 자리에서 쫓겨난 전 왕후 와스디 때문이었다.

에스더는 왕에게 저항한 또 한 명의 비통한 왕후가 되고 싶지 않았다. 왕이 직접 승인한 유대인 몰살법에 에스더는 어떻게 왕을 비난하지 않으면서 그 법이 악하다는 것을 보여줄 수 있을까? 왕의 마음을 얻으려는 에스더의 전략은 정말 멋졌다. 에스더는 왕을 위해 연회를 열면서 하만도 초청했다. 에스더는 비용을 아끼지 않고 가장 맛있는 고기와 최고급 포도주를 대접했다.

에스더의 몸짓과 표정, 말투와 음식이 왕에게 이렇게 말하는 것 같았다. "저는 당신을 사랑합니다. 당신은 정말 놀랍고 현명하세요. 당신의 지도력은 눈이 부십니다. 제가 당신의 아내라는 것이 정말 영광입니다. 이 세상에 당신 같은 분은 없어요. 당신은 최고의 것을 받기에 합당하십니다." 에스더는 왕이 자신의 진정한 존경과 헌신과 충성을 느끼기를 원했다.

에스더는 어떻게 연회 비용을 마련했는가? 왕은 왕후에게 매달 보조금을 주었다. 전 왕후 와스디는 왕의 보조금을 자기 친구들을 위한 잔치에 다 써버렸다(에 1:9). 에스더는 와스디와 반대로 왕을 위한 연회에 자신의 보조금을 아낌없이 사용했다. 왕은 아마 이렇게 생각했을 것이다. "와스디에게는 이런 걸 받아본 적이 없어. 에스더는 와스디와 정반대야!" 이것이 바로 에스더가 왕이 느끼기를 원한 것이었다.

왕은 흡족한 마음으로 연회가 끝날 무렵 에스더에게 무엇을 원하는지 질문했다. 하지만 에스더는 왕이 자기 헌신을 온전히 받아들였는지 확신할 수 없었다. 왕이 에스더의 호소를 폐위된 왕후 와스디의 반항과 비난처럼 느껴서는 안 됐다. 그래서 에스더는 왕의 마음을 완전히 얻기 위해 두 번째 연회를 열기로 한다.

왕은 의심의 여지 없이 에스더를 사랑했다. 에스더는 말했다. "내일 하만과 함께 두 번째 연회에 오세요. 그때 제 요청을 말씀드리겠습니다."

다음 날 저녁, 에스더는 모든 것을 한 번 더 반복했다. 에스더가 왕에게 아낌없이 바친 모든 것이 이렇게 외치는 것 같았다. "저는 당신을 믿습니다. 당신은 최고예요. 당신은 나의 헌신과 온 나라의 헌신을 받으실 분이세요. 당신은 정말 현명한 지도자입니다. 나는 당신을 사랑해요!" 에스더는 왕을 비난하기보다 칭송했다. 에스더는 마침내 두 번째 연회에서 왕에게 자신의 필요를 알릴 순간을 맞이했다.

2 왕이 이 둘째 날 잔치에 술을 마실 때에 다시 에스더에게 물어 이르되 왕후 에스더여 그대의 소청이 무엇이냐 곧 허락하겠노라. 그대의 요구가 무엇이냐. 곧 나라의 절반이라 할지라도 시행하겠노라. 3 왕후 에스더가 대답하여 이르되 왕이여 내가 만일 왕의 목전에서 은혜를 입었으며 왕이 좋게 여기시면 내 소청대로 내 생명을 내게 주시고 내 요구대로 내 민족을 내게 주소서. 4 나와 내 민족이 팔려서 죽임과 도륙함과 진멸함을 당하게 되었나이다. 만일 우리가 노비로 팔렸더라면 내가 잠잠하였으리이다. 그래도 대적이 왕의 손해를 보충하지 못하였으리이다 하니 5 아하수에로 왕이 왕후 에스더에게 말하여 이르되 감히 이런 일을 심중에 품은 자가 누구며 그가 어디 있느냐 하니 6 에스더가 이르되 대적과 원수는 이 악한 하만이니이다 하니 하만이 왕과 왕후 앞에서 두려워하거늘 7 왕

이 노하여 일어나서 잔치 자리를 떠나 왕궁 후원으로 들어가
니라 하만이 일어서서 왕후 에스더에게 생명을 구하니 이는
왕이 자기에게 벌을 내리기로 결심한 줄 앎이더라 (더 7:2~7)

에스더의 눈부신 전략이 보이는가? 에스더는 왕을 비난하지
않으면서 자신의 탄원을 효과적으로 전달했다. 에스더는 유대인
말살법에 일부 책임이 있는 왕을 비난하지 않으면서 선한 왕이라
고 높였고 하만은 매우 악한 사람으로 규정했다. 에스더는 왕을
비난하지 않으면서 악법의 모든 책임을 유대인의 원수인 하만에
게 돌렸다.

왕은 왕궁에서 일어난 모든 일을 곰곰이 생각하면서 어떻게
자신이 하만의 음모를 따랐는지 의아해하면서 바보 같은 자신을
자책했을 것이다! 그리고 왕은 이 악법에 연루된 자신을 조금도
비난하지 않은 에스더를 생각하며 정신이 아득해졌을 것이다. 에
스더는 모든 책임을 하만에게 돌렸다. 에스더가 원통한 마음으로
왕을 비난하지 않았기 때문에 왕은 자신의 모든 분노를 오롯이 적
인 하만에게 퍼부을 수 있었다. 에스더가 왕을 사랑하고 흠모한
결과 왕은 하만을 처형하고 악한 법을 뒤집었다.

자 이제, 하나님이 우리 시련의 원인 중 한 부분이라면 우리는
어떻게 해야 하는가? 에스더의 예를 따르라. 우리 사랑을 주님께
쏟아붓고, 주님의 지혜와 선하심을 찬양하며 주님의 아름다운 거
룩함을 예배하며 주님께 우리 원수의 심판을 요청하라.

하나님은 우리가 사랑으로 구하는 모든 것을 행하실 것이다.

20 바울의 육체의 가시

PAUL'S THORN IN THE FLESH

성경에 바울의 가시만큼 기독교인 사이에 논란이 된 것은 거의 없었다. 그러므로, 처음부터 나는 일부 독자들이 이 주제에 관한 내 관점에 동의하지 않을 것을 잘 안다. 하지만 나는 건전한 하나님의 훈계 신학을 위해 바울의 가시를 설명해야 한다. 바울의 가시는 하나님의 징계였기 때문이다. 바울은 이렇게 말했다.

7 여러 계시를 받은 것이 지극히 크므로 너무 자만하지 않게 하시려고 내 육체에 가시 곧 사탄의 사자를 주셨으니 이는 나를 쳐서 너무 자만하지 않게 하려 하심이라. 8 이것이 내게서 떠나가게 하기 위하여 내가 세 번 주께 간구하였더니 9 나에게 이르시기를 내 은혜가 네게 족하도다, 이는 내 능력이 약한 데서 온전하여짐이라 하신지라. 그러므로 도리어 크게 기뻐함으로 나의 여러 약한 것들에 대하여 자랑하리니 이는 그리스도의 능력이 내게 머물게 하려 함이라. 10 그러므로 내가 그리스도를 위하여 약한 것들과 능욕과 궁핍과 박해와 곤고를 기뻐하노니 이는 내가 약한 그 때에 강함이라. (고후 12:7~10)

바울은 자신이 겪는 주님의 훈계의 이유를 두 번이나 설명하면서 그 중요성을 강조한다. "자만하지 않게 하시려고" 이 구절은 두 가지 의미가 있다.

첫째, 육체의 가시가 바울이 경험한 풍부한 계시로 교만해지지 않도록 보호한다는 의미이다. 바울이 루시퍼처럼 교만의 유혹에 굴복하여 자만심에 빠졌다면, 하나님은 교만한 사람을 대적하시기 때문에(약 4:6) 바울은 하나님과 대적하는 관계가 되었을 것이다. 가시는 바울이 큰 계시와 능력 속에서도 예수님을 의지하는 친밀함을 추구하도록 도와주었다.

둘째, 다른 사람들이 바울을 지나치게 높이지 못하도록 하나님이 직접 바울의 육체의 가시를 계획하셨다는 의미이다. 사람들이 바울의 육체의 가시를 볼 때, 드러나는 육신의 연약함으로 영광을 사람에게 돌리지 않도록 막아주었다.

나는 이 두 의미가 모두 하나님의 의도라고 생각한다. 하나님은 바울이 겸손하도록, 또 사람들이 바울을 분에 넘치게 칭송하지 않도록 징계하셨다. 내 생각에는 두 번째 의미가 바울의 가시의 주된 이유이다. 바울의 문법 표현을 보면 능동태(예, 내가 자신을 높이지 않도록)가 아니라 수동태(내가 높아지지 않도록)를 사용했기 때문이다. 수동태는 그 높임이 다른 사람을 통해 바울에게 일어나는 것을 보여준다. 하나님은 사람들이 바울을 마땅히 받아야 하는 이상으로 높이는 것을 원하지 않으셨으므로 바울의 육체에 가시를 만들어 사람들 보기에 그다지 인상적이지 않게 하셨다. 직설적으로 말하면, 하나님은 바울이 안 좋아 보이게 하셨다. 십자가형은 언제나 공개적이며 차마 눈 뜨고 보기 힘든 것이었다.

우리는 바울의 가시를 하나의 백신VACCINE으로 볼 수 있다. 육신의 가시는 아주 적은 양으로도 파괴적인 위험에서 바울을 구하는 예방책이었다. 마이크 비클이 말하길, "하나님은 능력을 '문제PROBLEMS'로 보호하신다." 하나님은 육신의 가시라는 문제로 바울을 통해서 흐르는 하나님의 능력과 계시가 바울 자신이나 주변 사람들에게 부정적인 결과를 일으키지 못하게 예방하셨다.

내가 바울의 가시를 징계로 보는 이유는, 하나님이 가시를 구속의 목적REDEMPTIVE PURPOSES으로 사용하셨기 때문이다. 하나님은 바울을 말로 교정할 수 없는 부분에 가시를 통해 역사하셨으며 해당 성경 구절은 아무리 좋게 표현하려 해도 단어 자체가 징계를 떠올리게 한다 : 육체에, 쳐서, 약한 데서, 약한 것들.

종종 하나님은 질그릇(성도의 몸)에 금이 가게 하시어 탁월한 능력이 사람이 아닌 하나님께 있음을 인정하게 하신다(고후 4:7). 바울의 경우, 육체의 가시는 바울의 질그릇(육체)에 난 큰 균열이었다. 바울은 원하지 않았지만, 사람들을 위해 가시가 필요했다.

군중을 특히 더 열광하게 만드는 두 가지가 있는데, 바로 계시와 능력이다. 하나님의 진리의 말씀을 풀어내는 계시적 통찰력과 표적, 기사, 기적을 행하는 성령님의 능력을 말한다. 만일 여러분에게 이 중 한 가지만 있어도, 사람들이 아우성치며 여러분에게 가까이 다가가려 할 것이다. 둘 중 하나만 있어도 놀라운 계시와 능력이 바울에게는 사도적 사역을 위해 아주 인상적인 모습으로 둘 다 있었다. 그래서 하나님은 사람들이 말씀을 전하는 바울에게 집중하지 않고 하나님이 말씀에 사로잡히도록 바울의 육체에 "평행 추"인 가시를 주기로 하셨다.

바울은 비범한 은사와 능력이 있었다. 이런 바울의 강점이 균형을 이루도록 하나님은 주권적이고 전략적으로 바울의 삶에 약점을 주셨다. 금식과 같은 어떤 형태의 연약함은 자발적으로 받아들이는 것이지만, 바울은 원하지도 않았고 선택할 수도 없었던 육체의 가시에서 나오는 고통과 연약함을 안고 살아야 했다. 징계는 하나님의 공의를 따라 때로는 그 대상이 원하지 않아도 연약함을 준다. 하지만 하나님은 놀라운 방법으로 우리 연약함을 통해 하나님의 능력을 온전케 하신다.

육체에

바울은 육체에 가시가 있었다고 기록한다. 이 육신의 가시가 실제로 무엇인지 많은 논란이 있지만, 나는 가시가 바울이 사용한 단어의 액면 그대로를 의미한다고 확신한다. 말 그대로, 바울의 육신에 문제가 있었다. 문자 그대로 일종의 신체 질병이었다.

어떤 해석자들은 바울의 가시를 육체의 고통이 아닌 다른 것으로 설명하기 위해 노력했다. 예를 들어 어떤 사람들은 바울의 가시가 질병이 아닌 바울을 대적한 개인이거나 가는 곳마다 직면한 박해였다고 가르친다. 왜 그들은 가시가 육체의 질병이라는 개념을 거부하는 것일까? 나는 그 이유가 하나님의 치유 교리를 향한 집착 때문이라고 생각한다. 이 사람들은 하나님이 언제나 모든 사람을 즉시 치유하신다는 가르침과 즉시 치유되지 않은 바울의 가시가 충돌하기 때문에 가시를 육체의 질병으로 인정하지 않으려 한다. 나는 하나님의 치유를 향한 그들의 열정을 좋아하지만, 교리를 향한 열정이 성경을 부적절하게 해석한다고 생각한다.

나도 하나님의 치유를 열정적으로 추구하지만, 바울의 가시는 즉시 치유되지 않고 바울을 괴롭게 한 육체의 질병이라고 주장한다. 바울이 가시라고 부른 질병은 단순히 가벼운 염증이 아니라 신경을 갉아 먹고 바늘로 쿡쿡 찌르는 듯한 장애였다.

가시는 사람들이 바울을 지나치게 높이지 못하도록 하나님이 의도한 것이므로 틀림없이 어떻게든 사람들이 보고 알 수 있었을 것이다. 결론적으로 바울의 가시는 다른 사람들이 보고 바로 알 수 있으며 바울을 다소 측은하고 평범해 보이게 만드는 육체적 질병이었다. 성경을 보면 사람들이 바울을 책망과 경멸의 눈으로 바라보는 경향이 있었다는 사실을 알 수 있다.

나는 바울이 자신의 질병을 가시라고 부른 것이, 혹시 주님이 이스라엘에 맞선 앗수르의 공격을 가시와 찔레로 묘사한 사 10:17을 염두에 둔 것은 아닐까 생각한다.[25] 하나님은 앗수르로 이스라엘을 징계하셨으며 사 10장은 앗수르를 이스라엘을 치는 막대기(24절)와 가시(17절)로 표현했다. 막대기와 가시는 징계의 용어이다. 사 10:17은 가시와 찔레가 거룩하신 하나님의 불길에 소멸할 것이라고 확언한다. 가시는 영원하지 않다. 갈라디아서에 바울의 육체의 가시로 추측할 수 있는 부분이 있다.

13 내가 처음에 육체의 약함으로 말미암아 너희에게 복음을 전한 것을 너희가 아는 바라. 14 너희를 시험하는 것이 내 육체에 있으되 이것을 너희가 업신여기지도 아니하며 버리지도 아니하고 오직 나를 하나님의 천사와 같이 또는 그리스도 에

---

25. 뉴킹제임스성경은 가시들과 찔레들이라고 말하지만, 히브리어 원문은 복수형이 아니라 단수형이다.

수와 같이 영접하였도다. 15 너희의 복이 지금 어디 있느냐 내가 너희에게 증언하노니 너희가 할 수만 있었더라면 너희의 눈이라도 빼어 나에게 주었으리라. (갈 4:13~15)

갈라디아서는 비시디아의 안디옥, 이고니온, 루스드라, 더베 등 로마에 속한 갈라디아 지역 4개의 도시에 보내는 편지로, 바울이 1차 선교여행을 하면서 교회를 세운 곳이다(행 13:4~14:23).

어떤 이유인지 바울은 병 때문에 갈라디아 남부로 여행했다. 왜? 아무도 확실히 모른다. 어떤 사람들은 바울이 열병 때문에 더 높고 시원한 고지대인 안디옥으로 향했다고 상상한다. 다른 사람들은 바울이 갈라디아 남부를 통과해 그 너머의 거점까지 여행할 계획이라고 추정했지만, 병 때문에 기력이 약해져서 갈라디아에서 멈추었다. 육체의 가시 때문에 자유롭게 전도 여행을 할 수 없게 된 것일까?

바울은 자기 육체의 연약함 때문에 갈라디아에서 복음을 전했으며 자기 육체에 갈라디아인들을 시험할만한 것이 있었다고 말한다. 바울의 육체의 연약함이 고린도후서에서 말했던 육체의 가시였을까? 나는 그렇다고 생각한다. 어떤 해석학자들은 위의 본문에 나온 "너희의 눈이라도 빼어 나에게 주었으리라"라는 문장을 두고 바울의 약함이 눈의 문제였다고 추측했다. 증명할 수 없지만 그럴듯한 추측이다. 바울의 눈에 장애가 있었을까?

바울은 갈라디아의 도시 루스드라에 있는 동안, 이 약함과 싸웠다. 루스드라는 흥미롭게도 두 가지 주목할만한 기적이 일어난 곳이다. 첫 번째는 태어날 때부터 불구였던 사람이 즉각적으로 치유 받은 사건이다(행 14:8~10). 당시 바울은 육체적 약함이 있었지만, 믿음의 말을 선포한 즉시 그 사람은 태어나서 처음으로 일어나 걸었다. 바울은 여전히 자기 질병의 치유는 경험하지 못했지만 다른 사람에게 하나님의 치유를 전달할 수 있었다. 분명히, 아픈 사람들의 치유를 위해 담대히 기도하기 위해 우리 자신이 먼저 치유 받아야 할 필요는 없다.

루스드라에서 일어난 두 번째 중요한 기적은 바울이 돌에 맞은 일이었다. 복음의 적대자들이 바울을 거의 죽을 때까지 돌로 쳤지만, 후에 제자들이 모여 기도하자 바울이 일어나 걸어갔다(행 14:19~20). 부활의 생명이 성도들의 기도 응답으로 바울의 전 존재에 흘러갔다. 갈 4:13에 나오는 만성적인 육체적 약함을 제외하면 바울의 모든 것이 즉각 치유된 것으로 보인다. 어떻게 바울의 전신에 부활의 생명이 역사하면서 고질적인 육체적 연약함만은 치유하지 않은 것일까? 참으로 이해하기 어렵지만, 이것이 주님의 징계를 둘러싼 신비이다. 하나님은 바울을 다시 살리실 목적이 있으셨으며 또 갈라디아에 있는 동안 바울의 육체적 약함에도 목적이 있으셨다. 갈라디아에서 바울의 약함이 육신의 가시라면, 하나님의 목적은 바울이 지나치게 높임 받는 것을 막는 것이다.

갈라디아 성도들은 바울의 육체의 약함을 잘 알았으며, 바울도 자신의 약함 때문에 성도들이 자신을 무시할 수 있었다는 것을 인정했다. 바울은 육체의 약함에도 자신과 자신의 메시지를 받아준 성도들을 칭찬했다. 바울의 육체의 약함은 갈라디아 성도들이 바울을 지나치게 높이지 않도록 지켜주었으며, 복음을 받는 데에도 전혀 문제가 되지 않았다.

바울의 가시는 마귀였다

바울은 사탄의 사자^{MESSENGER OF SATAN}에게 육체의 괴로움을 당했다고 표현한다. 이것은 사탄이 바울을 대적하기 위해 사자를 보냈다는 의미이다. 눅 13:11의 표현이 적합하다면, 사탄이 질병의 영을 보내어 바울의 육신을 괴롭혔다고 볼 수도 있다.

또한 바울은 사탄의 사자를 "주셨다"(고후 12:7)라고 표현한다. 악령이 바울에게 주어졌다. 이 사탄의 사자는 과연 누가 보낸 것인가? 만일 가시가 사탄에게서 왔다면 바울은 아마도 "나는 공격당했다" 혹은 "도전받았다" 또는 "나와 대립했다" 또는 다른 곳에서 말한 것처럼 "방해받았다"라고 표현했을 것이다. 하지만 바울은 "가시를 주셨다"라고 표현한다. 바울은 마치 가시를 선물처럼 묘사한다. 사탄에게서 오는 것은 결코 선물일 수 없으며 오직 하나님만이 선물을 주신다. 그러므로 사탄의 사자, 가시, 악령은 하나님이 바울에게 주신 것이다. 하나님이 바울에게 악령을 주셨다는 내용을 우리 신학 범주에서 찾을 수 있을까? 하나님이 허락하셔서 사탄이 가시를 보냈다. 바울의 가시는 하나님과 사탄 모두 관여한 매우 전형적인 징계의 모습이다.

성경에서 하나님이 거룩한 목적을 위해 악한 권세를 사용하시는 것은 새로운 개념이 아니다. 예를 들어 성경은 이렇게 말한다. "여호와께서 부리시는 악령^{DISTRESSING SPIRIT} 그(사울)를 번뇌하게 한지라"(삼상 16:14). 한글 성경은 이 영을 "악령"이라고 표현하지만, 원문은 단지 "괴롭게 하는 영"으로 표현하므로 우리는 이 영이 천사인지 마귀의 영인지 알 수 없다. 또 다른 예로 미가야는 한 영이 하나님의 보좌 앞에 와서 "내가 나가서 거짓말하는 영이 되어 그의 모든 선지자들의 입에 있겠나이다"(왕상 22:22)라고 말하는 것을 보았다. 하나님은 그 영을 사악한 임무에 보내셨다. 다시 말하지만, 우리는 미가야가 본 영이 천사인지 마귀의 영인지 알지 못한다.

개인적으로 나는 이 영이 마귀일 것으로 추측하는데, 만일 그렇다면 욥 1:6에 사탄이 하나님의 보좌 앞에 나온 것과 비슷한 방식으로 악한 마귀가 하나님의 보좌 앞에 나온 것이다. 이러한 예를 언급하는 이유는 하나님의 뜻과 목적을 위해 하나님이 주권적으로 마귀도 사용하신다는 점을 설명하기 위한 것이다.

바울을 괴롭힌 마귀는 바울의 혼이나 영에 들어가서 그 안에 살지 않았다. 바울은 마귀에게 사로잡히거나 귀신 들리지 않았다. 오히려 마귀는 바울의 육체만 공격했으며 마치 거머리처럼 육신에 달라붙어 가시처럼 바울의 살을 파고 들어갔다. 육체의 가시는 괴롭긴 하지만 몸을 움직이지 못하게 한 것은 아니기 때문에 바울은 그것을 가시라고 불렀다. 가시가 바울의 복음 전도를 멈추게 하지는 못했지만, 바울의 활동을 줄이고 방해한 것은 분명하다. 바울이 성경에서 사탄에게 세 번이나 방해받았다고 말할 때 이 가시를 마음에 두었을 가능성이 있다.

> 형제들아 내가 여러 번 너희에게 가고자 한 것을 너희가 모르기를 원하지 아니하노니 이는 너희 중에서도 다른 이방인 중에서와 같이 열매를 맺게 하려 함이로되 지금까지 길이 막혔도다 (롬 1:13)

> 그러므로 또한 내가 너희에게 가려 하던 것이 여러 번 막혔더니 (롬 15:22)

그러므로 나 바울은 한번 두번 너희에게 가고자 하였으나 사
탄이 우리를 막았도다 (살전 2:18)

위의 구절에서 사탄이 가시를 가리키는 말이든 아니든 사탄이
바울의 전도 여행을 어느 정도 방해한 것이 분명하다. 사도로서
바울은 전도 여행의 부르심을 받았는데 사탄은 정확하게 바울의
전도 여행을 방해했다. 나는 바울이 데살로니가나 로마에 가려고
여러 번 시도하는 모습을 상상해 본다. 바울이 전도 여행 계획을
세우고 막 실천하는 순간에 마귀가 바울의 육신을 공격하여 갑자
기 병이 재발한 결과 계획을 연기할 수밖에 없었을 것이다. 이것
은 바울만 겪은 문제가 아니다. 사탄은 지금도 신자들을 방해하
는데, 특히 신자들이 부르심 받는 순간을 방해하려고 애쓴다.

바울의 가시는 우리와 관련 있다

나는 바울의 가시가 하나님과의 독특한 만남으로 바울에게 발
생한 매우 드문 이례적인 일이라고 생각했다. 나는 이런 말도 들
었다. "네가 바울처럼 충만한 계시를 받지 않았다면, 육신의 가시
때문에 너무 걱정할 필요는 없어." 그러나 이제 나는 바울의 가시
가 희귀하고 유일한 사건이 아니라, 역사 속에서 하나님이 자기
종들에 하신 일의 한 종류였음을 깨달았다. 우리 몸이 얼마나 유
기적으로 우리 영혼과 연결되어 있는지 아시는 하나님은 육체의
제약을 사용하여 우리 마음과 혼과 영을 단련하신다. 하나님은
바울에게 하신 일을 오늘도 하신다.

벤저민 프랭클린이 말한 "1온스(약 28g)의 예방이 1파운드(약 450g)의 치료보다 낫다"라는 격언을 징계의 영역에 적용할 수 있다. 우리 삶을 향한 하나님의 훈계는 때로 선제타격과 같다. 오늘의 작은 징계가 내일의 큰 재난에서 우리를 구한다.

막상 뜨거운 시련의 도가니 안에 들어가면 1온스의 예방이 아닌 1파운드의 예방처럼 느껴질 것이다. 즉, 징계는 단순한 예방 조치와는 어울리지 않을 만큼 아주 크고 강렬하게 느껴진다. 하지만 징계에서 맺은 열매가 우리 영원한 보상에 엄청난 차이가 있음을 생각하면, 그 고난의 실체가 무엇인지에 초점을 맞춰야 한다.

우리가 잠시 받는 환난의 경한 것이 지극히 크고 영원한 영광의 중한 것을 우리에게 이루게 함이니 (고후 4:17)

바울은 치유 받았을까?

많은 사람이 바울은 육체의 가시에서 해방되지 않았다고 생각한다. 바울은 예수님께 세 번 가시를 거두어달라고 간구했는데, 예수님은 바울에게 결코 "안 된다"라고 말씀하신 적이 없다. 예수님의 응답은 "아직은 아니다"와 더 가깝다. 하나님이 징계를 시작하실 때 우리는 주님께 징계에서 구해달라고 간구하지만 때때로 주님의 응답은 "아직 아니다"이다. 우리 삶에 하나님의 징계가 끝나지 않으면 아무리 믿음을 끌어모아도 징계에서 빠져나올 수 없다. 믿음은 우리가 하나님을 향해 영적인 완력을 행사하는 수단이 아니다. 바울은 충분한 믿음이 없어서 치유를 기다린 것이 아니라 아직 하나님의 징계가 끝나지 않았기 때문에 기다려야 했다.

가시 면류관 쓰신 예수님께 바울의 육체의 가시를 견딜 힘과 은혜가 있었다. 바울은 예수님이 말씀하시기 전까지 가시를 어떻게 다루어야 할지 몰랐다. 바울은 이렇게 기록했다. "나에게 이르시기를". 예수님이 말씀하시자 바울의 요동치는 영혼이 잠잠해졌고 앞으로 나아갈 방법을 깨달았다. 감당할 수 없는 징계를 겪을 때, 주님의 말씀 한마디보다 더 나은 것은 없다.

바울은 하나님께 치유를 간구한 순간에 바로 치유되지 않았다. 그러나 결국 바울이 가시에서 자유롭게 되었을 것이라고 믿을만한 이유가 있다. 바울은 주 후 55~56년경 고후 12장에 자기 가시를 기록했다. 그리고 10~11년 후 바울은 디모데후서를 썼다(이 편지는 바울이 죽기 전에 기록한 마지막 서신이었다). 디모데후서에서 바울은 갈라디아에 있을 때 자신이 겪은 육체적 고통을 이야기한다(이때 디모데가 바울과 함께 있었다).

10 나의 교훈과 행실과 의향과 믿음과 오래 참음과 사랑과 인내와 11 박해를 받음과 고난과 또한 안디옥과 이고니온과 루스드라에서 당한 일과 어떠한 박해를 받은 것을 네가 과연 보고 알았거니와 주께서 이 **모든 것** 가운데서 나를 건지셨느니라. (딤후 3:10~11)

바울은 디모데에게 자신이 갈라디아에서 겪은 모든 고통에서 주님이 건져주셨다고 말한다. 바울이 갈라디아에서 사역할 때 이미 가시가 육신에 있었는가? 그런 것 같다(갈 4:13). 바울이 갈라디아에 있을 때 육신에 가시가 있었다면, 디모데에게 자신이 갈라디아에서 겪은 모든 고통에서 건짐 받았다고 말했기 때문에 분명히 바울은 가시에서 해방된 것이다.

이것이 왜 중요한가? 하나님의 징계는 언제나 징계받는 자녀들이 치유 받는 것이 목적이기 때문이다(히 12:13). 바울이 가시에서 치유 받았다는 증거로 알 수 있듯이 하나님은 우리를 괴롭히는 징계의 고통에서 우리가 치유받기를 원하신다. 징계받는 사람에게 이보다 더 만족스러운 것은 없다.

구약성경의 기묘한 이야기

나는 이제 기이한 구약 이야기를 하나 더하려고 한다. 이 이야기는 이 책의 다른 곳에는 담을 수 없을 만큼 기묘하므로 바울의 기이한 가시 옆에 덧붙인다. 이 이야기는 아합왕이 시리아 왕 벤하닷을 죽이지 않고 살려주었다는 내용이다. 문제는 하나님이 그것을 원하지 않으셨다는 데 있다.

35 선지자의 무리 중 한 사람이 여호와의 말씀을 그의 친구에게 이르되 너는 나를 치라 하였더니 그 사람이 치기를 싫어하는지라. 36 그가 그 사람에게 이르되 네가 여호와의 말씀을 듣지 아니하였으니 네가 나를 떠나갈 때에 사자가 너를 죽이리라. 그 사람이 그의 곁을 떠나가더니 사자가 그를 만나 죽였더라. 37 그가 또 다른 사람을 만나 이르되 너는 나를 치라 하매 그 사람이 그를 치되 상하도록 친지라. 38 선지자가 가서 수건으로 자기의 눈을 가리어 변장하고 길 가에서 왕을 기다리다가 39 왕이 지나갈 때에 그가 소리 질러 왕을 불러 이

르되 종이 전장 가운데에 나갔더니 한 사람이 돌이켜 어떤 사람을 끌고 내게로 와서 말하기를 이 사람을 지키라 만일 그를 잃어 버리면 네 생명으로 그의 생명을 대신하거나 그렇지 아니하면 네가 은 한 달란트를 내어야 하리라 하였거늘 40 종이 이리저리 일을 볼 동안에 그가 없어졌나이다. 이스라엘 왕이 그에게 이르되 네가 스스로 결정하였으니 그대로 당하여야 하리라. 41 그가 급히 자기의 눈을 가린 수건을 벗으니 이스라엘 왕이 그는 선지자 중의 한 사람인 줄을 알아본지라. 42 그가 왕께 아뢰되 여호와의 말씀이 내가 멸하기로 작정한 사람을 네 손으로 놓았은즉 네 목숨은 그의 목숨을 대신하고 네 백성은 그의 백성을 대신하리라 하셨나이다. (왕상 20:35~42)

이 내용은 위의 본문에 나오는 모든 사람에게 두려운 이야기이다. 선지자는 하나님의 사자인 자기 몸에 상처를 내야 했기에 두려웠다. 선지자의 친구는 예의 바르고 자비롭다는 이유로 목숨을 잃었기에 두려운 일이었다. 자신을 보호하기 위해 두려움으로 선지자를 친 사람도 그저 두려울 뿐이었다. 그리고 상처 난 선지자에게서 예언적 심판을 받은 아합왕도 두려웠다.

선지자를 상처 입히기 위해 어떤 도구나 무기를 사용했을까? 선지자는 얼마나 심하게 다친 것일까? 우리는 선지자를 상처 입힌 무기나 방식을 알 수 없지만, 선지자의 상처는 아합왕에게 전장에서 다쳤다는 확신을 줄 만큼 매우 심각한 것이었다. 두 이야기 모두 자신의 메시지를 다른 사람에게 효과적으로 전달하기 위해 육체의 고난을 겪어야 했다는 점에서, 어쩌면 바울의 가시와 이 선지자의 상처는 비슷한 점이 있다.

종종 하나님은 자기 선지자들에게 상처를 주신다. 이때는 하나님의 사자들이 하나님께 받은 메시지의 살아있는 비유가 되기 위해 공격받고 상처를 입어야 하는 무서운 시기였다. 나는 우리가 바로 이런 시대를 살고 있다고 믿는다. 이 이야기의 요점은 다음과 같다. "어떤 메시지는 상처 입은 선지자가 필요하다."

21 자녀 훈육의 희화화를 분별하라

CARICATURES OF CHILD DISCIPLINE

이 책은 우리 삶을 향한 주님의 훈계에 집중한다. 주님의 징계와 자녀 훈육은 서로 뗄 수 없는 관계이기 때문에 나는 이 책을 마치기 전에 자녀 훈육이라는 주제에 두 장을 할애하려고 한다. 나는 아동학대를 강력하게 반대한다는 점을 분명히 밝힌다. 성경은 자녀를 학대하는 것에 반대하며, 자녀 훈육의 균형 잡힌 입장은 지나치고 가혹하며 폭력적인 아동 처벌을 단호히 거부한다. 하나님은 누구든지 자녀를 학대하기 위해 성경의 훈육 가르침을 사용하는 것을 금지하신다.

자녀 훈육은 아이가 사회에서 온전하고 경건하며 생산적인 사람으로 자라도록 친절하고 다정하게 빚어가며 양육하는 것이다. 그러나 세상의 모든 사람이 성경적인 양육 방식을 긍정적으로 보는 것은 아니다. 자녀 훈육, 교정, 처벌, 가벼운 체벌, 이것은 오늘날 논쟁의 여지가 있는 뜨거운 주제들이다. 1979년 스웨덴이 가정에서 자녀 체벌을 법으로 처벌하게 한 이후 많은 국가가 비슷한 법을 제정하여 신체적 수단으로 자녀 훈육을 실행하는 것을 폄하하고 비난하는 세계적인 추세에 동참했다.

2016년 1월 기준으로 49개국(지금도 계속 늘어난다)에서 부모가 자녀를 가볍게 체벌하면 형사고발을 당한다.[26] 해당 국가는 다음과 같다 : 알바니아, 안도라, 아르헨티나, 오스트리아, 베냉, 볼리비아, 브라질, 불가리아, 카보베르데, 코스타리카, 크로아티아, 키프로스, 덴마크, 에스토니아, 핀란드, 독일, 그리스, 온두라스, 헝가리, 아이슬란드, 아일랜드, 이스라엘, 케냐, 라트비아, 리히텐슈타인, 룩셈부르크, 마케도니아, 몰타, 몰도바, 네덜란드, 뉴질랜드, 니카라과, 노르웨이, 페루, 폴란드, 포르투갈, 콩고민주공화국, 루마니아, 산마리노, 대한민국, 남수단, 스페인, 스웨덴, 토고, 튀니지, 투르크메니스탄, 우크라이나, 우루과이, 베네수엘라.

또한 많은 국제 및 국내 기관이 가벼운 자녀 체벌에 반대한다. 그들의 바람은 모든 가정, 학교, 나라에서 모든 형태의 신체적 훈육을 법적으로 처벌하는 것이다.[27]

26. https://en.wikipedia.org/wiki/Corporal_punishment_in_the_home
27. 다음은 해당 기관 명단이다.
- 유네스코는 학교, 가정, 시설에서 훈육 형태의 신체적 체벌을 금지하도록 권고하며, 체벌은 아동에게 비효과적이고 위험하며 해로운 효과를 낳을 뿐만 아니라 인권 위반이라고 주장한다. www.unesco.org/new/en/unesco
- 세이브 더 칠드런은 아동을 향한 모든 형태의 신체적 처벌을 반대한다. www.savethechildren.net/alliance/index.html
- 호주 심리학회는 아동의 체벌이 원치 않는 행동을 중단시키는 비효과적인 방법으로, 바람직하지 못한 행동을 조장하고 대안이 되는 바람직한 행동을 보여주지 못한다고 주장한다. www.psychology.org.au
- 캐나다 소아 과학회는 가벼운 체벌의 연구분석을 통해, 그것은 부정적인 결과와 연결된다는 결론을 내렸고, 의료진들은 가벼운 체벌을 반대한다.
- 영국 왕립 보건 소아 과학회는 가벼운 체벌 및 어떤 상황에서도 아동을 때리는 것을 반대한다. http://en.wikipedia.org/wiki/Corporal_punishment_in_the_home-cite_note-pmid12949335-41#cite_note-pmid12949335-41
- 왕립 정신과 협회 역시 신체적 처벌은 어떤 상황에서도 받아들일 수 없다는 견해이다. www.rcpch.ac.uk/and www.rcpsych.ac.uk
- 미국 소아 과학회는 신체적 처벌은 부정적인 부작용이 따를 뿐만 아니라 그 이익이 아주 제한적이라고 주장하며 바람직하지 않은 행동을 관리하기 위한 다른 형태의 훈육을 추천한다. www.aap.org
- 국제 인도주의 및 윤리 연합: www.iheu.org

많은 심리학자가 체벌은 자녀에게 긍정적인 결과보다 부정적인 결과만 가져온다고 주장한다. 그러나 이 주장은 가벼운 체벌이 자녀들을 미련함, 수치, 파멸, 그리고 스올에서 구원한다는 성경의 주장과 반대된다. 모든 체벌을 폄하하고 범죄화하려는 이 국제적 운동들은 일부 부모의 학대 행위에 대응하는 것이지만 성경의 지혜와는 정반대의 관점이다. 하나님의 말씀은 분명히 부모가 매를 사용하여 자녀를 교정하고 징계하라고 명령한다.

> 네가 네 아들에게 희망이 있은즉 그를 징계하되 죽일 마음은 두지 말지니라 (잠 19:18)

> 아이의 마음에는 미련한 것이 얽혔으나 징계하는 채찍이 이를 멀리 쫓아내리라 (잠 22:15)

> 13 아이를 훈계하지 아니하려고 하지 말라 채찍으로 그를 때릴지라도 그가 죽지 아니하리라 14 네가 그를 채찍으로 때리면 그의 영혼을 스올에서 구원하리라 (잠 23:13~14)

> 채찍과 꾸지람이 지혜를 주거늘 임의로 행하게 버려둔 자식은 어미를 욕되게 하느니라 (잠 29:15)

성경에서 자녀를 매로 훈육하라는 말씀의 의미는 집에 체벌용 몽둥이를 마련하라는 의미가 아니다. 나는 다음 장에서 현대적

- 세계 아동 체벌 금지기구: www.endcorporalpunishment.org
- 효과적 체벌 센터: www.stophitting.com
- The No Spanking: www.neverhitachild.org
- Project noSpank: www.nospank.netUNICEF:www.unicef.org

체벌에 관한 내 생각을 더 자세히 설명할 것이다.

매의 성경적인 모습은 이스라엘 민족의 양치기 문화에서 나왔다. 일반적으로 양치기는 나무로 만든 지팡이 두 개를 들고 다녔다. 하나는 손잡이가 있는 길고 얇은 막대기 같은 지팡이로 양을 들어 올리거나 방향을 제시할 때 사용했으며 다른 하나는 짧고 두꺼운 곤봉 같은 매로, 주된 목적은 양을 노리는 포식자 무리를 막아내는 것이며 두 번째 목적은 다루기 힘든 양을 훈련하는 것이었다.

오늘날 어떤 사람들은 매를 사용하여 자녀를 바로잡으라는 성경 개념에 반대한다. 자녀 훈육의 성경적 개념에 반대하는 것은 성경 속 하나님의 권고가 가혹하며 우리가 하나님보다 더 친절하고 자비롭고 우리 자녀들을 어떻게 키워야 할지 하나님보다 더 잘 안다는 의미와 같다. 우리 고정관념과 다르게 자녀를 매로 바로잡으라는 하나님의 조언은 매우 자비로운 의미이다. 자녀를 매로 훈육하면 영혼을 스올에서 구원할 수 있는데(잠 23:14) 이보다 더 자비로운 일이 어디 있는가? 하지만 스올의 존재를 믿지 않는 사람에게는 체벌이 비합리적으로 보일 수밖에 없다.

"자녀를 때리지 마세요"라고 조언하는 사람들은 냉소적인 태도로 징계의 의미를 학대와 폭력으로 축소한다. 그들은 징계가 공격적이고 반사회적인 행동이며, 신체적 손상을 일으키고 뇌 발달과 정신 건강을 저해하며, 아동의 안정감을 위협하고 인권을 침해한다고 주장한다. "체벌은 부모가 아이들의 실수와 미성숙함 때문에 좌절감을 느껴서 불만을 품고 화를 내며 아이를 때리는 행동이다."

자, 일부 부모가 분노와 좌절감으로 자녀를 꾸짖는 것은 사실이다. 그러나 이것은 바른 징계의 정확한 모습이 아니며 지나친 희화화이다. 참된 징계의 특징은 사랑과 절제, 지혜와 민감함, 이해와 인내력 있는 결단이다. 무엇이 자비롭고 가벼운 체벌을 전 세계에서 불법으로 만드는 것일까? 정답은 엡 6:12이다. "우리의 씨름은 혈과 육을 상대하는 것이 아니요 통치자들과 권세들과 이 어둠의 세상 주관자들과 하늘에 있는 악의 영들을 상대함이라."

지옥은 징계를 향해 전쟁을 선포했다. 어둠의 권세들은 자녀 징계가 가혹하고 억압적이며 해롭고 폭력적이며 잔인하고 구시대적이어서 더 이상 쓸모없다고 이 땅을 설득하기 위해 전 세계에서 활발하게 활동하고 있다. 여기에는 이유가 있다. 사탄의 의도는 이 세대에 하나님의 선하시고 지혜로운 징계의 손길을 왜곡하고 쓴 마음을 일으키는 것이다. 자비롭게 자녀를 징계하는 아버지를 폭군처럼 묘사할 수 있다면, 다음 합리적 결론은 자녀를 징계하시는 하나님도 얼마든지 억압적인 폭군으로 볼 수 있다. 이것이 징계를 둘러싼 영적 전쟁이 놀라울 정도로 격렬한 이유이다.

사탄은 사람들이 하나님의 아버지 되심을 희화화하여 하나님을 거부하고 모독하게 만든다. 사탄은 지금 세대가 비틀리고 왜곡된 징계 관점을 품고 주님의 마지막 때 심판 체계를 거부하게 만든다. 만일 온 세대가 체벌(징계)을 폭력적이고 법적 비난을 받을 만한 것으로 여긴다면, 그들은 하나님이 세상을 심판하시고 자녀를 징계하시는 것을 보며 하나님을 원망할 것이다. 사탄은 지금 세대가 하나님을 억압적이고 폭군 같은 모습으로 생각하기를 원하기 때문에 가능한 모든 수단으로 징계 개념 자체를 엄청나게 비난한다.

사랑 많은 부모는 자녀의 행동을 일일이 감시하지 않으며, 혹시나 문제가 있을 경우 침착하게 가벼운 체벌로 벌한다. 또 자녀의 발전에 무관심하거나 방치하지 않으며 태만하지도 않다. 하나님도 똑같으시다. 하나님은 우리를 다정하게 돌보시며 우리 행복에 큰 관심이 있으시다. 징계는 긍정적인 구원의 결과를 위해 꼭 필요할 때만 사용하는 조치이다.

오늘날의 체벌 반대 운동은 겉보기에는 약한 사람을 위한 연민에서 비롯된 것으로 보인다. 어느 정도는 사실이지만 실제로는 사악한 어둠의 계획에 뿌리를 두고 있다. 체벌 반대 운동은 단순히 학대 가정의 아이들을 보호하는 데 열중하는 것처럼 보이지만, 그 이면에는 하나님의 명성과 말씀을 훼손하려는 책략이 숨어 있다. 나는 하나님의 선하심을 희화화하는 것에 맞서서 먼저 자녀 훈육이 아닌 것을 설명하려 한다. 이 설명을 통해 바른 훈육과 잘못된 훈육이 무엇인지 깨닫는 데 도움이 될 것이다.

징계는 학대가 아니다

적절한 자녀 훈육은 아이의 문제를 고치는 유익한 방법이다. 훈육이 학대적일 수 있을까? 종종 그렇다는 사실 때문에 훈육이 이토록 논쟁이 된다. 어떤 부모는 화를 참지 못하고 자녀를 과도하게 체벌한다. 부모에게 학대받았다는 아이들의 숫자가 걱정스러울 정도로 많다. 하지만 일부 부모가 아이를 잘못 훈육한 것이 모든 훈육을 금지해야 한다는 근거는 아니다. 사람들이 음주운전을 하면 운전 자체를 범죄화해야 하는가? 아니다. 운전 자체가 아니라 음주운전을 범죄화해야 한다. 마찬가지로 자녀 훈육이 아니라 아동학대를 범죄화해야 한다. 확실히 짚고 넘어가자. 부모가 자녀를 학대하는 것은 징계가 아니며 그저 학대일 뿐이다. 성경적인 징계와 부모들이 자기 불만을 자녀에게 표출하는 것은 다르다.

부모가 주님을 경외하는 마음으로 자녀를 훈육해야 하는 이유는 우리가 자녀 양육에 있어서 하나님께 책임을 져야 하기 때문이다. 부모로서 과도하고 가혹하며 폭력적이었다면 우리는 하나님께 죄를 고백하고 자녀들이 이해할 나이라면 아이들에게도 용서를 구하고 함께 화해와 용서, 아이들의 치유를 위해 기도해야 한다. 경건한 부모는 신체적인 훈육을 할 때, 자녀들의 영혼을 상하게 하지 않으면서 부드러운 마음과 순종적인 의지로 훈육하기 위해 노력한다. 잠 17:22는 이렇게 말한다, "심령의 근심은 뼈를 마르게 하느니라." 자녀들의 영혼을 짓밟는 것은 학대일 뿐이다. 그러나 부모가 지혜로 아이들의 영혼을 어루만지고 지도한다면 우리는 자녀에게 큰 친절을 베푸는 것이다. 참된 징계는 폭력적이고 모욕적이지 않으며 아름답다.

징계는 분노와 불만을 푸는 방법이 아니다

징계는 부모들의 분노와 불만을 해소하는 방법이 아니다. 어떤 사람들은 가벼운 체벌을 부모가 아이를 향한 자신의 분노와 불만을 어른의 우월한 힘으로 자기보다 더 작고 약한 사람에게 터뜨리는 것으로 본다. 이것은 내 관점이 아니다. 징계는 부모들이 자신의 분노를 병에 한가득 담았다가 한 번의 폭발적인 구타로 분출하는 것이 아니다. 오히려 징계는 지혜와 냉정한 이해를 바탕으로 침착하고 단호한 결심으로 하는 것이다.

사실 분노는 부모의 권위를 훼손한다. 한 예로, 경찰의 권위를 생각해보라. 만일 경찰이 여러분의 차를 세우며 과속했다고 큰소리로 욕을 한다면 그 경찰을 존중하고 신뢰하겠는가? 경찰이 화를 내든, 침착하게 말하든 어차피 벌금을 내야 하는데 경찰이 침착한 태도로 여러분을 대하면 벌금을 내더라도 존중감이 들 것이다. 마찬가지로 훈육은 부모가 차분할수록 더 효과적이다. 자녀들이 훈육받을 때, 부모가 화가 나서 혼내고 체벌하는 것이 아니라 하나님의 신실한 청지기가 되어 "주의 교훈과 훈계로"(엡 6:4) 양육하기 위해 성실하게 임무를 다한다고 느낄 수 있어야 한다.

징계는 해롭지 않다

징계를 반대하는 사람들은 징계가 아이의 정서와 영혼에 해로우며 심지어 아이의 신체에 손상을 입힐 수 있다고 말한다. 재차 강조하지만, 만일 징계가 아이의 신체를 상하게 한다면 그것은 훈육이 아니라 그저 학대일 뿐이다. 가벼운 체벌은 아이의 엉덩이에 일시적인 붉은 자국을 남길 뿐이며 결코 피를 흘리거나 뼈가 부러지거나 시퍼런 멍 자국을 남기지 않는다. 그러므로 자녀의 신체에 해를 가하는 부모에게서 자녀를 보호하는 법은 당연히 필요하다. 학대와 훈육의 핵심적인 차이는 자녀의 마음과 신체에 상처를 입히지 않는 것이다. 훈육을 위한 체벌은 아이가 정신 차릴 만큼만, 진정한 뉘우침의 눈물이 나올 만큼만 따끔하게 느끼면 충분하다. 만일 살짝 아픈 정도가 아니라 다친다면 학대일 뿐이다.

진지하게 징계하고 주의 깊게 관리하면 아이의 혼과 마음과 정신을 다치게 하지 않는다. 사실 바른 징계는 아이에게 해를 입히지 않고 귀중한 교훈을 배우게 한다. 아이는 징계를 통해 미래에 해가 될 행동을 버리는 법을 배운다. 징계는 내일의 더 큰 상처에서 아이를 구하기 위해 긍휼한 마음으로 오늘 작은 처벌을 내리는 것이다. 예를 들어 자녀가 심하게 화내고 짜증 내는 나쁜 버릇을 고치기 위해 어릴 때 가벼운 체벌을 받으면 아이는 자신을 통제하는 법을 배우고 미래에 자신의 절제하지 못한 분노로 다른 사람(지인, 배우자, 자녀, 이웃 등)을 망가뜨리는 것을 막을 수 있다.

조심스럽고 신중한 체벌은 자녀에게 해를 입히지 않는다. 오히려 아이들에게 상처 주는 것은 부모의 훈련되지 않은 언어이다. 요즘 부모가 자녀 훈육을 위해 가벼운 체벌 대신 선택하는 방법은 무엇인가? 유감스럽게도 말, 언어이다. 말은 자녀에게 어떤 매보다 더 깊고 영원한 상처를 남길 수 있다. 성경이 혀의 능력, 말의 힘에 관해 어떻게 말하는지 깊이 생각해보라.

> 5 이와 같이 혀도 작은 지체로되 큰 것을 자랑하도다. 보라 얼마나 작은 불이 얼마나 많은 나무를 태우는가 6 혀는 곧 불이요 불의의 세계라 혀는 우리 지체 중에서 온몸을 더럽히고 삶의 수레바퀴를 불사르나니 그 사르는 것이 지옥 불에서 나느니라. 7 여러 종류의 짐승과 새와 벌레와 바다의 생물은 다 사람이 길들일 수 있고 길들여 왔거니와 8 혀는 능히 길들일 사람이 없나니 쉬지 아니하는 악이요 죽이는 독이 가득한 것이라. (약 3:5~8)

> 칼로 찌름 같이 함부로 말하는 자가 있거니와 지혜로운 자의 혀는 양약과 같으니라. (잠 12:18)

> 죽고 사는 것이 혀의 힘에 달렸나니 혀를 쓰기 좋아하는 자는

혀의 열매를 먹으리라. (잠 18:21)

너희 말을 항상 은혜 가운데서 소금으로 맛을 냄과 같이 하라
그리하면 각 사람에게 마땅히 대답할 것을 알리라. (골 4:6)

부모가 자녀에게 소리를 지르고 화를 내며 비하하고 악담과
저주를 퍼부으며 감정을 분출하면, 감수성이 예민한 자녀는 마음
에 엄청난 상처를 받는다. 매는 피부에 잠깐 붉은 자국을 남기지
만, 말은 자녀의 마음을 찢고 영혼을 꿰뚫어 일평생 흉터를 남기
는 상처가 된다. 현명한 부모는 아이들을 말로 상처 주는 대신, 필
요할 때만 가볍게 체벌하는 차분한 사랑의 방법으로 아이들이 올
바르고 경건한 행동을 선택하도록 돕는다.

징계는 자녀에게 폭력을 가르치지 않는다

우리는 자녀 훈육의 네 번째 희화화에 이르렀다. 어떤 사람들
은 자녀를 가볍게 체벌하는 것이 곧 거슬리는 사람은 때려도 된다
고 가르치는 것이라고 생각한다. 사실, 진실은 그 반대이다. 교정
의 매는 자녀에게 폭력을 가르치지 않으며 오히려 폭력과 분노의
어리석음을 몰아낸다. 우리가 자녀를 가볍게 체벌하는 이유 중
하나가 폭력 때문이다. 만일 우리 자녀가 타인에게 공격적이고
폭력적이라면 다른 사람을 때리지 않도록 가볍게 체벌해야 한다.

자녀를 가볍게 체벌하는 두 가지 기본 범주가 있다. 바로 성경
이 금지하는 태도와 행동을 할 때이다. 자녀를 징계힐 때마다 그
들이 한 일이 사람에게뿐만 아니라 하나님께 잘못한 것을 가르치

기 위해 성경 원칙에 근거를 두어야 한다. 예를 들어 성경이 우리에게 분명히 화내지 말라고 명령하므로 습관적으로 짜증 내는 아이를 가볍게 체벌하는 것이 적절하다. 자녀가 욱할 때, 부모는 성경을 따라 훈육해야 할 경건한 임무가 있다. 그래서 징계는 더더욱 홧김에 하면 안 된다. 아이가 화를 냈다고 부모 역시 화를 내며 아이를 체벌하는 것은 훈육이 아니라 위선일 뿐이다.

> 19 육체의 일은 분명하니 곧 음행과 더러운 것과 호색과 20 우상 숭배와 주술과 원수 맺는 것과 분쟁과 시기와 분 냄과 당 짓는 것과 분열함과 이단과 21 투기와 술 취함과 방탕함과 또 그와 같은 것들이라. 전에 너희에게 경계한 것 같이 경계하노니 이런 일을 하는 자들은 하나님의 나라를 유업으로 받지 못할 것이요. (갈 5:19~21)

자녀가 폭발적으로 분노를 분출하는 것도 잘못이지만 부모가 아이와 똑같이 분노를 분출하면서 훈육하는 것도 잘못이다. 매의 성경적 목적은 자녀의 마음에서 어리석음을 몰아내는 것이다(잠 22:15). 위 구절에서 보듯이 육체의 일을 하는 사람들은 하나님 나라를 유업으로 받지 못하므로 자기 마음을 육체의 일에 내어주는 것보다 더 어리석은 일이 없다. 그러므로 우리는 매를 사용하여 자녀의 삶에서 분노와 증오, 분쟁의 어리석음을 몰아내야 한다.

자녀들의 마음을 사로잡는 어리석음 중 하나가 반항과 불순종이다. 자녀가 반항과 불순종의 어리석은 행동을 보일 때, 경건한 부모는 적절한 훈육으로 자녀에게서 어리석음을 몰아낸다. 이럴

때 우리는 자녀에게 이렇게 설명할 수 있다. "사랑하는 (　　　)
야, 성경 말씀에 '자녀들아, 부모에게 순종하라'라고 말씀하셔. 네가
엄마에게 불순종했기 때문에 체벌을 받은 거란다. 이제 네가 무엇을
잘못했는지 알겠니?"

훈육의 과정에서 성경 말씀을 인용하는 것은 아주 좋은 방법
이다. 부모가 하나님의 말씀의 권위에 순종하는 것을 보여주고,
행동의 평가가 우리 자신의 의견보다 더 높은 권위에 바탕을 둔다
는 것을 깨닫게 도와주기 때문이다. 하나님의 말씀을 향한 부모
의 순종은 자녀에게 하나님의 말씀에 순종해야 함을 가르쳐준다.

징계는 잔인하고 비인격적이지 않다

마지막으로, 체벌을 통한 자녀 훈육에 반대하는 사람들은 체
벌이 비열하고 야만적이며 비인간적이라고 조롱하며 자신의 결
론을 입증하기 위해 연구와 설문 조사를 근거로 주장한다. 그러
나 징계는 비인격적인 것이 아니라 영혼에 존엄성을 불어넣는다.
체벌은 자녀가 긍정적이고 지속적인 유익을 누리도록 일시적인
불쾌감을 참을 만큼 부모가 자녀를 사랑한다는 것을 보여주는 하
나의 방법이다. "마땅히 행할 길을 아이에게 가르치라 그리하면 늙
어도 그것을 떠나지 아니하리라"(잠 22:6).

히브리어로 가르치다TRAIN UP는 갈증을 일으키다, 갈망을 자아낸
다는 의미에서 나왔다. 가르침과 훈육은 자녀에게 의로움을 향한
갈망을 심어주며, 징계 행위는 잔인한 것이 아니라 자녀가 경건한
성품과 자기 통제력을 얻도록 인도한다.

징계는 자녀에게 자신감과 정체성을 심어주는 놀라운 기회를 제공한다. 벌을 받는 과정에서 아이의 마음이 부드러워져서 부모의 가르침과 사랑에 마음 문을 열게 된다. 징계는 아이의 마음에서 죄가 까다롭고 고집 세게 굳어지기 전에 교정과 회개로 자녀의 마음을 부드럽게 한다. 가벼운 체벌은 자녀의 건강한 성격을 형성할 기회를 준다.

훈육의 과정에서 부모는 자녀에게 건강한 자신감과 성품과 정체성을 위한 견고한 기초를 세우는 말을 할 수 있다. "나는 너를 아주 많이 사랑해. 너를 완전히 용서할게. 넌 이제 하나님 앞에서 깨끗해. 넌 아주 선한 마음을 가졌단다. 너는 선한 행동을 하고 싶어하고 나는 너의 그런 점을 사랑한단다. 너는 자라서 아주 경건한 사람이 될 거야. 나는 변화하려는 너의 의지가 자랑스러워. 내 말을 들어줘서 고마워. 너에겐 하나님의 놀라운 부르심이 있단다".

징계가 잔인한 것이 아니라 징계하지 않는 것이 잔인하다. 자녀가 죄를 짓는데도 죄책감에서 벗어날 방법을 가르치지 않으면 자녀는 지금뿐만 아니라 미래에도 죄를 지을 것이다. 이것이 정말 잔인한 것이다. 자녀가 죄짓지 않도록 이끌 수 있는 훈육이라는 방법이 부모에게 있는데도 죄짓는 자녀를 방치하는 것이 정말 잔인한 일이다. 징계는 자녀에게 속죄와 참회의 기회를 준다. 죄를 고백하고 부담을 덜고 그리스도의 용서와 빛을 경험하며 부모와 자녀 사이에 사랑이 오간다. 그리고 자녀는 이 과정을 통해 자유롭고 깨끗하며 홀가분하고 행복한 마음을 품을 수 있다. 징계의 과정은 잔인하고 비인격적인 것이 아니라 은혜롭고 품위 있는 것이다.

징계는 다정한 교정이다

지금까지 징계의 부정적인 견해를 설명했으니 이제 징계의 긍정적인 관점을 설명하겠다. 징계는 자녀의 영혼을 부드러운 사랑으로 빚어 온전하고 건강하며 풍요한 성인으로 자라게 한다. 징계는 부모가 할 수 있는 가장 자비롭고 사랑스러운 일이다.

가벼운 체벌은 자녀가 잠재력을 최대한 발휘하도록 적절한 때에, 적절한 방법으로 침착하고 계획적이며 전략적으로 징계하여 자신의 온전한 정체성에 이르도록 양육하는 것이다.

가벼운 체벌은 자녀가 부모를 오해할 위험이 있음에도 적절한 양육을 위해 필요한 것은 무엇이든 하겠다는 부모의 의지를 나타낸다. 어쩌면 체벌의 순간에 자녀가 잘못됐다고 느끼거나 부당하게 벌 받는다고 느낄지도 모른다. 그러나 사랑의 의도는 자녀가 결국 부모의 고귀한 목적을 이해하도록 돕는다.

잠언에 따르면, 체벌하지 않는 부모가 오히려 학대하는 부모다. "매를 아끼는 자는 그의 자식을 미워함이라 자식을 사랑하는 자는 근실히 징계하느니라"(잠 13:24). 자녀는 화살이며(시 1127:4) 부모의 책임은 자녀를 곧게 키우는 것이다. 자녀가 징계를 통해 곧은 화살이 될 때 그들의 부르심과 목적에 명중할 수 있다.

하늘에 계신 우리 아버지도 같은 방식으로 우리를 다루신다. 하나님은 우리를 멸망에서 구원하기 위해 우리 삶의 부정적인 행동에 직면하여 맞서신다. 하나님이 우리를 이렇게 빈틈없이 세심하게 다루신다면 우리도 아이들에게 똑같이 해야 하지 않겠는가?

22 자녀 훈육을 위한 실용적 제안
PRACTICAL SUGGESTIONS FOR CHILD DISCIPLINE

지난 장에서 성경적 자녀 훈육을 옹호했으니 이번 장에서는 실용적인 자녀 훈육 방법을 제안하려 한다. 우리 중 일부는 가벼운 체벌이 없는 가정에서, 또 다른 일부는 지나치게 폭력적으로 훈육하는 가정에서 자랐기 때문에 성경에 근거한 실용적인 방법을 이해할 필요가 있다. 자녀를 성경적으로 훈육하는 방법의 실용적인 지침이 여러분에게 도움이 되길 바란다.

기꺼이 가벼운 체벌을 하라

어떤 신자들은 신앙을 가지기 전에 하나님의 말씀과 권위를 인정하지 않는 사람들에게서 아이를 체벌하지 말라는 교훈을 받았다. 그중 일부는 그리스도의 제자가 된 지금도 과거의 인본주의적인 조언과 성경의 진리 사이에서 갈팡질팡한다.

진리를 선택하라. 하나님의 말씀이 우리 가치와 신념을 형성하게 하라. 바울은 이렇게 기록했다. "너희는 이 세대를 본받지 말고 오직 마음을 새롭게 함으로 변화를 받아 하나님의 선하시고 기뻐하시고 온전하신 뜻이 무엇인지 분별하도록 하라"(롬 12:2).

만일 여러분이 전에 절대 자녀를 체벌하지 않겠다고 마음으로 맹세했다면, 회개하고 하나님의 지혜의 말씀을 따라 자녀를 양육하기로 결단하라.

자주 체벌하면 안 된다

가벼운 체벌은 부모가 자녀를 교정하고 성품을 바로 잡는 유일한 방법이나 첫 번째 해결 방법이 아니다. 분별력 있는 부모들은 언제 아이들을 체벌해야 하는지 안다.

아이를 교정하는 두 가지 주요 방법은 신체적 처벌(징계)과 언어적 지도(꾸짖음)이다. 예수님은 두 가지 모두 사용하신다. "또 아비들아 너희 자녀를 노엽게 하지 말고 오직 주의 교훈과 훈계로 양육하라"(엡 6:4). 앞서 말했지만, 성경에서 교훈으로 번역한 단어는 영어로 훈련^{TRAINING}을 의미하므로 교훈을 말이나 대화로 제한하면 안 된다. 교훈^{TRAINING}은 헬라어 파데이아^{PAIDEIA}로 훈육하기 위한 자녀 교육과 훈련을 가리키며 비유적으로 징계 또는 징벌의 개념이 있다. 훈계^{ADMONITION}는 헬라어로 노우테시아^{NOUTHESIA}로 주의를 환기하다, 함축적으로 꾸짖다, 경고하다, 책망한다는 의미이다. 넓은 의미에서 교훈을 의미하는 파데이아는 비언어적 징계를 의미하며 훈계를 의미하는 노우테시아는 말로 하는 교정을 강조한다.

자녀를 양육하는 과정에서 부모는 자녀를 성숙시키기 위해 교훈^{PAIDEIA}보다 훈계^{NOUTHESIA}를 훨씬 더 많이 사용한다. 그러므로 징계는 자녀를 훈육하는 유일한 방법이 아니며 사용 횟수도 훨씬 더 적다. 말로 하는 교정이 자녀 발달에 훨씬 더 지배적인 역할을 한다.

교훈과 훈계는 자녀의 성숙도에 따라 반비례한다. 자녀가 어릴 때는 말로 하는 훈계보다 교훈(훈련)을 더 많이 사용한다. 특히 자녀가 말로 하는 훈계보다 신체를 찰싹 때리는 것을 훨씬 더 잘 이해하는 생애 초기에 더 그렇다. 그 후 자녀가 성장하여 성숙하면 두 요소의 비중이 바뀐다. 징계(비언어적 교정)는 줄어들고 상당 부분 말로 하는 훈계로 바뀐다. 이유는 자녀가 성숙할수록 언어적 교정을 흡수하고 반응하는 능력이 좋아지기 때문이다.

이 일반적인 경향은 그리스도와 동행하는 우리에게 똑같이 적용할 수 있다. 보통 주님은 우리가 성숙하여 주님의 음성에 더 잘 응답할수록 점진적으로 징계는 덜 사용하시며 더 많은 가르침으로 인도하신다.

체벌은 가능한 최소한의 수단으로 사용하라

징계는 항상 자녀의 삶에서 고귀하고 올바른 목표를 이루기 위해 노력한다. 원하는 양육 목표를 이루기 위해 가능한 가장 덜 심한 방법을 사용하라. 우리가 아이에게 지나치게 관대하여 원하는 목표에 이르지 못하는 것도 문제이지만 자녀에게 원하는 목표에 도달했는데도 계속해서 징계를 사용하면 안 된다. 필요한 만큼만 하면 충분하다.

자녀의 성숙도에 민감하라

아이마다 다르게 성숙한다. 따라서 부모가 가벼운 체벌을 시작하거나 중단해야 하는 정해진 나이는 없으며 각 아이의 성숙도와 기질에 따라 달라진다. 잠 13:24은, "매를 아끼는 자는 그의 자식을 미워함이라 자식을 사랑하는 자는 근실히 징계하느니라."

근실히^{PROMPTLY}에 해당하는 히브리어의 의미는 일찍^{EARLY}이다. 인생의 초기부터. 잠 19:18의 리빙바이블의 번역을 보자. "네 아들이 어려서 소망이 있을 때 징계하라. 그렇지 않으면 아이의 인생을 망칠 것이다." 하지만 아이가 너무 어려서 체벌의 의미를 받아들이지 못하면 체벌을 사용해선 안 된다. 어차피 아이가 자라면 체벌의 의미를 이해하기 시작할 것이다. 애정 어린 부모들은 자녀가 자라면서 훈육을 얼마나 이해할 수 있는지 분별하여 그에 따라 징계 정도를 조정한다. 우리는 언제나 소중한 자녀를 향해 긍휼의 마음이 있다. 많은 경우 우리는 아이들의 연약함에 유연한 마음으로 관대함과 자비를 선택한다. 우리가 아이들에게 자비를 베푸는 것처럼, 우리에게도 자비를 베푸시는 하나님께 감사하라!

죄악된 행동을 교정하라

자녀가 성경에 나오는 주님의 가르침에 어긋나는 일을 하면 교정해야 한다. 만일 아이들이 잘못인 줄 모르고 성경의 교훈을 어기면 우리는 아이들에게 성경을 가르쳐야 한다. 하지만 이미 잘못된 행동이라는 것을 아는 데도 그렇게 했다면 더 강하게 교정해야 한다. 우리가 자녀들이 어릴 때 가르치는 기본 원리 중 하나는 엡 6:1이며 십계명에 근거한다(출 20:12).

자녀들아 주 안에서 너희 부모에게 순종하라 이것이 옳으니라 (엡 6:1)

모든 자녀가 이 성경 말씀에 불순종하면 부정적인 결과가 있다는 것을 알아야 한다. 성경의 기준을 실천할 때 부모의 후속 조치가 반드시 있어야 한다. 예를 들어 부모가 이렇게 말한다고 가정해보자. "네가 이걸 하면, 넌 가벼운 체벌을 받을 거야."

그런데도 아이가 계속 그 일을 한다면 부모는 자기 말의 후속 조치를 신중하게 실천해야 한다. 좌절하지 말고 같은 경고를 조금 더 크게 반복하라. 약 5:12, "오직 너희가 그렇다고 생각하는 것은 그렇다 하고 아니라고 생각하는 것은 아니라 하여"를 따라 단순히 아이에게 당신의 말을 전달하라. 자녀에게 불순종은 부모에게뿐만 아니라 하나님께도 죄를 짓는 것임을 설명하라. 아이들이 죄 때문에 훈육받는다는 것을 반드시 이해하게 해야 한다.

항상 명심하라: **지연된 순종은 불순종이다.** 만일 자녀가 당신이 여러 번 말해야 겨우 반응한다면, 이것은 순종이 아니다. 순종은 첫 번째 부르심에 반응하는 것이다(마 4:20). 즉시 순종하지 않는 자녀는 꾸짖거나 징계해야 한다.

우리가 훈육하는 죄악된 행동의 예는 불순종 또는 규칙을 어기는 것(엡 6:1), 거짓말(골 3:9), 도둑질(출 20:15), 다른 사람을 향한 폭력적인 행동(창 6:11~13), 아이들이 서로 싸우는 것(롬 13:13), 욕설(골 3:8), 인신공격(왕하 2:23), 불평(빌 2:14), 성적으로 부적절한 행동(골 3:5) 등이 있다. 각 경우마다 항상 당신의 훈육 행위를 성경으로 뒷받침하라.

성경은 폭력에 관해 분명히 언급하므로 아이가 고의적이고 부적절한 방식으로 다른 사람을 때릴 때, 폭력적 행동을 교정해야 한다. 싸움을 일으키는 것도 목록에 있다. 만일 아이가 다른 아이와의 관계나 한 그룹 안에서 고의로 갈등을 일으킨다면, 갈등을 만들지 않도록 훈육해야 한다. 형제자매간의 긴장 상태를 무시하지 말라. 아이의 죄악된 행동이 당신의 가정에 평안을 위태롭게 하도록 내버려 두지 말라.

단순한 실수 때문에 아이들을 체벌하지 말라. 예를 들어 아이가 뜻하지 않게 집에 흔히 있는 물건을 떨어뜨려 깨뜨리는 것은 징계하지 않는다. 하지만 아이가 어떤 물건을 만지면 안 된다는 것을 아는 데도 집어 들었다면 아이는 물건을 깨뜨려서가 아니라 집어 들었다는 불순종 때문에 가벼운 체벌을 받을 필요가 있다.

훈육 과정의 첫 단계는 아이가 자신이 어떻게 잘못했는지를 확인하고 이해하도록 돕는 것이다. 만일 아이가 충분히 이해할 나이라면 훈육의 기초가 되는 성경 구절이나 원칙을 보여주라.

죄악된 태도를 교정하라

우리는 자녀들이 죄악된 행동을 하면 징계한다. 그러나 이것이 다가 아니라 아이들의 "죄악된 태도"도 훈육해야 한다. 잘못된 행동만 바로잡는 것은 충분하지 않으며 잘못된 감정 반응에서 나오는 태도도 바로잡아야 한다. 예를 들면, 어머니가 잘못된 행동을 하는 아들에게 앉으라고 말했다. 마침내 자리에 앉은 아이가 대답했다. "나는 겉으로는 앉아 있지만, 속으로는 여전히 서 있어요!" 이 이야기는 자녀들이 올바른 방식을 행동해도 태도는 잘못될 수 있음을 보여준다. 아이들의 행동이 옳아도 태도가 옳지 못하면 반드시 고쳐야 한나.

아이들이 스스로 무엇을 잘못했는지 모르는 상태에서 훈육받으면 화를 낼 수밖에 없으므로 어떤 태도가 왜 잘못된 것인지 먼저 설명해줘야 한다. 어떤 잘못을 했고 무엇이 문제인지 설명한 후에도 계속 같은 죄를 지으면 그때는 바로 잡아라.

부모가 아이들에게서 바로잡아야 할 몇 가지 죄악된 태도를 알아보자. 이것은 완벽한 목록이 아니며 하나님의 말씀을 향한 잘못된 태도를 분별하는 법을 보여주는 몇 가지 예이다.

화를 잘 내고 성질부리는 아이를 징계하라(약 1:20; 골 3:8). 갈 5:20은 화를 터트리는 "분냄"을 죄라고 밝힌다. 자녀는 분노의 감정을 조절하는 법을 배워야 한다. 아이들이 화를 낸다면 분노가 가라앉고 진정한 회개가 있을 때까지 그 상황을 단호하게 대처하라.

말로 시비 거는 아이를 바로잡아라. 빌 2:14은 이렇게 말한다. "모든 일을 … 시비가 없이 하라." 언쟁과 다툼, 시비는 용납할 행동이 아니라 죄악된 태도이며 반드시 해결해야 한다. 반항에 맞서라(삼상 15:23). 우리는 자녀에게 온순하게 순종하는 마음을 기르기를 원한다(벧전 5:5).

자녀가 입을 삐죽 내밀게 하지 말라. 입을 뾰로통하게 내미는 것은 내면의 분노 표현이다(골 3:8). 우리는 "주 안에서 항상 기뻐"해야 한다(빌 4:4). 그러므로 때로 자녀들에게 그런 행동을 멈추도록 말하는 것이 옳다.

어른을 향한 무례함을 바로잡아라. 레 19:32은 "너는 센 머리 앞에서 일어서고 노인의 얼굴을 공경하며 네 하나님을 경외하라."라고 말한다. 자녀에게 어른을 공경하도록 지도하라. 만일 아이가 어른 공경을 거절한다면 꾸짖어라.

매를 사용하라

성경에서 매를 사용하라고 할 때, 자녀 체벌에 중립적 물체를 사용하라는 의미로 보인다. 부모들은 급한 순간에 편리하게 자기 손으로 자녀를 훈육하고 싶은 유혹을 받는다. 예를 들어, 말이 많은 자녀를 손으로 찰싹 때리기가 쉽고 간편하지만, 반응을 늦추고 손 아닌 다른 도구를 사용해야 한다. 때로는 순간의 상황에서 손으로 엉덩이를 찰싹 때리는 것이 뺨을 때리는 것보다 낫지만 역시나 부모의 손으로 체벌하는 것보다 매를 사용하는 것이 낫다. 부모의 손은 아이들을 위한 다정함과 안심, 축복을 위한 것이다. 아이들이 부모의 손을 보면 언제나 다정함을 떠올리게 하라.

우리는 어떤 종류의 "매"를 사용해야 하는가? 아마 부드러운 나무 숟가락 정도일 것이다. 매의 목적은 아프게 하는 것이다. 성경은 고통이 잘못된 행동을 막는다고 가르친다. "상하게 때리는 것이 악을 없이하나니 매는 사람 속에 깊이 들어가느니라"(잠 20:30). 고통스러운 체벌은 선한 행동을 낳고 마음을 깨끗하게 하는 데 도움을 준다. 매가 아프지 않다면 우리는 요점을 놓친 것이다.

침착함을 유지하라

자녀의 즉각적인 위반으로 부모가 부정적인 감정에 휘말린다면 하나님이 출 33:5에서 이스라엘 민족에게 하신 말씀을 기억하라. "내가 한순간이라도 너희 가운데에 이르면 너희를 진멸하리니 너희는 장신구를 떼어 내라 그리하면 내가 너희에게 어떻게 할 것인지 정하겠노라." 순간의 감성에 휘말리지 말고 조용히 흥분을 가라앉힌 후 다음 단계를 어떻게 진행할지 침착하게 생각하라.

어떤 이들은 이렇게 말할 수도 있다. "그래서 나는 체벌을 하지 않아요. 나는 자녀에게 내 분노를 쏟아내기 싫거든요." 징계를 자제하는 것은 올바른 대응이 아니다. 오히려 분노를 처리한 후 지혜와 다정함으로 자녀를 징계하라.

자녀에게 소리 지르지 말라. 아이에게 소리 지르는 것은 당신이 직접 가정에 갈등을 일으키는 것이다. 소리 지르는 것을 뉘우치고 멈추어라. 자녀의 죄가 부모의 감정을 지배하고 통제하도록 내버려 둔 것을 회개하라. 소리 지르지 말고 매를 들어라. 자녀에게 화를 낼 때마다 사과하고 약 5:16에 따라 아이들에게 부모를 위해 기도해달라고 부탁하라.

훈육 과정의 요소들

자녀에게 가벼운 체벌을 할 때 다음 사항을 고려하라.

▶ 아이들의 사생활을 존중하라. 다른 사람이 보거나 듣지 못하는 곳에서 자녀를 훈육하라.

▶ 어떤 상황에서는 훈육을 연기해야 한다. 그러나 전 8:11을 따라 가능한 한 빨리 징계하라.

▶ 징계의 이유를 설명하라. 자녀가 자기 죄를 이해하도록 하라. 징계의 순간을 자녀에게 가르치는 시간으로 삼아라.

▶ 징계 이후 자녀를 안아주고 아낌없이 사랑을 표현해서 부모와의 관계가 완전히 회복되었음을 보여주라.

▶ 함께 기도하라. 자녀가 회개하게 하고 자녀를 축복하라.

▶ 기분과 분위기를 즉시 바꾸어라. 아이의 죄는 용서받고 잊혔다. 이제 웃고 노는 시간이다.

우리가 자녀와 함께 이 과정을 통과할 때 하나님이 우리를 징계하실 때 느끼는 감정을 많이 느낄 것이다. 하나님처럼 우리도 자녀를 향한 믿기 힘들 정도의 사랑을 느낀다. 또 아이를 진정으로 사랑하기 때문에 징계할 수밖에 없지만, 징계할 필요가 없었으면 좋았을 텐데 하는 아쉬움과 약간의 긴장감도 느낀다. 우리는 자녀를 향한 끝없는 그리움을 느끼면서 깨닫는다. 이것이 하나님이 우리를 향해 느끼시는 감정이구나! 하나님은 정말 좋으시고 다정하신 아버지이다.

경건한 자녀로 양육하는 비결

주님의 교훈과 훈계 안에서 자녀를 양육하는 것은 쉬운 일이 아니다. 이 도전은 우리가 감당하기에 정말 크고 어려워 보인다. 그러므로 우리는 이 여정의 모든 단계마다 하나님께 도움을 간구해야 한다. 우리는 오직 하나님의 도우심으로만 자녀를 바르게 양육할 수 있다.

이 책을 읽는 누군가는 이렇게 생각할 수도 있다. "나는 해야 할 때 자녀를 징계하지 않았는걸. 나는 기회를 날려버렸어." 과거의 실패를 향한 비난과 정죄는 아무 의미도 없다. 그저 고백하고 용서받고 자녀를 위해 더 많이 기도하라.

하나님께 우리 과거의 잘못을 고백하고 순복할 때 주님은 부족한 것을 채우신다. 주님은 욜 2:25에서 "내가… 메뚜기… 가 먹은 햇수대로 너희에게 갚아 주리니."라고 말씀하셨다. 이 말씀은 하나님이 우리 태만 때문에 열매 맺지 못한 과거를 회복하신다는 의미이다. 하나님은 우리 부주의했던 세월을 갚아주신다. 그러니 지금 그 자리에서 다시 시작하고 하나님과 함께 전진하라.

우리가 아무리 자녀를 완벽하게 양육해도 항상 부족함이 있기 마련이다. 왜? 우리는 원수가 언제나 우리 자녀를 집어삼키려고 배회하는 전쟁터 속에 살기 때문이다. 우리 최선은 전혀 충분하지 않다. 오직 하나님의 도우심이 간절히 필요하다. 그래서 나는 경건한 자녀로 양육하기 위한 비결이라고 생각하는 바를 여러분과 나누고 싶다. 단순하다. 자녀와 함께 기도할 때 손을 얹고 성령님을 초청하며 아이들을 축복하라. 민 6:24~26의 제사장의 축복이 아주 유익한 지침이다.

> 24 여호와는 네게 복을 주시고 너를 지키시기를 원하며 25 여호와는 그의 얼굴을 네게 비추사 은혜 베푸시기를 원하며 26 여호와는 그 얼굴을 네게로 향하여 드사 평강 주시기를 원하노라 할지니라 하라. (민 6:24~26)

우리 자녀에게 지속적인 성령님의 임재가 있을 때 참된 변화가 일어난다. 아이들에게 항상 성령님의 임재가 있도록 초청하라. 세례요한은 훌륭하고 경건한 사람으로 자랐는데, 나는 이것이 세례요한의 부모 때문만은 아니라고 생각한다. 사실 세례요한이 태어났을 때 부모는 나이 많은 노인이었다. 일반적으로 노인은 융통성이 없고 잘 놀아주지 못하며 항상 집중하기 어려우며 소음과 활동에 관대하지 못하기 때문에 이상적인 부모가 되기 어렵다. 그러므로 나는 요한이 "부모 때문에" 경건한 사람이 된 것이 아니라 성령님께 성장 비결이 있다고 생각한다.

천사 가브리엘은 요한에게 예언했다. "그가… 모태로부터 성령의 충만함을 받아"(눅 1:15). "성령 충만", 이것이 요한의 삶을 다르게 만들었다. 그러므로 여러분의 자녀에게 성령님이 충만하게 역사해달라고 기도하라. 주님의 임재로 자녀를 축복하라. 성령님이 차이를 만드신다. 자녀에게 손을 얹고 이렇게 기도하라:

하나님 아버지, 지금 (　　　)에게 주님의 이름과 성령님으로 임하여 주옵소서. (　　　)를 성령님으로 채워주소서. 성령님, (　　　)에게 임하셔서 (　　　) 안에 사시고 결코 (　　　)를 떠나지 마시길 기도합니다. 언제나 (　　　)가 주님의 말씀에 순종하는 삶을 살도록 도와주시옵소서. (　　　)가 전심으로 예수님을 사랑하는 경건한 사람이 되게 하여 주옵소서. 예수님의 이름으로 기도합니다. 아멘.

23 질문과 반대 의견의 답변

Answering Questions and Objections

이 장에서는 주님의 징계라는 주제에 신자들이 가진 가장 난해한 질문과 가장 강력한 반대의견 일부에 답하려고 한다. 나는 모든 질문에 대한 가장 완벽하고 완전한 대답을 안다고 주장하는 것이 아니라 그저 최선을 다해 답할 것이다. 일부는 여전히 내 답변에 동의하지 않겠지만 이 장을 통해 우리가 주님의 징계를 주의 깊게 살펴보고 진리의 말씀을 바르게 분별하는 데 도움이 되길 소망한다(딤후 2:15).

일부 질문의 답변이 앞 장에서 나온 내용과 중복이라도 부디 인내해주길 바란다. 이 장을 읽는 모든 사람이 이 책 전체를 읽을 것은 아니기 때문에 나는 일부 내용을 의도적으로 반복했다. 또한 이번 장은 내용이 꽤 길다. 가독성을 위해 장을 나누기보다는 한 장에 모든 질문과 답변을 담았다.

자, 이제 정신을 바짝 차리고 시작해보자.

● 하나님은 질병으로 자녀를 징계하시는가?

성경에서 징계의 본질을 탐구해 보면 상처, 다리를 저는, 채찍, 괴롭힘 등의 단어를 사용한다. 성경 본문에 "아프다"라는 개념도 나오지만 중요하지는 않다. 일반적으로 징계의 모습은 다리를 절 거나 다친 것이다.

앞서 11장에서 나는 히 12:13의 "저는 다리LAME"라는 표현을 다음과 같이 설명했다. 신자들이 겪는 어떤 상황은 고통스럽고 제약받으며 묶인 것같이 답답하고 괴로움 당하는 것처럼 보이지만 하나님을 추구할 수 없을 정도로 괴롭지는 않다. 하나님은 우리가 영적으로 제 기능을 할 수 없을 정도로 징계하지 않으신다. 오히려 징계는 우리가 하나님과 진정한 관계를 맺는데 필사적인 태도를 품도록 바꾸신다.

많은 형태의 질병은 고통당하는 사람이 맑은 정신으로 하나님을 추구하지 못하게 만든다. 예를 들어 고통받는 사람이 정상적인 생활을 할 수 없게 만드는 편두통, 메스꺼움, 만성피로, 심각한 통증은 하나님의 방법이 아니다. 더 나아가 생명을 위협하는 암이나 울혈성 심부전처럼 치명적인 질병이 하나님의 방법이 아닌 이유는 단순하다. 여러분이 치명적인 질병으로 죽으면 어떻게 그리스도 닮기를 추구할 수 있는가?

그러므로 나는 하나님은 자녀를 징계하시려고 심각한 질병을 사용하시는 일이 매우 드물거나 거의 없다고 믿는다. 이런 치명적인 질병은 대부분 생명을 훔치고 죽이고 멸망시키려는 도둑인 사탄에게서 온다. 그러나 하나님은 주권자이시므로 우리 삶에 주님의 복적을 이루는 방법에 제한이 없으시다. 만일 하나님이 질병을 쓰신다면 그렇게 하실 수 있다. 하나님은 사탄이 질병인 종기로 욥을 괴롭히도록 허락하셨다. 비슷하게 히스기야는 종기로 고통받아서 거의 죽을 뻔했다(사 38). 종기는 분명히 후세를 향한 히스기야의 마음이 깊어지도록 하나님이 계획하신 것이었다.[28] 슬프게도 히스기야는 병에서 치유를 받았지만 변하지 않은 것 같다. 욥과 히스기야는 하나님이 질병으로 징계할 수 있음을 보여준다.

또 다른 경우 하나님은 아사의 발에 있는 질병을 사용하셔서 그 마음을 돌리기를 원하셨다. 하지만 아사는 치유를 위해 하나님을 찾는 대신 의사들에게 상담했고 결국 고통 중에 죽었다(대하 16:12). 시 118:17~18에서 시편 기자는 목숨을 잃을 뻔한 질병으로 징계받았으나 여호와의 구원을 기뻐했다. 이것은 질병으로 징계하시는 하나님의 드문 경우이다.

하나님은 모세의 누이 미리암을 나병이라는 끔찍한 질병으로 치신 후 고쳐주셨는데, 이는 분명히 하나님의 의도를 보여주시기 위함이었다(민 12:1~15). 바울은 악한 영에 마치 가시처럼 육체를 찌르는 통증으로 고통받았다(고후 12:7~10). 성경은 바울의 가시를 설명할 때 병SICKNESS이 아니라 고통AFFLICTION이라는 단어를 사용한다(바울의 가시는 20장에서 다루었다).

성경에는 하나님이 징계를 위해 질병을 사용하시는 예가 별로 없으므로 하나님이 징계의 수단으로 질병을 사용하시는 일은 아주 드물다고 결론 내릴 수 있다. 하나님은 대부분 고통, 병약함(절뚝거림), 사람, 재정적 압박, 혹은 상황과 같은 다른 수단을 쓰신다.

---

28. 나의 책 〈기도 응답의 지연이 주는 축복〉에 히스기야의 이야기를 자세히 풀어 놓았다.

● 질병은 사람을 하나님께 더 가까이 이끄는가?

대부분은 그렇지 않다. 질병은 보통 사람을 절망과 쇠약함, 슬픔과 죽음으로 몰아간다. 마귀는 질병과 질환으로 사람을 억누른다(행 10:38). 예수님은 사탄의 일에서 사람을 고치고 구원하기 위해 이 땅에 오셨다. 하지만 질병은 우리가 하나님께 부르짖는 동기를 부여할 수 있으며 때로 타락한 사람들이 질병을 통해 주님께 돌아오기도 한다. 하나님은 종종 사탄이 시련으로 신자를 치도록 허락하시는데, 그 이유는 신자가 시련을 통과하며 이전보다 하나님께 더 가까이 나오기 때문이다. 하나님은 사탄이 오로지 악을 위해 계획한 것을 선으로 바꾸신다.

● 예수님은 공생애 동안 결코 누군가를 아프게 하지 않으셨으며 병든 사람을 치유하셨다. 만일 예수님이 우리를 징계하시어 상하게 하신다면, 왜 공생애 때는 사람을 아프게 하지 않으셨을까?

왕이신 예수님은 왕이 우리와 함께 계실 때 하나님 나라가 어떤 모습인지 보여주시려고 이 땅에 오셨다. 왕이 계시면 그분께 가는 모든 사람이 항상 변함없이 임재 안에서 즉시 치유된다. 예수님의 공생애가 이 진리를 보여주고 확증하셨기 때문에 우리 마음이 하나님 나라가 임하기를 그토록 간절히 사모하는 것이다.

예수님이 우리와 함께 계실 때 부서지고 상처 입은 모든 것이 치유된다. 예수님은 모든 사람을 고치는 것이 하나님의 뜻임을 명백히 보여주기 위해 자신에게 와서 치유를 구하는 모든 사람을 고치셨다. 그러나 예수님은 구약에서 사람을 설뚝거리게 하셨다. 예를 들어 창 32:24 "야곱은 홀로 남았더니 어떤 사람이 날이 새도록 야곱과 씨름하다가"에서 '어떤 사람'이 성육신하기 전의 그리스도라는데 모든 학자가 동의한다. 예수님이 야곱과 씨름을 하다 손을 뻗어 야곱의 허벅지 관절을 치셨다.

성경에서 하나님이 징계하실 때마다 하나님 아버지와 아들 예수님이 보이지 않게 함께 역사하셨다. 예수님이 참여하지 않으신 징계는 결코 단 한 번도 없었다. 승천하시어 영광을 입으신 예수님이 요한에게 말씀하셨다. "무릇 내가 사랑하는 자를 책망하여 징계하노니"(계 3:19). 예수님이 사랑하는 사람을 징계하신다는 사실은 부인할 수 없는 진리이다.

● 예수님은 공생애 동안 누군가에게 어떤 진리를 가르치기 위해 병들게 하지 않으셨으며 오히려 모든 사람을 치유하셨다. 과연 예수님이 누군가의 삶에 더 깊이 역사하시기 위해 병들게 하실 수 있을까?

예수 그리스도의 교회는 항상 박해에 잘 대처했으며 종종 가장 큰 핍박의 시기에 가장 강력한 영적인 활력 되찾았다. 핍박에는 타고난 "가지치기의 능력"이 있다. 핍박을 통한 가지치기는 미지근함을 제거하고 영적인 뜨거움을 북돋아 준다.

징계에도 고유한 가지치기의 능력이 있다. 하나님은 교회에 박해가 없을 때도 징계를 통해 신자들에게 불을 붙이신다. 하나님은 우리 삶을 징계하시어 깊은 영적인 변화를 일으키신다. 고난 자체가 우리를 변화시키지는 않지만, 우리를 그리스도의 얼굴 앞으로 몰아가서 말씀과 기도로 예수님을 추구하게 하여 인생을 변화시킨다.

● 우리가 아픈 것이 하나님의 뜻일 때가 있는가?

드물지만 그렇다. 하지만 나는 '아니오'라고 대답할 수도 있다고 생각한다. 한 가지 예로 설명해 보겠다. 형제자매와 자꾸 싸우는 아들이 있다. 이 아들은 여러 번 형제자매와 싸우지 말라는 규칙을 위반했기 때문에 아버지는 아이를 몇 시간 동안 방에 가두었다. 아버지의 의도는 아들을 방에 가두어서 형제자매와 관계 맺는 방식에서 성숙하도록 돕는 것이다. 아버지의 의도는 결코 아이를 방에 가두는 것이 아니며 아이가 형제자매와 다정하게 지내면서 자유롭게 놀도록 교훈을 주는 데 있다. 아버지는 아들의 미숙한 행동이 성숙하도록 "일시적인 벌"을 준 것이다.

질병이나 연약함은 믿음 안에서 배우고 성숙하는 과정에서 일어나는 하나님의 일시적인 뜻일 수 있지만, 우리 삶을 향한 하나님의 궁극적인 뜻은 우리가 성장하여 그리스도 안에서 온전하고 자유롭게 섬기는 것이다. 그러므로 치유가 하나님의 뜻이다.

● 질병이나 병약함이 종종 우리 삶을 향한 하나님의 뜻이라면 우리는 하나님의 뜻인 질병을 구해야 하는가?

이 질문은 "조금이라도 좋은 것은 많을수록 좋다"라는 식으로 생각하게 한다. 그러나 약이나 영양제, 백신이나 음식을 놓고 보면 사실이 아니다. 이런 관점은 징계에도 사실이 아니다. 성경의 증거로 볼 때, 우리는 징계 받을 때 더 극심한 시련이 아니라 치유와 구원을 구해야 한다.

● 하나님이 누군가의 질병에 부분적인 책임이 있다면, 치유를 구하는 것은 하나님의 뜻에 어긋나는 기도가 아닌가?

아니다. 치유나 구원을 구하는 것은 틀린 것이 아니다. 앞서 12장에 언급한 것처럼 하나님이 지휘하신 재앙에서 구원해주시기를 구하는 것은 모순이 아니다. 하나님은 재앙을 보내실 때 우리가 전심으로 주님께 마음을 돌이키며 구원을 위해 주님의 이름을 부르길 원하신다.

● 질병으로 아프고 괴로워하는 누군가가 병 고침을 위해 기도해달라고 요청할 때, 그들이 하나님의 징계를 받는 것인지 사탄에게 공격받는 것인지 어떻게 알 수 있는가?

때때로 하나님은 우리에게 주어진 고통에 작용하는 영을 분별하게 하실 것이다(고전 12:10). 하나님이 우리에게 영적인 분별력을 주시면 우리는 더 큰 권세와 깨달음으로 기도할 수 있다. 만일 하나님이 우리에게 분별력을 주시지 않는다면 나는 이렇게 조언하고 싶다. 치유를 위해 기도하라. 아프거나 다리를 저는 사람이 우리를 찾아올 때 하나님이 특별히 다른 기도로 인도하지 않으신다면 그때마다 치유를 적극적으로 구하라. 징계의 가능성 때문에 침묵하지 말고 담대히 믿음의 기도를 드려라!

누군가 우리를 찾아와서 치유 기도를 요청할 때 일어나는 첫 충동은 고통이 무조건 마귀적이라고 가정하는 것이다. 만일 하나님이 우리가 그 상황을 다르게 보길 원하신다면 우리에게 깨달음을 주실 것이다. 보통 나는 마귀의 역사에 대적하는 기도를 하고, 치유를 믿으며, 징계의 가능성은 신경 쓰지 않는 편이다.

나는 주님이 우리에게 고통이나 시련에 대한 분별력을 허락하지 않으시면 하나님이 누군가의 삶을 징계하시는 방법 때문에 부담을 느끼거나 혼란스러워할 필요가 없다고 생각한다.

성령님의 감동과 정보가 없으면 누군가의 고통이나 시련이 부분적으로 주님의 징계인지 아닌지 알 수 없다. 그저 모든 기도 상황에서 예수님의 인도하심을 따르며 아버지께서 하시는 일을 따라 기도하라(요 5:19). 성령님은 우리가 하나님의 뜻을 따라 기도하도록 도우신다(롬 8:26~27). 아픈 사람을 위해 기도할 때 성령님의 인도하심을 따르라(롬 8:14).

● 고통에 빠진 사람이 치유 기도를 부탁했는데 내가 그 사람이 겪는 고통이 주님의 징계인 것을 알게 되면, 어떻게 기도해야 하는가?

하나님은 치유하고 구원하기를 원하시므로 성령님의 특별한 구속과 방향 전환이 없다면 치유를 위해 기도하라. 하나님의 온전하신 뜻이 하늘에서 이루어진 것처럼 그들의 삶에도 하나님의 뜻이 이루어지기를 기도하라. 예수님은 누구에게도 "너는, 더 고통받아야 한다. 왜냐하면 하나님이 아직 이 시련을 끝내지 않으셨거든"이라고 말씀하지 않으셨다. 그러므로 우리도 사람들에게 이런 가혹한 말을 하면 안 된다. 오히려 치유를 위해 기도하라.

하나님이 누군가를 한 시기 동안 징계하실 계획을 세우셨더라도 구원을 위해 다투는 과정은 징계의 여정에서 중요한 요소이다. 비록 징계의 감옥에 갇혔더라도 상황에서의 구출과 하나님의 모든 목적이 이루어지는 것을 위해 열심히 싸워라. 삶의 모든 이야기에서 하나님이 최고의 영광을 받으시도록 기도하라.

● 지금 누군가를 치유하는 것이 하나님이 뜻이 아닐 때가 있는가?

그렇다. 예를 들어 나사로가 병들었을 때 예수님의 뜻은 나사로에게 치유보다 더 큰 기적인 부활을 주길 원하셨기 때문에 즉시 나사로를 고치는 것이 아니었다. 그러나 하나님은 대부분 치유하기를 원하신다. 누군가 아직 치유 받지 못했다고 하나님이 그들을 고치고 싶지 않아 하신다는 의미는 아니다. 아마도 우리는 알 수 없는 치유를 막는 이유가 있을 수 있으므로 우리는 주님께 치유의 방해물을 극복할 방법을 구해야 한다.

성령님이 분명하게 다른 지시를 하지 않는 한, 계속 치유와 구출을 위해 기도하라. 예수님이 본으로 삼으신 하나님 나라의 표준은 순간마다, 그리고 지금 치유를 받는 것이다.

● 지금 당장 누군가를 치유하는 것이 하나님의 뜻이 아닌 경우가 가끔 있다면, 왜 예수님은 즉시 모든 사람을 고치셨는가?

훌륭한 질문이다! 예수님은 아버지의 마음을 나타내시기 위해 치유의 손길을 구하는 모든 사람을 고치셨다. 예수님은 진실한 마음으로 찾아오는 모든 사람을 항상 치유하는 것이 아버지의 마음이며 소망임을 보여주셨다. 만일 예수님이 한 명의 구도자라도 치유하지 않으셨다면, 우리는 아픈 사람을 위해 기도해달라는 요청을 받을 때마다 하나님의 뜻이 무엇인지 고민했을 것이다. 그러나 이제 우리는 주님의 치유를 원하지 않는 사람 외에는, 모든 상황에서 모든 사람을 치유하는 것이 하나님의 뜻임을 알기 때문에 의심의 여지 없이 치유를 위해 기도한다.

언제든지 예수님의 임재 안에서 치유되는 이유는 예수님이 치유자이시고 치유가 예수님의 일이기 때문이다. 예수님의 모범은 우리 믿음을 강화한다. 이 진리를 내가 정말 좋아하는 요한복음의 한 이야기로 설명하겠다.

예수님의 친구 나사로가 죽을병에 걸리자 누이들이 예수님께 사람을 보내어 오셔서 치유해 주시길 요청했다. 예수님은 이 소식을 받고 여전히 계신 곳에 머무르셨다. 사실 예수님은 나사로가 죽을 때까지 기다리셨다. 예수님은 나사로가 죽고 나서야 제자들에게 이렇게 말씀하신 후 나사로의 무덤이 있는 베다니로 출발하셨다. "내가 거기 있지 아니한 것을 너희를 위하여 기뻐하노니 이는 너희로 믿게 하려 함이라 그러나 그에게로 가자 하시니"(요 11:15).

왜 예수님은 나사로가 아플 때 베다니에 계시지 않은 것을 기뻐하셨을까? 왜냐하면 예수님이 베다니에 계셨다면 나사로의 누이가 즉시 예수님께 나사로를 고쳐 달라고 요청했을 것이고, 예수님은 분명히 그렇게 하셨을 것이기 때문이다. 예수님은 자신에게 나아온 모든 사람을 항상 치유하신다. 예수님이 베다니에서 나사로를 치유하지 않으신 것을 기뻐하신 또 다른 이유는 하나님 아버지께서 예수님이 더 놀라운 일, 죽은 나사로를 살리기를 원하셨기 때문이다. 이 놀랍고 장엄한 부활이 제자들의 믿음을 강화했다. "너희로 믿게 하려 함이라."

핵심은 분명하다. 예수님이 계신 곳에서 누군가가 아프면 예수님은 언제나 고쳐 주신다. 즉시 예수님의 임재로 들어가라. 그러면 치유될 것이다! 예수님은 언제나 모든 사람을 즉시 치유하시기 때문이다. 징계받은 신자에게 예수님의 임재로 들어가는 것은 궁극적인 목표를 향한 순례의 여정이며 진실한 탐구이다.

● 주님은 "내 사람이 지식이 없으므로 망하는도다"라고 말씀하셨다 (호 4:6). 이 구절은 적어도 부분적으로, 일부 신자들이 치유하시는 하나님을 알지 못하기 때문에 자기 병으로 죽는다는 의미인가?

그렇다. 그것이 이 구절의 의미이다. 어떤 신자들은 하나님의 주권적을 극단적으로 받아들여 하나님이 주권적으로 자신을 고치지 않기로 선택하셨다고 생각한다. 그러나 주권자 하나님은 항상 치유하길 원하신다고 성경에 밝히 계시하셨다! 지식이 부족한 신자들은 스스로 맞서 싸우고 저항해야 할 병약함을 하나님의 의도로 받아들일 가능성이 있다. 우리는 영광스러운 복음의 능력을 부인하는 경건의 모양에 소극적으로 빠지지 말고 하나님의 주권을 뜨겁게 붙들어야 한다(딤후 3:5).

● 어떤 신자들은 하나님의 징계 과정에서 괴로워한다. 만일 신자가 치유를 위해 기도를 부탁했을 때 내가 그들이 치유받는 하나님의 때를 모른다면 어떻게 기도해야 하는가? 믿음은 치유하시는 하나님의 뜻을 아는 데 근거하지 않는가?

이 질문은 우리가 처한 문제의 핵심이며 주님의 징계 신학의 지식이 전혀 없는 사람들을 위한 중요한 문제이다. 어떤 신자들은 이 책에 나온 대로 주님의 징계를 가르치는 것이 치유를 위한 희망을 약화한다고 보기 때문에 징계를 가르치는 것 자체에 반대한다. 그들의 열정은 영광스러운 하나님의 치유를 옹호하고 보존하는 데 있다.

우선 나는 하나님의 치유를 향한 그들의 열정에 박수를 보낸다. 나도 그들의 의견에 충분히 공감한다! 나는 진정한 하나님 나라의 믿음을 훼손하는 어떤 것도 거절하는 자세를 사랑한다. 나역시 그렇기 때문이다. 이 땅 위에 하나님의 영광의 폭발을 위해나는 그들과 함께 싸울 것이다. 주님의 영광의 임재 안에는 사람에게 알려진 어떤 질병도 존재할 수 없다. 아멘, 주 예수님 권능으로 우리에게 임하소서!

우리가 사람들을 위해 효과적으로 기도하려면 믿음으로 기도해야 한다. 믿음의 기도를 약하게 하거나 훼손하는 그 어떤 것도하나님 나라에 속한 것이 아니다. 하나님의 구원을 향한 신자들의 믿음을 제거하기 위해 주님의 징계를 가르친다면 우리는 이 교리를 잘못 가르치는 것이다. 히 12장은 "고침을 받게 하라"는 말로 징계의 가르침을 끝마친다. 징계의 결론은 언제나 치유이다.

다른 사람들보다 치유 사역에서 더 많은 기적을 경험한 사람들조차 종종 받는 기이한 질문은 "왜 어떤 사람들은 낫지 않는가?"이다. 이 질문의 답은 베일에 가려져 있지만 나는 징계의 성경적 이해에 부분적인 답이 있다고 생각한다. 우리가 히 12장에 담긴 징계의 가르침을 바르게 이해한다면 몇몇 성도는 하나님과의 특별한 순례길에 있으므로 하나님과 계속해서 걸어갈 때 치유가 펼쳐질 것임을 깨달을 수 있다.

그러므로 여러분이 주님의 징계를 받는 과정일 수 있는 누군가를 위해 기도해야 한다면 다음의 진리를 따라 기도하라. 하나님은 그들을 치유하기를 원하신다! 모르는 것 때문에 자신을 괴롭히고 걱정하지 말라(예를 들어, 지금이 하나님의 때인지 아닌지 같은 문제들). 고후 6:2, "보라 지금은 은혜받을 만한 때요, 보라 지금은 구원의 날이로다"에 따라 즉각적인 치유를 위해 담대히 기도하라.

주님의 징계를 받는 사람들이 즉시 고침 받지 못할 때도 우리를 향한 하나님의 뜻은 여전히 치유이므로 병들고 아픈 사람들을 위한 기도를 포기하거나 그들에게 "당신이 나을 수 있을지 모르겠어요"라고 말하지 말고 이렇게 말하라, "하나님이 당신을 치유하실 겁니다. 계속 구하고, 찾고, 두드리세요. 절대 낙심하거나 포기하지 마세요. 당신은 하나님의 영광을 경험할 것입니다. 이전보다 더 찾고 구하세요! 상급을 따라가세요."

그러므로 징계의 교리는 치유의 믿음을 훼손하는 것이 아니라 오히려 치유의 믿음을 증가시킨다. 치유는 당연함을 알고, 돌파를 위해 계속 싸워나갈 자신감을 강화한다. 그리고 만일 하나님이 오늘이 아니라 내일 치유하기로 선택하셨다면, 그 이유는 단지 치유를 향한 기다림으로 우리 간증이 더욱 빛나고 강력해질 것을 하나님이 아시기 때문이다. 그러므로 여러분에게 병든 사람이 찾아와 기도를 요청할 때 주저하지 말고 믿음으로 기도하라!

"믿음의 기도는 병든 자를 구원하리니 주께서 그를 일으키시리라" (약 5:15)

● 하나님이 나를 징계하셔서 지금 당장 절름발이가 된다면 어떻게 치유하시는 하나님을 믿을 수 있는가?

하나님은 우리를 치유하기를 원하신다. 그러나 지금 우리가 다리를 저는 것이 하나님이 뜻인 이유는 한 가지이다. 하나님은 절뚝거림을 사용하셔서 우리가 믿음과 치유, 그리스도와 하나 됨을 추구하길 원하신다. 안타깝게도 절뚝거림이 없으면 우리는 간절한 마음으로 주님을 찾고 구하지 않을지도 모른다. 절뚝거림으로 우리 온 마음을 다해 부지런히 하나님을 찾고(시 77:6) 성경 속 믿음의 말씀을 열정적으로 추구하게 된다. 시련이 우리를 바꾸는 것이 아니라 시련 속에서 하나님을 필사적으로 추구하기 때문에 변화하는 것이다. 하나님은 우리 영이 최대한 부지런히 주님을 찾을 최고의 방법이 다리를 저는 것임을 아신다. 바뀌지 않으면 끊임없이 기도에 헌신할 수 없다. 멈추지 않는 기도는 인생을 바꾼다. 믿음은 기도 속에서 자란다.

하나님의 뜻은 우리가 자포자기하여 남은 평생 주님의 징계에서 오는 고통을 감수하며 사는 것이 아니다. 오히려 주님의 징계가 동기가 되어 치유를 위해 하나님의 마음을 향해 맹렬히 돌진하기를 원하신다. 밤낮으로 하나님의 말씀 안에 거하라. 그리스도의 말씀이 우리 안에 풍성히 거하게 하라. 우리가 하나님의 말씀 안에 잠길 때 믿음이 성장할 것이다(롬 10:7). 예수님은 우리에게 확실히 보증하셨다. "너희가 내 안에 거하고 내 말이 너희 안에 거하면 무엇이든지 원하는 대로 구하라 그리하면 이루리라"(요 15:7).

온 맘과 힘을 다해 그리스도의 약속을 추구하라. 주님의 약속은 결코 실패하지 않으며 주님의 말씀 안에서 구한 것이 이루어질 것이다! 응답받을 때까지 절대 움츠러들지 말라.

성경 말씀을 빨아들이며 쉬지 않고 기도할 때 믿음이 성장한다. 겨자씨 한 알 같은 믿음이 우리 마음에서 자라나 산을 옮기는 믿음이 될 것이다(마 17:20). 이것이 오직 하나님이 우리에게 원하시는 것이지만 하나님은 이 결과를 위해 우리에게 징계라는 과정이 필요한 것을 아신다.

● 우리 삶에 극심한 고난을 허락하시는 하나님이 어떻게 항상 선하실 수 있는가?

이 질문을 향한 내 견해는 1장에 잘 나와 있다. 나는 하나님이 매우 선하시므로 우리 사랑을 얻으시고 우리 마음의 동산이 최대한 열매를 맺기 위해 무엇이든 하신다고 생각한다. 예를 들어 아 4:16에서 술람미 여인은 자기 마음의 동산이 최대한 열매를 맺으려면, 정원의 생기를 되찾아줄 따뜻한 여름 바람인 남풍뿐만 아니라 차가운 겨울바람인 북풍도 필요하다는 것을 깨달았다. 삶에서 추운 겨울은 그 순간에는 악하게 느껴지지만, 성장과 결실을 위해 꼭 필요한 시기이다. 우리는 시간이 흘러 추수할 때 하나님의 선하심이 우리를 사시사철 인도한 것에 감사할 것이다.

● 하나님이 고통과 질병, 병약함, 불완전함을 사용하여 징계하신다면 "온갖 좋은 은사와 온전한 선물이 다 위로부터 빛들의 아버지께로부터 내려오나니 그는 변함도 없으시고 회전하는 그림자도 없으시니라"라는 약 1:17의 말씀을 어떻게 받아들여야 하는가? 어떻게 질병이 '좋은 은사와 온전한 선물'이라고 말할 수 있는가?

고통, 질병, 병약함, 혹은 절뚝거림은 사탄이 관여한 정도가 어떻든 간에 "선"하거나 "온전"한 것이 아니다. 나는 18장에서 욥과 바울의 경우처럼 종종 하나님이 사탄을 매로 사용하시어 자녀들을 징계하신다고 말했다. 그러나 사탄이 개입할 때마다 물은 진흙탕이 된다. 사탄은 항상 하나님의 의도보다 사람에게 더 많은 고통을 주려고 한다. 19장에서 나눈 것처럼 사탄은 항상 자기에게 주어진 것보다 과도하게 역사한다.

징계는 대부분 하나님과 사탄이 모두 관련이 있다. 드물지만 오직 하나님만이 절뚝거림의 이유인 성경 이야기 두 가지가 있다. 첫 번째는 야곱의 환도뼈 골절이다. 예수님이 친히 브니엘에서 야곱과 씨름하신 후(창 32:24) 야곱의 다리를 절게 하셨다. 야곱의 절뚝거림은 위로부터, "온갖 좋은 은사와 온전한 선물"을 주시는 예수님에게서 왔다. 그러므로 나는 야곱의 절뚝거림이 하나님의 선하고 온전한 선물이었다고 결론 내린다.

두 번째 이야기는 주님이 사가랴를 10개월 동안 말하지 못하게 하신 사건이다. 이 사건은 위로부터 온 천사 가브리엘을 만났을 때 일어났으며(눅 1:20) 사탄은 아무 관련이 없었다. 사가랴에게 위에서부터 침묵이 임했다. 그러므로 나는 사가랴의 침묵이 선하고 온전한 선물이었다고 결론 내린다.

하나님이 징계하실 때도, 우리 삶을 향한 하나님의 다루심은 여전히 선하시고 온전하시다.

● 왜 하나님은 나를 아프게 하거나 괴롭게 하여 영광 받으시는가?

반드시 그런 것은 아니다. 어떤 신자는 징계 받는 중에 사탄의 의도에 속아 자신을 향한 하나님의 구원 목적을 잃어버리고 스스로 피해자가 되어 버린다. 바울은 마지막 때에 일어날 "배교하는 일"(살후 2:3)을 이야기했다. 일부 신자들이 배교하는 이유 중 하나는 징계에 담긴 하나님의 선하신 뜻을 이해하지 못하기 때문이다. 그들은 징계 중에 원수의 참소에 동의하여 하나님을 향해 쓴 마음을 갖고 배교할 것이다. 이 경우, 징계를 통해 영광 받으시려는 하나님의 뜻이 이루어지지 않는다.

하나님은 우리가 믿음으로 끝까지 견뎌서 치유받기를 원하신다. 그래야 우리의 징계를 통해 하나님이 영광 받으신다. 우리가 징계 중에도 하나님의 목적에 믿음으로 동참하면 징계 중에도 우리 삶을 통해 하나님이 영광 받으신다. 그러므로 하나님이 영광 받으시도록 징계가 끝날 때까지 기다릴 필요가 없다. 롬 4:20은 아브라함이 하나님이 약속하신 기적의 아기를 주실 때까지 기다린 25년의 세월 동안 하나님께 영광을 돌렸다고 말한다. 다시 말해, 아브라함은 25년 동안 계속해서 사람들에게 "하나님이 약속을 이루실 거야."라고 말했다. 그러므로 징계의 여정에서 "미완성"을 향한 참소가 느껴질 때 하나님은 우리의 순종과 증언으로 영광 받으실 것이다. 하나님은 우리가 병약한 중에도 믿음으로 견디는 것만으로도 영광 받으신다.

● 나를 훈련하시는 하나님의 계획과 나를 번영케 하시는 하나님의 뜻을 어떻게 조화시켜야 하는가?

둘 사이에는 모순이 없다. 요한은 세 번째 서신에서 이렇게 기도했다. "사랑하는 자여 네 영혼이 잘됨 같이 네가 범사에 잘되고 강건하기를 내가 간구하노라"(요3 2절). 분명히 하나님은 우리가 번성하길 원하신다. 그러나 우리는 성경의 사사기를 통해 우리가 번영을 잘 다루지 못한다는 것을 알 수 있다. 번영은 종종 우리를 안이하게 하며 편안함을 추구하고 수동적이며 게으르고 미지근하게 만드는데, 이것은 하나님이 우리를 징계하시는 이유가 된다.

하나님은 우리를 형통하게 하시려고 징계하신다. 하나님의 징계의 목적은 번영이 우리를 망치지 않도록 우리 영혼을 잘 훈련하는 것이다. 영적 훈련이 우리 DNA의 일부가 된다면 우리는 번영과 건강 속에서도 영적 훈련을 유지할 것이다. 이것이 "네 영혼이 잘됨 같이"의 의미이다. 영혼은 우리가 금식, 기도, 말씀 몰입이라는 영적 훈련을 유지하는 정도까지만 번영한다. 요한은 이렇게 말한다. "나는 여러분이 번영하길 원합니다. 하지만 여러분의 영혼이 영적 훈련을 통해 번영하는 정도까지만 입니다." 요한은 물질적 번영이 우리 영혼의 번영을 앞지르면 우리가 다시 게으름과 미지근한 상태에 빠질 것을 알았다. 하나님의 훈련과 번영의 관계는 모순적이라기보다는 오히려 공생 관계이다.

● 내가 시련에 직면할 때, 하나님이 주신 것이기에 순종해야 하는지, 아니면 사탄에게서 온 것이기에 저항해야 하는지 어떻게 알 수 있는가?

이 질문은 이미 19장에서 다루었지만, 몇 가지 의견을 추가하겠다. 우리가 겪는 시련이 전적으로 하나님에게서 온 것이라면 주님께 순복하는 것은 오히려 단순하고 쉬운 일이다. 그저 하나님의 선하심과 지혜 안에서 안식하는 법을 배우면 된다. 또 시련이 마귀에게서 온다면 우리는 이미 온 힘을 다해 마귀와 싸워야 한다는 것을 알기 때문에 어떻게 할지 혼란스러울 필요가 없다.

우리의 혼란과 치열한 싸움은 대부분 하나님과 사탄이 모두 활동적으로 개입한 재앙에서 일어난다. 욥의 예로 돌아가 보자. 하나님이 사탄과의 싸움을 시작하셨고 전체적인 과정을 주관하셨기 때문에 하나님이 욥의 재앙에 관여하셨다. 하지만 사탄 역시 이 사건에 개입하여 욥의 가족의 죽음, 침략자들의 약탈, 손실,

질병으로 욥을 악랄하게 공격했다. 욥은 하나님과 사탄 사이에서 갈등했다. 내가 겪는 시련에 하나님과 사탄이 둘 다 개입한 것을 알게 되면 우리는 쉽게 그 상황을 받아들이기 힘들다. 우리를 향한 사탄의 공격에는 당연히 순복하고 싶지 않다. 하지만 한편으로 사탄의 공격에 저항하는 것도 불편하다. 왜냐하면 이 시련을 통해 우리 삶을 빚으시는 하나님께 저항하고 싶지 않기 때문이다. 이처럼 순복할 수도, 저항할 수도 없을 때 우리는 어찌할 바를 몰라 완전히 당황한다.

징계안에 하나님을 향한 순복과 사탄을 향한 저항 사이에서 우리에게 찾아오는 혼란과 당혹감이 오히려 주님의 목적을 향해 더욱 달려가게 한다. 이런 상황에서 우리가 할 수 있는 것은 그저 하나님의 임재 안에 떨면서 주님의 자비에 몸을 맡기는 것뿐이다. 우리가 더 이상 하나님을 붙들기 어렵다고 느껴질 때, 하나님이 우리를 붙들어주실 것이다. 하나님의 자비만으로 충분하다.

● 육신의 아버지도 아들을 징계할 때 다치게 하거나 절름발이로 만들지는 않는다. 그런데 왜 하나님은 자녀들을 절름발이로 만드시는가? 하나님 아버지는 가학적이신가?

아니다. 하나님은 가학적인 아버지가 아니다. 하나님은 가장 애정이 넘치시고 다정하시며 우리에게 관심 있으시고 우리에게 몰두하시는 아버지이다. 하나님은 자녀들이 자기만의 충만한 부르심에 들어가도록 돕는 데 필요한 일이라면 무엇이든 하실 만큼 우리를 충분히 사랑하신다. 하나님의 징계가 그토록 강렬한 이유가 많이 있지만 여기서는 네 가지 요소만 살펴보자.

1. 강렬하신 하나님: 하늘에 계신 우리 아버지는 극도로 강렬하시고 열정적이시다. 문자 그대로 소멸하는 불, 살아있는 불이시다. 하나님은 질투하시고 의로우시며 거룩하고 영원하시다. 하나님은 우리 육신의 아버지보다 훨씬 더 강렬한 분이다. 하나님은 삼십 대의 사람이 아니라 영원한 우주의 창조자이시다. 하나님의 매는 우리 육신의 아버지의 매보다 훨씬 더 크다! 우리가 하나님의 징계에서 살아남는 것 자체가 기적이다.

2. 우리의 깨어짐: 우리는 죄의 결과로 영혼의 다양한 차원에서 아주 깊이 깨어졌기 때문에 하나님 아버지는 우리를 완전히 변화시키기 위해 종종 강력하게 역사하신다.

3. 우리의 위대한 유산: 우리 연약함을 깊이 생각해보면, 하나님이 연약한 우리를 높이기 위해 우리 삶에 얼마나 강력하게 역사하셔야 할지 알 수 있다. 그러므로 징계의 강도는 하나님께 잘 반응하는 사람들을 위한 영광스러운 유산을 반영한다. 가장 높은 것(영광의 유산)은 그에 걸맞은 가격(징계의 강도)이 있다.

4. 전시 상황: 하나님은 전시 상황에 놓인 우리 삶에서 영광스러운 일을 하신다. 주님이 사탄과의 전쟁에서 고수하시는 교전 규칙이 있다. 사탄은 항상 이렇게 울부짖는다. "반칙! 불공평합니다! 이 사람을 이렇게 강력한 방식으로 사용하시다니, 불공평하신 거 아닙니까!"(슥 3:1에서 사탄은 하나님이 여호수아를 사용하시는 방식에 이렇게 맞섰다). 하나님은 징계의 강도를 지적하시며 대답하신다. "불공평하지 않다. 그가 지금 있는 곳에 다다르기 위해 치른 대가를 보아라! 그는 위임받은 것 이상의 대가를 지불었다." 그러므로 강렬한 징계는 하나님의 군대에서 승진할 자격을 얻는 것이다.

하나님의 징계가 때때로 격렬한 또 다른 이유가 있다. 14장의 징계의 세 가지 목적을 참조하라. 여기서 내 요점은 간단하다. 하나님이 왜 그리고 어떻게 징계하시는지 깨달을 때 우리 삶 속의 주님의 긍휼과 자비로 말미암아 하나님을 예배하게 된다. 우리는 진멸됐어야 했지만(애 3:22), 오히려 넓은 곳으로 인도받았고(시 18:19), 높은 곳에 세워졌으며(시 18:33), 우리 팔이 놋 활을 당기도록 훈련되었다(시 18:34). 하나님의 은혜가 정말 놀랍다!

하늘 아버지보다 우리 육신의 아버지가 더 자비롭다고 생각하면 안 된다. 우리는 '하나님이 우리에게서 징계의 단서를 취하신다면 우리에게 더 좋은 아버지가 되실 텐데'라는 거짓말에 아주 잘 속는다. 만일 하나님이 우리 방식대로 우리를 훈련하신다면 우리는 여전히 이 땅의 진흙 같은 수렁에서 헤매고 있을 것이다.

● 하나님이 나를 더 나은 사람으로 만들기 위해 질병을 사용하신다는 것을 깨닫고 질병을 운명으로 받아들이는 것이 괜찮은가?

우리는 12장에서 믿음 지향적 성도와 주권 지향적 성도 사이의 역설을 설명하는 도표를 보았다. 우리 대부분은 어느 한쪽을 더 선호하는 경향이 있다. 위의 질문을 하는 사람은 아마 주권 지향적인 성도일 것이다. 하나님의 주권을 선호하는 사람들은 병약함을 운명으로 받아들이고 치유를 위해 싸우기보다 하나님의 주권 안에 안식하며 하나님의 선하심과 섭리의 보호하심에 삶을 맡길 가능성이 크다. 믿음을 선호하는 사람들은 히 12:13 "고침을 받게 하라"의 약속을 붙들고 주님이 약속하신 치유를 받기 위해 싸울 가능성이 크다.

하나님은 자녀 한 사람 한 사람의 독특함을 기뻐하시므로 하나님을 신뢰하든 상황에 맞서든 하나님이 부르신 자신이 되고 주님이 이 여정에서 우리를 기뻐하신다는 것을 잊지 말아라. 가장 중요한 것은 시련에 대처하는 방식을 선택할 때 성령님의 인도를 받는 것이다. 하지만 나는 치유가 일어나지 않는 것을 당연하게 여기라고 이 책을 쓴 것이 아니다. 나는 이 책에서 하나님의 치유를 향한 우리 기대감을 낮추려는 것이 아니라 높이려고 노력한다.

● 예수님이 "날마다 제 십자가를 지고 나를 따를 것이니라"라고 말씀하신 것은 "날마다 질병을 받아들여라"라는 의미인가?

나는 예수님의 말씀이 그런 의미가 아니라고 믿는다. 내가 이해하는 날마다 십자가를 지는 것은 육신의 욕망, 자기 생명을 보존하려는 욕구, 인생의 방향을 우리가 제어하고 이끌어가려는 육적인 기질을 매일 죽이는 것이다. 날마다 십자가를 지는 것은 우리에게 그다지 즐겁지 않고 내키지 않는 일이지만 구세주께 진 사랑의 빚 때문에 우리는 기꺼이 순종하며 받아들인다.

● 하나님이 나를 질병으로 징계하시는 과정이 아직 끝나지 않았다면, 아무리 기도해도 지금 당장 나을 수 없는 것인가?

나는 그럴 가능성이 있다고 생각한다. 치유를 위한 믿음은 하나님이 주시는 선물이다. 하나님이 치유를 위한 믿음을 주지 않으시면 우리 자신의 열정으로 그 믿음을 만들 수 없다. 그러므로 우리는 하나님께 믿음의 기도를 드릴 수 있는 날이 온다는 것을 알고 계속 기대하고 기다리면서 믿음 안으로 맹렬히 밀어붙여야 한다.

예수님은 우리에게 이렇게 말씀하시지 않는다. "나는 아직 너를 치유할 준비가 되지 않았어. 그러니 네가 아무리 뜨겁게 기도해도 소용없단다. 네가 어떻게 기도하든 난 지금 너를 치유하지 않을 거야." 오히려 예수님은 이렇게 말씀하신다. "나는 지금 당장이라도 정말 너를 치유하고 싶단다. 하지만 네 안에 믿음으로 내게 나오는 것을 막는 것이 있구나. 내 징계를 통해 네가 이것을 보는 데 도움이 되면 좋겠다. 일어나 나를 따르렴!"

믿음의 기도가 드려질 때마다 성령님의 권능을 통해 기도 받는 사람의 믿음이든 기도하는 사람의 믿음이든 가장 확실한 치유가 일어난다. 우리는 기도할 때마다 산을 옮기는 믿음을 추구한다. 치유 받을 때까지 구하기를 쉬지 말라!

● 우리는 예수님의 공생애에 나타난 아버지의 징계(십자가)를 어떻게 봐야 하는가?

나는 예수님의 삶에 풀어진 채찍 맞으심, 십자가형, 죽음, 지옥으로 내려가신 사건을 통해 아버지의 징계를 보며, 그리스도의 영광스러운 부활안에서 아버지의 치유를 본다.

예수님은 공생애 중에 종종 제자들을 꾸짖으셨지만, 바로 제자들을 징계하지는 않으셨다. 당시에는 예수님이 제자들과 함께 계시는 기간이었기 때문에 징계가 필요하지 않았다. 그러나 부활하신 예수님은 요한에게 말씀하셨다. "무릇 내가 사랑하는 자를 책망하여 징계하노니 그러므로 네가 열심을 내라 회개하라"(계 3:19).

예수님은 일곱 교회에 보내는 편지에서 교회의 행실을 경고하셨는데, 이는 삼 년간의 공생애에서는 결코 보지 못한 예수님의 모습이다. 예를 들어 계 2:16에서 그 입의 검으로 버가모의 성도들과 싸울 것이라고 말씀하셨으며 계 2:23에서는 이세벨의 자손의 목숨을 앗아가시겠다고 말씀하신다. 그러므로 나는 계 3:19에서 사랑하는 사람을 책망하시는 예수님의 모습이 예수님의 공생애 때 보여주신 모습과 모순되지 않는다고 생각한다.

● 저자(밥 소르기)는 징계를 설명할 때 자주 욥을 예로 든다. 구약 시대에 살았던 사람의 삶을 바탕으로 징계 신학을 견고하게 세우는 것이 가능한가?

나는 창세기부터 요한계시록까지 모든 성경 말씀이 징계라는 주제와 일치해야 정확한 징계 신학으로서 설득력이 있다고 생각한다. 그래서 나는 이 책에서 될 수 있으면 성경 전체를 사용하려고 노력했다. 나는 욥의 예를 존중한다. 사실, 기록 연대순으로 하나님은 욥기를 성경의 초석으로 세우셨다. 나는 진리와 계시의 초석이 모든 진리를 일치시키는 선례이기 때문에 의도적으로 욥기를 모든 성경 중에서 가장 먼저 두셨다고 생각한다. 비록 어떤 사람들은 욥기라는 초석을 거부하며 욥기 위에 진리를 세울 수 없다고 말할지라도, 나는 하나님이 욥기를 성경에서 가장 먼저 두셨기 때문에 담대히 내 깨달음을 욥기에 맞춰 정렬한다.

● 예수님은 이 땅에 계시는 동안 아프신 적이 없고 사람을 병들게 하거나 다리를 절게 만드신 적이 없다. 그렇다면 어떻게 욥의 경험이 예수님의 삶과 사역과 일치한다고 볼 수 있는가?

성경은 서로 완전히 일치하기 때문에 만일 욥의 삶과 예수님의 삶 사이에 모순이 있다고 생각한다면 무언가를 놓친 것이다. 나는 그리스도의 삶에서 욥을 발견하기 위해 십자가를 묵상한다. 욥기에서 예수님의 십자가를 보면 하나님이 성경의 기반에 십자가를 넣으셨음을 깨달을 수 있다. 욥과 예수님의 경우, 이 땅에서 가장 의로운 사람이지만 그 누구보다 많이 고난받았다. 욥은 "내가 모태에서 알몸으로 나왔사온즉 또한 알몸이 그리로 돌아가올지라"라고 말했는데, 이것은 십자가를 의미한다. 욥이 존귀와 의롭다 함을 받는 자리에 이른 것처럼 예수님도 죽음에서 부활하셨다. 요약하면, 나는 다음과 같이 그리스도의 삶에서 욥을 본다.

▶ 그리스도의 공생애는 이 땅에서 욥이 누린 번성과 성공에 상응한다.

▶ 그리스도의 십자가형과 죽음은 욥의 시련에 상응한다.

▶ 그리스도의 부활은 욥의 회복과 승격에 상응한다.

앞의 15장을 다시 보면, 욥이 고난(십자가)을 통해 더 큰 영적 권세를 받을 자격을 갖춘 것처럼 예수님도 십자가를 통해 하늘과 땅의 모든 권세를 받으실 자격을 갖추셨다는 것을 알 수 있다. 욥과 예수님 모두 징계를 통해 자격을 얻으셨으며 두 경우 모두 하나님의 징계는 합당했다.

● 때때로 질병이 우리 삶을 향한 하나님의 뜻이라면 예수님이 십자가에서 채찍에 맞음으로 우리가 나음을 입었다는(벧전 2:24) 병 치유를 무효로 만드는 것이 아닌가?

아니다. 우리는 예수님이 채찍에 맞으심으로 지금도 질병에서 치유받을 수 있다. 우리가 주님께 징계받고 결국 치유를 받을 때(히 12:13), 그 치유의 근거는 예수님의 채찍 맞으심이다. 십자가의 능력은 영원히 유효하다!

● 하나님이 나에게 질병을 주실 수도 있다는 가능성 때문에 내 믿음이 병들어 간다. 도대체 어떻게 하나님의 치유를 믿어야 하는가?

하나님의 말씀에서 나온 진리가 여러분의 믿음을 약하게 한다면, 아마도 그 믿음이 스스로 생각한 것만큼 견고하지 않았을 것이다. 때때로 하나님은 우리 믿음을 인생의 가장 큰 폭풍을 견딜 흔들리지 않는 기초 위에 다시 세우기 위해 우리 신학에서 거짓 소품(우리 믿음이 무너지는 것 같은 느낌)을 제거하신다.

우리 시련이 징계일지라도 하나님이 우리를 치유하신다(히 12:3). 여전히 믿음을 추구하고 그 믿음이 여러분의 삶에서 이루어질 때까지 치유를 구하라. 치유는 우리의 것이다! 다시 말하지만, 우리 병약함이 주님의 징계라면, 우리가 시련을 겪는 동안 주님의 주된 목적은 우리가 산을 움직이는 믿음을 얻는 것이다. 병약함에서 오는 고통이 우리가 이전보다 더 뜨겁게 예수님의 믿음을 추구할 동기가 된다. 도움이 될 만한 흥미로운 성경 구절을 보자.

바울은 이렇게 기록했다. "기록된바 내가 믿었으므로 말하였다 한 것 같이 우리가 같은 믿음의 마음을 가졌으니 우리도 믿었으므로 또한 말하노라"(고후 4:13). 바울은 시 116편을 인용하면서 시편 기자와 같은 믿음이 있다고 한다. 바울이 인용한 구절은 이러하다. "내가 크게 고통을 당하였다고 말할 때에도 나는 믿었도다. 내가 놀라서 이르기를 모든 사람이 거짓말쟁이라 하였도다"(시 116:110~111). 시편 기자는 믿음의 사람이었으며 그 믿음으로 말했다. 믿음은 말하게 만들기 때문이다. "내가 크게 고통을 당하였다." 자, 어떤 사람에게는 이것이 믿음의 말이 아니라 불신의 말로 보일 것이다. 그러나 사도바울은 시편 기자의 말이 믿음의 고백이라고 한다.

시편 기자의 말은 이런 의미이다. "나는 하나님께 고통을 당했지만, 이 고통에는 하나님의 목적이 있다고 믿는다. 이 고통은 나를 이끌어 어딘가를 향해 전진하는 중이며 아직 끝나지 않았다." 시편 기자는 계속해서 말한다. "모든 사람이 거짓말쟁이라." 시편 기자가 서둘러 모든 사람이 거짓말쟁이라고 단언한 이유는, 다른 사람들이 시편 기자의 고통을 보고 하나님의 심판을 받는다고 잘못 판단했기 때문이다. 그러나 시편 기자는 하나님이 거룩한 목적을 위해 계획하신 시험에서 하나님의 은혜를 입었다고 주장한다. 시편 기자는 고통 속에 사는 믿음의 사람이었다.

핵심은 우리가 병으로 고통받을 때 하나님은 우리가 믿음 안에 있기를 원하신다는 것이다. 하나님이 우리 고된 여정에 거룩한 목적을 두신 것을 믿고 치유를 포함하여 하나님이 우리를 위해 예비하신 모든 것을 추구하라. 오늘 치유 받지 못했다고 낙심하지 말고 여전히 치유가 우리 몫임을 확신하라. 용기를 내어 계속 경주하며 믿음이 성장하여 예수님의 옷자락을 붙잡을 때까지 예수님을 따르라. 예수님의 손길 한 번이면 충분하다.

● 예수님이 항상 절름발이를 치유하기 원하신다면, 왜 야곱은 끝까지 치유 받지 못했는가?

솔직히 나도 잘 모르겠다. 하지만 몇 가지 관찰한 것이 있다. 야곱의 절뚝거림은 야곱의 영적 부르심을 방해하지 않았다. 야곱은 절뚝거리는 몸으로도 주님의 충만한 구원으로 들어갔다. 야곱은 모든 아들을 되찾았고 애굽에서 번성했으며 바로를 축복했고 성대한 장례를 치렀다.

야곱의 절뚝거림은 그리스도가 주신 증표였으며 야곱의 자손들에게도 깊은 흔적을 남겼다. 절뚝거림이 야곱을 멈추지 못했으며 이스라엘 민족의 아버지로서 야곱을 나타냈다. 야곱의 절뚝거림은 후세가 결코 잊지 못할, 하나님과 야곱의 만남을 보여주는 상징이었다. 야곱의 절뚝거리는 걸음을 보는 후손들은 이렇게 기억했을 것이다. "야곱은 하나님을 만난 후에 저렇게 걷게 되었어." 더 나아가 이스라엘 민족의 상징이 되었다. 야곱의 절뚝거림은 언제나 이스라엘의 정체성과 유업을 이야기한다.

또 나는 예수님만이 야곱의 다리를 절게 하셨음에 주목한다. 마귀는 전혀 관여하지 못했다. 그러므로 야곱의 절뚝거림은 야곱의 삶에 임한 하나님의 손길을 나타내는 온전한 기념비였다. 비록 야곱은 결국 다리를 고침 받지 못했지만, 나는 주님의 징계를 받는 자녀들은 히 12:13의 확언, 하나님이 저는 다리를 고치기를 원하신다는 약속을 주장해야 한다고 믿는다.

야곱이 고침 받지 못한 채 있었다는 사실은, 주님의 징계의 역설, 신비, 주권에 감춰진 영역을 의미한다. 하나님의 마음속 깊은 곳까지 완전히 깨달은 사람은 아무도 없다. 이것은 곧 우리가 항상 겸손하고 유연한 태도를 유지하며 사랑하는 주님께 기대어 주님의 선하심과 사랑과 친절함을 확인해야 한다는 의미이다.

33 깊도다 하나님의 지혜와 지식의 풍성함이여, 그의 판단은 헤아리지 못할 것이며 그의 길은 찾지 못할 것이로다 34 누가 주의 마음을 알았느냐 누가 그의 모사가 되었느냐 35 누가 주께 먼저 드려서 갚으심을 받겠느냐 36 이는 만물이 주에게서 나오고 주로 말미암고 주에게로 돌아감이라 그에게 영광이 세세에 있을지어다 아멘 (롬 11:33~36)

미 4:6의 말씀, "여호와께서 말씀하시되 그 날에는 내가 **저는 자**를 모으며 쫓겨난 자와 내가 환난 받게 한 자를 모아"를 근거로 한 가지 덧붙이고 싶다. 이 구절은 하나님 때문에 고통받는 사람들을 이야기한다. 그러므로 내가 보기에 이 구절은 하나님 때문에 고통받고 절뚝거리게 된 징계 받은 신자를 말하는 것 같다.

이 구절에는 약속이 있다. "그 날에는 내가 저는 자를 모으며". 저는 사람들은 그 장애 때문에 자연스럽게 사회에서 고립되고 흩어져서 숨어 있다. 저는 사람들이 모일 방법은 딱 한 가지, 하나님의 거룩한 치유를 통한 해방이다. 하나님이 약속하신 치유로 자기 자녀들에게 찾아오실 때, 저는 사람들이 의족을 버리고 휠체어에서 나오며, 눈먼 사람들이 지팡이를 던지고 곳곳에서 저는 사람들이 치유를 받고자 모일 것이다.

장담하건대, 예수님이 거룩한 치유로 교회를 방문하실 것이다. 예수님의 거룩한 치유가 임하면 저는 사람들이 주님의 위대한 이름 앞에 모여 모든 병과 연약함과 고통에서 치유 받을 것이다. 주님의 거룩한 이름을 찬양하라! 미 4:6의 날이 다가온다!

● 만일 우리가 주님의 징계를 깨닫지 못하면, 주님은 우리가 깨달을 때까지 계속 징계하시는가?

하나님은 인내심이 매우 강하시므로 우리와 아주 오랫동안 싸우실 수 있다. 그러나 그 선을 넘으면 하나님이 더 이상 말씀하지 않으시는 때가 온다. 우리는 잠 29:1의 경고를 명심해야 한다. "자주 책망을 받으면서도 목이 곧은 사람은 갑자기 패망을 당하고 피하지 못 하리라".

● 하나님은 치시는 분인가?

내 대답은 놀랍게도 '당연히 그렇다'이다. 이사야는 하나님이 이스라엘을 징계함으로써 주의를 집중하게 한 방법을 기록했다. "그리하여도 그 사람이 자기들을 **치시는 이**에게로 돌아오지 아니하며 만군의 여호와를 찾지 아니하도다"(사 9:13). 에스겔은 이스라엘 민족이 주님께 순종하지 않았기 때문에 예루살렘을 향한 심판을 예언하며 이렇게 기록했다. "나 여호와가 **때리는 이**임을 네가 알리라"(겔 7:9). 하나님은 이스라엘이 하나님을 어떤 분인지 분명히 알기를 원하셨다. 하나님은 자기 자녀를 때려서라도 바로잡으시는 주님이시다. "치시는 주님", 이것은 놀라운 하나님의 이름이다! 하나님은 치신다!

● 사도바울이 고전 5:5에서 "육신은 멸하고 영은 주 예수의 날에 구원을 받게 하려 함이라"라는 의미는 무엇인가?

바울은 한 신사가 회개하지 않고 공공연히 죄를 짓는 사례를 이야기한다. 만일 그 신자가 회개하지 않고 죄악된 생활방식을 유지한다면 그는 다가올 심판에서 목숨을 잃을 것이다. 그러므로 바울은 아직 희망이 있을 때 그 신자를 사탄에게 넘겨주라고 권면했다. 사탄이 그의 육신을 괴롭게 하면(사탄은 누군가를 괴롭혀도 된다고 허락받는 것을 좋아한다) 그가 정신을 차리고 회개하여 영원한 심판에서 구원받기를 바라는 것이다. 하나님이 신자에게서 보호를 거두심으로 사탄이 이 불순종한 신자의 육신을 괴롭게 하는 모습에서 우리는 하나님과 사탄이 모두 역사하는 것을 본다.

● 누군가는 이렇게 질문한다. "중독은 하나님이 징계하신 결과인가?"

아니다. 죄는 죽음을 낳으며(롬 6:23) 종종 우리 해로운 선택의 부정적 결과를 동반한다. 이럴 때 우리는 주님의 치유를 부지런히 구해야 한다. 나는 갈보리의 공급하심에 우리가 이전에 지은 죄의 치명적인 결과로부터의 구원도 포함한다고 믿기 때문이다.

주님의 징계에 관한 이 책의 결론은 다음과 같다.

▶ 징계는 하나님이 우리의 발전과 성숙을 위해 비언어적 수단으로 우리를 자비롭게 바로잡으시고 훈육하는 것이다.

▶ 우리는 하나님이 우리의 잘못된 부분을 바로잡으시는 것을 무시하거나 낙담하면 안 된다. 오히려 하나님이 우리를 얼마나 사랑하시는지를 깨닫고 회개하고 변화해야 한다.

▶ 하나님이 우리를 있는 그대로 내버려 두지 않으실 때 우리는 참된 위안을 얻는다. 이유는 우리가 실로 하나님의 자녀이며 사생아(마귀의 자식)가 아님을 의미하기 때문이다.

▶ 우리는 시련 뒤에 다섯 가지 원인(하나님, 사탄, 사람, 자신, 깨어진 세상에 사는 것)이 섞여 있다는 것을 이해해야 한다.

▶ 하나님의 징계는 우리를 훈련하여 우리 안에 영원한 생명, 공의, 거룩함, 열정, 분명한 비전, 그리스도를 닮음, 지혜, 친밀함, 영적 권세 같은 풍성한 영적 추수를 거두게 한다.

▶ 하나님의 징계의 결과로 다리는 저는 사람들은 경주에서 이탈하지 않고 머무르면 고침 받을 것이다.

▶ 징계의 교리를 바르게 가르치면 하나님의 치유를 향한 우리 믿음이 증가한다.

▶ 비록 하나님이 징계를 통해 우리를 벌하시고 정결케 하시지만, 하나님의 가장 큰 목적은 우리가 하나님 나라 안에서 더 큰 위임을 받을 자격을 갖추는 것이다.

▶ 징계의 영광스러운 유익에 비추어 보면, 하나님이 우리 마음을 온전히 소유하기 위해 무엇이든 하신다는 사실에 우리는 참으로 감사하게 된다.

▶ 하나님이 어떻게 우리 아버지 되시는지를 깨달으면 육신의 자녀를 긍휼과 지혜로 양육하는 데 큰 도움을 얻을 수 있다.

▶ 우리 삶을 향한 하나님의 영광스러운 목적에 관한 놀라운 진리인 주님의 징계를 깨닫도록 도와주시는 하나님께 감사하자.

하나님은 정말 좋은 분이시다!

24 마치는 글 : 조엘의 편지

JOEL'S LETTER

나는 이 책을 첫째 아들 조엘이 2014년에 내 생일을 기념하며 쓴 편지를 공개하면서 마치려고 한다. 이 편지는 내 아들의 눈으로 본 내가 겪은 징계의 모습이기도 하다. 조엘이 이 편지를 쓸 당시 30세였고 나는 57세였다. 나는 이 편지 내용을 전혀 편집하지 않았으며 이 편지가 읽는 모든 사람에게 축복이 되길 바란다.

말로 표현할 수 없을 만큼 아버지께 감사해요. 더 정확히 말하면, 지난 20년간 아버지에게 고난을 주신 하나님께 정말 감사드려요. 아버지의 고난이 없었다면 저는 인생의 폭풍을 헤쳐 나가는 방법을 배울 수 없었을 거예요. 우리는 지난 몇 년간 어려운 시련을 겪었고, 주님을 의지하는 마음으로 몇 가지는 통과했지만, 결코 저만의 이해와 믿음 때문이 아니라는 것을 알아요.

인생의 폭풍이 아버지의 마음을 덮쳤을 때, 아버지는 당황하거나 살아남으려고 애쓰지 않으셨어요. 몇 년 전 제가 아팠을 때 아버지는 폭풍 속에도 우리 가족을 위한 든든한 피난처였다는 것을 깨달았어요. 아버지는 견고한 반석 위에 집을 짓고 우리를 불러 모아 시련을 견디도록 철저히 헌신하셨어요. 아버지는 우리에게 어떻게 기도해야 하는지 보여주셨어요. 차선책은 없으며 오직 하나님의 사랑에서 나온 징계와 우리를 그리스도 닮게 하시는 궁극적인 목적만 있다고 가르쳐주셨어요. 아버지 덕분에 저는 시련 속에도 하나님의 손길을 볼 수 있었고, 제 육신의 끝자락에서도 낙심하지 않았어요.

아버지는 제게 용서하는 법과 다른 뺨을 내미는 법과 사랑하기 어려운 이웃을 사랑하는 법을 가르쳐주셨어요. 가난한 사람을 돌보고, 눈물 흘리는 사람들과 함께 슬퍼하며, 기뻐하는 사람들과 함께 기뻐하는 법도 가르쳐주셨어요. 그 기쁨이 우리에게 고통을 줄 때도 말이에요. 아버지는 다른 사람을 향한 제 마음의 시기를 보여주시고 그들을 사랑하는 법을 가르쳐주셨어요. 또 제 삶을 향한 하나님의 부르심을 열심히 추구하는 법도 알려주셨고 사람들의 칭찬을 즐기지 않도록 경고해주셨죠. 하나님이 관심을 기울이시는 것에 관심을 가지도록, 또 제 이기적인 마음을 버리는 법도 가르쳐주셨어요. 아버지는 의에 주리고 목마른 마음을 지키는 법과 회개하는 방법을 알려주셨어요.

아버지는 정말 좋은 분이세요. 그리고 저는 하나님이 우리를 지루하고 뻔한 곤경에서 빨리 벗어나게 하지 않으신 것에 정말 감사드려요. 저는 모든 사람 앞에서 말하고 싶어요. 우리가 아버지의 이야기에 접붙여진 것을 감사하게 생각합니다. 진정한 아버지만이 자녀들에게 가질 수 있는 기쁨으로 우리를 이끄시고, 사랑하시고, 우리가 성장하는 모습을 지켜봐 주셔서 감사해요.

사랑해요. 아빠, 생신 축하드려요. 조엘 올림.

밥 소르기

밥 소르기 목사는 기름 부음 넘치는 예배 인도자이며 손꼽히는 예배 세미나 강사이자 탁월한 피아노 연주가이다. 엘림 성경 학교^{ELIM BIBLE INSTIUTE}와 로체스터에 있는 로버트 웨슬리안 칼리지를 졸업했으며 엘림 성경 학교의 음악 감독을 지냈고, 뉴욕 시온 펠로우십^{ZION FELLOSHIP} 교회에서 13년 동안 담임목사로 사역했다.

목회와 예배 사역에서 활발히 활동하던 1992년 5월의 어느 금요일, 사역을 마치고 집에 돌아오는 길에 목에 구슬이 걸린 것 같은 극심한 통증을 느낀다. 의사는 그에게 '후두 접촉성 육아종'이라는 진단을 내렸고, 이 낯선 이름의 병 때문에 성량의 대부분을 잃고 더 이상 예배 인도와 설교 사역이 불가능하다는, 삶의 기반이 모두 무너져 내리는 경험을 한다.

밥 소르기 목사는 불같은 시련의 과정을 거친 후 하나님과 회중 앞에서 바울처럼 '고난받은 것이 내게 유익이라'라는 속사람의 고백을 드림과 아울러 더 깊은 믿음의 차원으로 나아갈 수 있었다. 목소리를 잃고 20년이 흐르는 동안 약한 성대로도 계속해서 찬양과 말씀을 전하며 성경을 깊이 묵상하고 연구하며 책을 쓰는 사역에 매진하였다.

부흥을 향한 열정과 예수님을 향한 개인적 친밀함을 전파하는 밥 소르기 목사의 책들은 예배사역자들에게 필독서로 꼽힌다. 저서로는《찬양으로 가슴 벅찬 예배》,《하나님이 당신의 이야기를 쓰고 계신다》,《그럼에도 주님 곁에 머물다》,《내 영이 마르지 않는 연습》,《하나님의 불같은 사랑》 등이 있다.

밥과 아내 마시는 3명의 자녀와 6명의 손주와 함께 미주리주 캔자스시에 살면서 그리스도의 몸된 교회에 소망을 나누기 위해 국내외를 여행하며 하나님의 말씀을 전하고 있다.

 도서 안내

승리의 종말론 / 값 16,000원

주님의 몸 된 교회는 계속해서 주님의 영광을 향해 성장하며
더욱 더 연합되어 이전에 보지 못한 하나님의 권능을 나타내고,
사탄은 결단코 이 세상을 장악하지 못할 것이다.
우리 주 예수 그리스도께서 만주의 주, 만왕의 왕으로서
모든 대적을 그 발아래 굴복시키실 것이다!

더 리셋 / 값 11,500원

-예배의 마음과 온전한 헌신의 삶으로 돌아가라-
"더 리셋"은 주님의 기도의 집이 순수한 예배를 회복하고
다시 한번 주님의 충만한 영광과 경이롭고 놀라운 주님의
마음을 경험하도록 돕는다.

다윗의 세대 / 값 10,000원

다윗의 세대는 마지막 때에 성령님께서 기름부으신 예배자요
영적 용사의 세대이며 여호수아 세대가 시작한 하나님의 일을
완성하는 세대이다. 저자는 8개의 주제를 통해 다윗의 세대의
특징을 효과적으로 설명한다.

예언적 예배의 능력 / 값 9,000원

하나님 앞에 예언적 예배로 나아가려면 성령님과 친밀한 관계를
유지해야 하며, 성령님은 모든 예배마다 독특한 흐름으로 우리를
인도하신다. 성령님의 인도하심과 지휘를 따라갈 때 우리 삶에
하나님의 임재를 통한 성장과 성숙의 축복이 임한다.

지성소 / 값 10,000원

성령님께서 지금 이 시간 그리스도의 거룩한 신부들이 지성소로
들어가도록 부르신다. 하나님께서 가장 높고 은밀한 지성소에서
천국의 사명과 계시, 하나님의 뜻과 거룩한 부르심을 주시고,
이것을 성취할 수 있는 권능을 주신다!

중보적 예배 / 값 13,500원

우리가 예배와 중보기도를 음악과 하나로 모을 때, 이 땅 위에
하나님의 계획과 목적이 더 충만하게 나타날 것이다. 이 책은
깊은 예배와 강력한 기도와 탁월한 음악의 능력이
함께 어우리지도록 돕는다.

참된 예배자의 마음 / 값 8,500원

이 책의 저자 켄트 헨리는 지난 40년간 예배를 인도하고
예배자를 훈련하는 일에 헌신해왔다.
이 책을 통해 참된 예배자의 마음을 더 깊이알고 살아가게 될
것이다.

하나님의 임재를 갈망하는 예배자 / 값 10,000원

샘 힌 목사는 어떻게 예배를 통해 하나님의 임재 안으로
들어킬 수 있는시 친절하게 알려 준다. 예배 가운데 주님게 초점을
맞추고 하나님의 영광과 은혜로 자기 자신을 보기 시작할 때,
당신은 가장 놀라운 변화를 경험하게 될 것이다.

옮긴이 / 천슬기

경북대학교를 졸업하고 성도들에게 하나님의 기름 부음과 선한 영향력이 임하는 통로로 쓰임 받기를 기도하면서 다양한 영성서적을 번역하고 있다. 현재 The River Church 에서 사모로 섬기고 있으며 역서로는 〈치유의 임재〉, 〈오전 9시 성령님이 임하는 시간〉, 〈당신의 영적 은사를 알라〉, 〈비전과 목적으로 성장하는 건강한 교회〉, 〈예배 그 이상의 예배〉(이상 서로사랑), 〈지성소〉, 〈중보적 예배〉, 〈승리의 종말론〉, 〈십자가의 아름다움〉, 〈예언적 예배〉(이상 벧엘북스)등이 있다.

하나님의 징계

지은이 밥 소르기
옮긴이 천슬기
교정감수 김다혜
표　　지 조종민

펴낸이 한성진
펴낸날 2022년 11월 1일
펴낸곳 벧엘북스 BETHEL BOOKS
등　록 2008년 3월 19일 제 25100-2008-000011호

주　소 서울시 강남구 봉은사로 71길 31 한나빌딩 지층
웹사이트 https://www.facebook.com/BBOOKS2 또는 페이스북에서 벧엘북스로 검색
쇼핑몰 https://smartstore.naver.com/bethelbooks
전　화 070-8623-4969(문자 수신 가능)
총　판 비전북 0507-1495-3927
I S B N 978-89-94642-39-0

THE CHASTENING OF THE LORD
OF THE LORD

잊혀진 교리,

하나님의 징계

THE CHASTENING OF THE LORD